内容简介

本报告以“汇聚研究生教育研究成果、展示研究生教育研究现状、启示研究生教育研究方向、促进研究生教育科学发展”为定位，从基本问题、质量研究、人才培养、导师队伍、招生与就业、德育研究、学科建设、管理问题、国际比较 9 个专题，对我国 2012 年度研究生教育研究的进展进行了梳理和展示，希望能够帮助读者从宏观的视角认知中国研究生教育研究的主要领域和重点问题，进而准确把握当前研究生教育研究的内容以及研究生教育研究的热点和趋势。

本报告适合研究生教育工作者和研究者阅读使用，也是一本关于中国研究生教育研究进展方面的工具书。

Abstract

The purpose of this report is "to collect the outcomes of the graduate education research, to demonstrate current situation, to reveal the direction, to promote the development". The report includes 9 subjects, theoretical research, quality research, graduate students cultivation, graduate supervisors, enrollment and employment, moral education research, discipline construction, graduate education management, comparative study. The book reveals the progress of the Chinese graduate education research, containing the main contents, hotspots and tendency of the Chinese graduate education research in 2012.

The report is for graduate education researchers. And it is also a very useful tool book.

中国研究生教育研究进展报告
（2013）

Chinese Graduate Education Research Progress Report 2013

中国学位与研究生教育学会进展报告编写组　编著

中国科学技术出版社
·北　京·

图书在版编目（CIP）数据

中国研究生教育研究进展报告 . 2013 / 中国学位与研究生教育学会进展报告编写组编著 . —北京：中国科学技术出版社，2013. 12

ISBN 978 - 7 - 5046 - 6493 - 8

Ⅰ. ①中… Ⅱ. ①中… Ⅲ. ①研究生教育 - 教育研究 - 研究报告 - 中国 - 2013 Ⅳ. ①G643

中国版本图书馆 CIP 数据核字（2013）第 291486 号

出 版 人　苏　青
选题策划　王晓义
责任编辑　王晓义
封面设计　孙雪骊
责任校对　刘洪岩
责任印制　张建农

出　　版　中国科学技术出版社
发　　行　科学普及出版社发行部
地　　址　北京市海淀区中关村南大街 16 号
邮　　编　100081
发行电话　010 - 62173865
传　　真　010 - 62179148
投稿电话　010 - 62176522
网　　址　http：//www. cspbooks. com. cn

开　　本　720mm × 1000mm　1/16
字　　数　190 千字
印　　张　13. 75
印　　数　1—3000 册
版　　次　2014 年 1 月第 1 版
印　　次　2014 年 1 月第 1 次印刷
印　　刷　北京凯鑫彩色印刷有限公司

书　　号　ISBN 978 - 7 - 5046 - 6493 - 8/G · 633
定　　价　36. 00 元

中国学位与研究生教育学会
进展报告编写组

主　　编　赵沁平
执行主编　王战军
编　　委　周文辉　戚　魏　翟亚军　黄志广
吴　杨　唐广军　王　铭　乔伟峰
李　芬　韩晓峰　李文静　王筱萌
陆晓雨　乔　刚

大学精神的核心是对科学真理的不懈追求

（代序）

近年来，大学文化和大学精神成为高教界谈论的一个重要话题，而且观点纷呈，百花齐放。这是一个好兆头。

大学文化是一种独特的，最为活跃、最为包容、最为厚重的社会文化。从这种文化中走出去的是民族人才、国家栋梁，对国家和民族产生着最为深远的影响。

大学精神是大学文化的精髓，是大学文化的价值观取向。大学精神是每所大学在长期办学过程中形成的，为大多数教师、学生所信仰、所具备的一种理想、追求和意志。大学精神应当成为人类社会的一座精神灯塔。

大学精神的核心是：坚信自然和社会发展存在科学真理，并坚持对科学真理的不懈追求。这种精神主导下的大学才能培育出“只问是非，不计个人利害”的国家栋梁，才能培育出能够推动社会发展的创新人才。

追求科学真理，究其根本，是人类探求未知的本能。德国教育家第斯多惠说：“不好的教师是给学生传授真理，好的教师是使学生找寻真理。”只有保持这种追求，才能永葆科学的激情，才能不怕失败、不怕挫折，使科学和人类社会不断进步。

坚持大学精神、追求科学真理需要科学、民主的大学文化氛围，包括科学、民主的价值体系、思维方式、制度约束和行为规范。只有这种文化才能消除浮躁，克服急功近利；才能承认不足，宽容失败，鼓励学术的自由探索。承认不足，科学和社会才有进步的可能；宽容失败是新思想、新方法萌生的土壤；自由探索，就是要鼓励多元思考，给那些充满创新激情，思维活跃的人才提供广阔宽松的学术空间。

由于种种原因，我们的大学长期受功利主义、官本位和同质化的不良影响，文化积淀薄弱，形成科学、民主，富有个性的大学文化尚有很长的路要走。

坚持大学精神、追求科学真理重要的是崇尚理性。追求真理的道路曲折复杂，唯有理性才能引导我们客观洞察、冷静思索、脚踏实地，从必然王国走入自由王国。崇尚理性最重要的是对客观规律的敬畏和遵从。追求科学真理就是要发现、揭示自然和社会发展的规律，并使我们的行为遵从这些规律，进而发挥人类的主观能动性，推动人类社会的发展。

应该看到，一些非理性的因素还在影响着大学的发展。行政决策“拍脑袋”，发展目标“跨越式”，科学研究“短平快”，人才培养“超常规”；一些媒体和网络充斥着缺乏理性的情绪发泄；在我们的学术批评中，基于实证和逻辑的讨论还没有成为大家的习惯和风气……凡此种种，都与科学理性相悖，都腐蚀破坏着大学的文化和精神，影响着人才科学道德和人文素质的养成。

崇尚理性要提倡理性的怀疑和批判。怀疑是求真的起点，批判是求真的手段。马克思的座右铭是“怀疑一切”，孟子说“尽信书，则不如无书”，科学家李四光说“不怀疑不能见真理”。我们要尊重前人的研究成果，并在其基础上继续进步，但更要相信亲自研究、亲自实践中的发现。要敢于超越前人，挑战权威，无论他是中国的还是外国的。

出自大学的怀疑和批判应当是理性的。怀疑的目的是求真，批判的结果是揭示真理。但是，我们的大学现在有着太多的混同于一般社会上的无实证、无逻辑的宣泄。为批判而怀疑，为反对而批判，不为求真，没有建树，这种现象甚至出现在一些大学的讲台上。文学家、革命斗士鲁迅先生也说“怀疑并不是缺点。总是疑，而不下断语，这才是缺点”。我们的大学要使学生具有理性的怀疑和批判精神，就必须倡导并使他们具有进行实证的能力和运用逻辑的习惯，成为科学道德高尚的人。

坚持大学精神、追求科学真理的真谛是实践。探索科学真理的方法和途径可以是思维、推理、实验，但检验真理的标准只有实践。德国哲学家费希特说“所有的理论法则都依赖于实践法则”，爱因斯坦说“最重要的教育方法总是鼓励学生去实际行动”，荀子说“不登高山，不知天之高也；不临深溪，不知地之厚也”，还说“道虽迩，不行不至。事虽小，不为不成”。毛泽东同志说“只有人们的社会实践，才是人们对于外界认识的真理性的标准。”哲人先贤对追求真理过程中实践的本质作用谈得非常透彻。

我们要坚持大学的精神，不断积淀、净化和发展大学文化，使我们的学生能够在优良的文化熏陶下，成长为“既会动脑，又会动手”、“与真理为友”、“自强不息”、“求是创新”、“行为世范”的优秀人才。

最后，以《礼记·中庸》中的话“博学之，审问之，慎思之，明辨之，笃行之”与同仁共勉。

中国学位与研究生教育学会会长　赵沁平

（原载《中国高等教育》2013 年第 7 期“要论”）

目 录

Contents

文献概述

我国的学位与研究生教育研究，在研究生教育改革与发展的土壤中应运而生，不懈探索，为推动我国高层次创新型人才培养，高水平学科建设和国家创新能力提升做出了重要贡献。梳理研究脉络、展示研究成果、引导研究方向、提升研究水平，是我们出版《中国研究生教育研究进展报告》的初衷。《中国研究生教育研究进展报告（2012）》出版后，引起了学界和读者的广泛关注和积极反馈，大家提出了很多真知灼见。2012年的进展报告［即《中国研究生教育研究进展报告(2013)》］，正是在倾听、吸收读者意见和建议的基础上撰写而成的。希望通过这份报告，能够初步勾勒出2012年研究生教育研究的概况，扼要概括出研究的重点和热点问题，准确提炼出研究的核心思想和主要观点，为关注研究生教育研究进展的研究者、管理者和对此感兴趣的读者提供参考。

第一节　文献检索

本报告涉及的研究文献，主要指2012年1月1日至2012年12月31日发表的期刊论文、学位论文、著作和报纸文章。研究文献主要来源于《中文社会科学引文数据库》（CSSCI），《中国知网（CNKI）期刊全文数据库》《中国博士学位论文全文数据库》《中国优秀硕士学位论文全文数据库》《中国重要报纸全文数据库》《读秀图书数据库》等专业数据库，以及清华大学图书馆等大型图书馆。

文献范围的确定是编制研究进展报告的前提。文献范围主要受两方面因素的影响，第一是研究领域的划定，第二是检索策略的选择。发展中的研究生教育研究，主题多样、内容丰富，研究边界并不十分清晰。各种文献数据库的更新频率不一、关键词标注方法各异，文献检索策略多样，这些都对研究范围有很大的影响。为了能较合理地确定研究文献的范围，我们主要采取了几个方法。首先，通过本领域专家调查，初步确定文献检索的关键词。然后，分别采用模糊和精确方式进行试检索，并对试检索的结果进行分析，最终确定检索的核心关键词、辅助关键词和检索方式。核心关键词包括“学位”、“研究生”、“硕士”、“博士”4个，辅助关键词包括“导师”、“学科”2个。从2012年的经验和2013年试检索的情况来看，通过前4个核心关键词检索到的文献，基本上都属于研究生教育研究的范围，而通过“导师”、“学科”检索到的文献，有的属于研究生教育研究范围，有的则不属于。对此，我们采用了人工甄别的方法，即对检索到的全部文献，特别是通过辅助关键词检索到的文献，进行逐篇鉴别和筛选，最终确定编制进展报告所涉及的文献范围。

本报告涉及的文献总计1254篇，其中期刊论文最多，占比超过50%；其次为硕士学位论文，接近40%。从各类文献的数量看，研究生教育的研究成果多以期刊论文的形式公开发表。在学位论文中，硕士论文数量远多于博士论文。同时，新闻媒体也比较关注研究生教育的改革与实践，报道文章近47篇。学术著作出版31部，比2011年增加近1倍（见表1－1）。

表1－1　2012年研究生教育研究文献来源统计

文献类型		数量（篇/部）	比例（%）	检索日期
期刊论文		676	53.91	2013－09－10
学位论文	博士	21	1.67	2013－09－10
	硕士	479	38.20	2013－09－10
学术著作		31	2.47	2013－09－10
报纸文章		47	3.75	2013－09－10
总　计		1254	100.00	

第二节　文献分布

本节主要从关键词、课题资助、载文期刊、作者、机构等角度，对2012年的研究生教育研究文献进行统计分析，展现文献分布的总体情况。

一、期刊论文

期刊是最主要的研究成果发表阵地和学术影响力传播平台。相对而言，CSSCI 收录的中文期刊上发表的论文，总体水平较高，质量较好。选取 CSSCI 期刊论文进行分析，较能反映年度研究生教育研究的概貌。

1. 按关键词统计

论文的关键词往往传递了文章的理论基础、关键问题、主要方法与核心观点等方面的信息。676 篇期刊论文中，关键词出现的总频次为 2574 次，篇均标注关键词 3.8 个。期刊论文中出现 5 次以上的关键词，共计 50 个。与 2011 年类似，“研究生教育”、“学科建设”、“研究生”、“专业学位”仍然是出现频次较高的关键词。一方面说明，这些词语已经成为研究生教育研究领域的常用关键词，与此相关的话题被广泛讨论；另一方面，我们也注意到，“研究生教育”、“研究生”等高频次关键词的含义相对比较空泛，从一定程度上反映了研究人员使用关键词的特点（见表 1－2）。

表 1－2　2012 年研究生教育研究期刊论文的关键词统计

关　键　词	频　次	占总频次比例（%）
研究生教育	145	5.63
学科建设	53	2.06
研究生	51	1.98
专业学位	47	1.83
高等教育	19	0.74
思想政治教育	17	0.66
培养质量、学科	15	0.58
培养模式	14	0.54
博士生	13	0.51
硕士研究生、研究生培养	12	0.47
跨学科、学科发展	11	0.43
博士生教育、学位论文	10	0.39
教师教育、教育博士、课程设置、研究型大学	9	0.35
导师、高校、工程硕士、教育改革、人才培养	8	0.31
对策、影响因素、质量保障	7	0.27

续表

关 键 词	频 次	占总频次比例（%）
博士学位论文、博士研究生、创新能力、法律硕士、教育硕士、就业、培养、全国优秀博士论文	6	0.23
产学研合作、创新、交叉学科、教学、教育学、联合培养、培养机制、全日制工程硕士、实践教学、学科教学、学科教学知识、学科知识、研究生招生、质量	5	0.19

以下是根据2011年和2012年期刊论文的全部关键词生成的文字云（Tag Cloud），使用在线工具Tagxedo制作。文字云是关键词的可视化描述，用字体的大小和粗细来表示词条的频次或重要性的高低（见图1－1与图1－2）。

图1－1 2011年研究生教育研究的期刊论文关键词文字云

图1－2 2012年研究生教育研究的期刊论文关键词文字云

2011 年和 2012 年，期刊论文关键词频次排在前四位的是“研究生教育”、“研究生”、“学科建设”、“专业学位”。2011 年出现频次较多的“培养质量”、“培养模式”、“研究生培养”、“高等教育”、“硕士研究生”、“博士生”、“课程设置”等关键词，2012 年依然在列，只是顺序略有变化。而 2011 年排在前 20 位的“工程硕士”、“博士学位论文”、“教育改革”、“情报学”、“创新”、“创新能力”、“教育硕士”等关键词退出前 20 名。“思想政治教育”、“学科”、“跨学科”、“学科发展”、“教育博士”、“博士生教育”、“教师教育”、“研究型大学”等关键词进入前 20 名。

2. 按课题资助统计

课题资助特别是重要基金项目的资助情况，往往能反映出研究的重要性、创新性和新动向。2012 年的期刊论文中，360 篇标注了课题资助，资助项目总计 494 项。其中，134 篇标注了两项及两项以上资助。2011 年有 295 篇标注了课题资助，资助项目总数 391 项。其中，96 篇标注了两项及两项以上资助。2012 年标注资助的论文占到总体的 53.3%，比 2011 年的 45.5% 有所提高。2011 年和 2012 年，省、自治区、直辖市的其他专项基金仍然居于各项资助之首，保持在 1/4 左右。如果加上省自治区直辖市社科基金和自然基金，则省、自治区、直辖市各项基金在项目数量上超过了总数的 1/3。2012 年，受国家自然科学基金资助的比例从 2.0% 小幅上升到 3.6%；受国家社会科学基金、国务院学位办、中国学位与研究生教育学会课题资助的比例略有下降；受教育部人文社科课题资助的比例从 9.2% 上升到 15.8%，而校级课题资助的比例与 2011 年基本持平（见表 1－3）。

表 1－3　2011 年与 2012 年研究生教育研究期刊论文的资助统计

年　度	2011 年		2012 年	
资　助	项目数	比例（%）	项目数	比例（%）
国家自然科学基金	9	2.3	18	3.6
国家社会科学基金	44	11.3	33	6.7
省部级社会科学基金	42	10.7	71	14.4
省部级自然科学基金	2	0.5	3	0.6
省、自治区、直辖市其他专项基金	101	25.8	123	24.9

续表

年　度	2011 年		2012 年	
资　助	项目数	比例（%）	项目数	比例（%）
教育部人文社会科学项目	36	9.2	78	15.8
国务院学位办委托项目	9	2.3	7	1.4
部委其他专项基金	40	10.2	40	8.1
中国学位与研究生教育学会委托项目	21	5.4	15	3.0
其他专业学会、教指委托项目	9	2.3	8	1.6
校级课题资助	74	18.9	98	19.8
其他课题资助	4	1.0	0	0.0
资助合计	391	100.0	494	100.0

注：统计包含标注多项资助的情况。国家和省部级社会科学基金中包括教育科学规划项目

3. 按期刊发文统计

学术期刊对某领域或某主题的论文刊载数量，既与刊物的自身定位和专攻领域有关，也与论文的质量和作者偏好有关。稳定的期刊群和作者群，是期刊长期发展与动态调整的结果，也是期刊与作者双向选择的结果。2012 年，有 84 种期刊刊载了研究生教育研究论文。与 2011 年相似，《学位与研究生教育》《研究生教育研究》的发文数量高居前两位。《中国高教研究》《中国高等教育》《江苏高教》的发文数量依次为3～5名。上述 5 本期刊的发文数量的次序与 2011 年完全相同。2012 年，5 本期刊合计发文 374 篇，占到了总数的 55.3%，说明它们已经成为研究生教育研究领域重要和稳定的学术发表平台。此外，《高等工程教育研究》《比较教育研究》《中国大学教学》等刊物，两年中都刊载了较多的研究生教育研究主题的论文，也是较为重要的发表平台。2011 年发文 10 篇的《图书情报知识》在 2012 年默默无闻；而 2011 年发文 4 篇的《思想理论教育导刊》在 2012 年有了大幅增长。这种变化可能与两本期刊的年度选题与稿件来源有关。其他刊物的发文数量有增有减，但对整体影响不大。当然，单凭一两年发文数量的变化，还不足以判断期刊对某一主题的兴趣的增减，进行 5～10 年的更长时段的考察可能更加准确（见表 1－4）。

表 1-4 2012 年刊载研究生教育研究论文的期刊统计

期刊名称	篇数
学位与研究生教育	191
研究生教育研究	90
中国高教研究	42
中国高等教育	27
江苏高教	24
思想理论教育导刊	20
中国大学教学	19
高等工程教育研究	19
教育发展研究	18
比较教育研究、高教探索	15
教育研究、高等教育研究、高校理论战线	13
现代大学教育、现代教育技术、电化教育研究	9
清华大学教育研究、国家教育行政学院学报、课程·教材·教法	8
外国教育研究	7
中国电化教育、教师教育研究、教育学报、	6
复旦教育论坛、教育科学	5
大学教育科学、中国教育学刊、东北师大学报（哲学社会科学版）、科技进步与对策	4
北京大学教育评论、首都师范大学学报（社会科学版）、社会科学战线、教育与经济、现代远距离教育、远程教育杂志、历史教学、学术论坛、重庆大学学报（社会科学版）	3

4. 按作者统计

王战军、王建华等以第一作者身份发表论文 4 篇，段锐等 10 名作者发文为 3 篇。如果不计署名顺序，李明磊、王战军、王建华、王顶明等 28 位作者均单独或合作发表了 3 篇以上的研究生教育研究论文（见表 1-5 与表 1-6）。

表 1-5 2012 年发表 3 篇以上研究生教育研究论文的作者列表（第一作者）

作者	篇数
王战军、王建华	4
段锐、梁传杰、潘剑波、邱均平、孙晓敏、熊华军、王恩科、王顶明、翟亚军、张金福	3

表 1-6　2012 年发表 3 篇以上研究生教育研究论文的作者列表（不计署名顺序）

作　　者	篇　数
李明磊	9
王战军	8
王建华、王顶明	4
陈小平、陈瑶、段锐、古继宝、何克抗、黄海军、黄超、贾爱英、孙晓敏、李力、梁传杰、刘少雪、潘剑波、邱均平、王应密、王恩科、王方芳、吴根洲、熊华军、翟亚军、赵坤、张乐平、张金福、张淑林	3

5. 按作者单位统计

发表论文数在 10 篇以上的有 10 所高校，其中包括 4 所师范类院校、6 所非师范类院校。北京师范大学的发文数量从 2011 年的 13 篇提高到 37 篇，成为 2012 年发文最多的机构。北京大学、清华大学和华东师范大学的发文数量与 2011 年相比变化幅度均较小，保持基本稳定。其他机构的发文总数都在 20 篇以下，两年相比，各有增减。总体上，“985 工程”高校和一些非“985 工程”师范类高校，仍然是研究生教育研究成果的主要学术生产机构。其他高校也发表了相关文章，但数量较少（见表 1-7）。

表 1-7　2012 年发表 3 篇以上研究生教育研究论文的机构统计（第一作者）

机构名称	篇　数
北京师范大学	37
清华大学	27
华东师范大学	22
北京大学	21
华中师范大学	16
浙江大学	14
武汉大学、华南理工大学	12
南京师范大学、中国科学技术大学	10
华南师范大学、东北师范大学、华中科技大学、复旦大学、上海交通大学	9
中国人民大学、北京航空航天大学、西南大学、宁波大学	8
厦门大学、中南大学、西北师范大学、南京农业大学、西北工业大学	7
大连理工大学、天津大学	6

续表

机构名称	篇　数
教育部、北京理工大学、同济大学、山东大学、东南大学、重庆大学、湘潭大学、广州大学、南京航空航天大学、浙江工业大学、浙江师范大学	5
南开大学、吉林大学、哈尔滨工业大学、西安交通大学、湖南大学、河海大学、苏州大学、中国科学院大学（原中国科学院研究生院）、首都师范大学、上海师范大学、杭州师范大学、山东师范大学、河南师范大学、常州大学、武汉理工大学、河南大学、解放军国防科技大学	4
陕西师范大学、江苏师范大学、江西师范大学、湖南师范大学、南京大学、四川师范大学、中山大学、兰州大学、中国农业大学、中国农业科学院、中国海洋大学、中国石油大学（华东）、中国科学技术信息研究所、中央财经大学、北京工业大学、北京科技大学、华北电力大学、南昌大学、杭州电子科技大学、江南大学、燕山大学、西南交通大学、西安电子科技大学、解放军第三军医大学	3

二、学位论文

学位论文是授予研究生学位的基本依据，代表了研究生在经过学术训练后进行学术研究的水平。在研究生教育研究领域选题的学位论文作者，大多攻读高等教育学、教育经济与管理学学位。这些学位论文在一定程度上反映了研究生所关注的重点与热点问题，也反映了本学科的人才培养质量。本次共检索出500篇学位论文，其中21篇博士论文，479篇硕士论文。较2011年，两类论文数量都出现了接近1倍的增长。这说明，相关学科的研究生及其导师对研究生教育研究越来越关注。

1. 按关键词统计

学位论文的关键词往往指出研究的领域、范围、内容、问题、方法及核心观点等。500篇学位论文中，共出现1936个关键词，篇均标注关键词3.87个。出现频次5次以上的关键词，共计42个（见表1-8）。由于论文总体篇数增加，较2011年，大部分关键词的出现频次增加。但是，同样存在个别关键词使用数量减少的情况。居于使用频次前两位的分别是“研究生”和“硕士研究生”。围绕这两大核心词，出现了一批使用频次相对较高的关键词。这或许表明，在明确较为宏大的研究领域和范围之后，次一级研究方向和主题逐渐形成。

表 1-8　2012 年研究生教育研究学位论文的关键词统计

关　键　词	频　次
研究生	76
硕士研究生	55
研究生教育、对策	25
专业学位	20
就业、影响因素	15
课程设置、培养模式、思想政治教育	13
教育硕士	12
女研究生、学科、学科建设	11
大学科技园、现状	10
培养、培养现状	9
全日制教育硕士	8
创新能力、全日制专业学位、问题	7
导师、法律硕士、高校、美国、全日制、硕士学位论文、学位论文、研究生培养	6
比较研究、博士生、硕士生、地方高校、调查研究、个案研究、教育实习、培养方案、实践能力、体育教育训练学、职业生涯规划、专业认同	5

按照关键词的含义及具体指向，学位论文的关键词大体可以分为四类：① 群体或个体。"研究生"、"硕士研究生"、"教育硕士"、"女研究生"、"全日制教育硕士"、"导师"、"法律硕士"、"博士生"、"硕士生"。② 方法或对策。"对策"、"影响因素"、"现状"、"问题"、"比较研究"、"调查研究"、"个案研究"。③ 问题或对象。"研究生教育"、"专业学位"、"学科"、"大学科技园"、"创新能力"、"全日制专业学位"、"高校"、"全日制"、"美国"、"地方高校"、"实践能力"、"体育教育训练学"。④ 阶段或环节。"就业"、"课程设置"、"思想政治教育"、"学科建设"、"研究生培养"、"培养模式"、"培养方案"、"硕士学位论文"、"学位论文"、"教育实习"、"职业生涯规划"、"专业认同"。在这四类中，除了"研究生"、"硕士研究生"等高频关键词外，涉及研究生教育的某一环节，特别是有关"培养"的关键词较多。

总体上，2012 年围绕"研究生、硕士研究生"两大核心关键词，产生了一系列诸如"就业"、"培养模式"、"教育硕士"、"女研究生"、

"全日制教育硕士"、"学科"、"课程设置"等新的次一级关键词。而2011年，在"研究生"、"硕士研究生"两大核心关键词周围，除去"研究生教育"、"学科建设"、"对策"之外，次一级关键词并不明显。这可能说明，在研究生教育这个大领域下，开始出现不同研究方向、研究问题的细分。另外，如2011年的"学科建设"、"体育教育"、"心理健康"等词，在2012年则没有那么突出（见图1－3与图1－4）。

图1－3　2011年研究生教育研究学位论文关键词文字云

图1－4　2012年研究生教育研究学位论文关键词文字云

2. 按学位授予机构统计

研究"研究生教育"的学位论文数量在6篇以上的高校共有27所，师范类大学11所，综合性大学16所。数量排在前5位的都是师范类院校，或合并师范类院校后组建的综合性大学。其中，湖南师范大学学位论文数位居第一，达到了20篇，紧跟其后的南京师范大学，有17篇（见表1-9）。

表1-9 2012年研究生教育研究学位论文按学位授予机构统计

授予单位	篇　数
湖南师范大学	20
南京师范大学	17
东北师范大学、西南大学	14
华东师范大学	12
华中师范大学、曲阜师范大学	11
兰州大学、浙江师范大学、郑州大学	9
吉林大学、辽宁师范大学	8
河南大学、华中科技大学、山西大学、上海师范大学、苏州大学、天津大学	7
复旦大学、广西师范大学、广州大学、青岛大学、山东师范大学、上海外国语大学、中南大学、中南民族大学、重庆大学	6

三、著作和报纸

除期刊论文和学位论文外，著作也是研究生教育研究文献的重要组成部分，体现着研究生教育研究的综合水平和实力。另外，新闻媒体也对研究生教育的时事热点进行了快速报道，吸引了社会公众的注意力。

1. 著作

与2011年出版17部著作相比，2012年著作的数量增加80%以上。2012年出版的31部著作中包括研究生教育理论专著、专题报告、会议论文集、实践总结等，还有部分论文写作和心理辅导参考书。总体上，学术性强的理论著作仍然较少（见表1-10）。

表1-10 2012年研究生教育研究著作列表

编　号	著　作　名　称	出　版　社
1	学位与研究生教育评价理论与方法	高等教育出版社
2	中国研究生教育质量保障体系理论与实践	高等教育出版社
3	中国研究生教育质量保障体系研究	北京理工大学出版社

续表

编号	著作名称	出版社
4	导师论导：研究生导师论研究生指导	北京理工大学出版社
5	在职教育硕士培养模式的创新与实践	世界图书广东出版公司
6	我国研究生思想政治教育相关问题研究	中国统计出版社
7	时光印鉴——复旦大学 EMBA 教育十周年	上海文艺出版社
8	军队指挥管理型研究生培养理论与实践	西北工业大学出版社
9	俄罗斯研究生教育的传统与变革	北京师范大学出版社
10	芝加哥学术生涯规划：从研究生到终身教授	高等教育出版社
11	研究生论文写作技巧	东北财经大学出版社
12	师生之道	中国科学技术大学出版社
13	研究生教育国际合作经验与案例研究	同济大学出版社
14	中国大学生就业、研究生教育和工资研究	中国经济出版社
15	第六届全国工科研究生教育工作研讨会论文集	东南大学出版社
16	高学历毕业生就业之困	北京工业大学出版社
17	学术论文写作与发表	西安交通大学出版社
18	研究生学术道德培育研究	中国社会科学出版社
19	联合培养研究生的理论与实践	中国环境科学出版社
20	研究生学位论文写作教程	化学工业出版社
21	首届全国研究生心理咨询与心理治疗学术论坛论文集	北京理工大学出版社
22	集思凝智桂研撷英：研究生思想政治教育与管理工作研究探析	华中师范大学出版社
23	中国学位与研究生教育发展报告	清华大学出版社
24	中国博士生资助：基于 12 所大学博士生调查的实证研究	中国社会科学出版社
25	研究生心理导航	华东师范大学出版社
26	上海专业学位研究生教育发展改革与实践探索	华东师范大学出版社
27	研究生就业能力研究：社会认知与教育政策	北京交通大学出版社
28	全球博士教育	上海交通大学出版社
29	学科建设与研究生教育新论	重庆大学出版社
30	探索与创新：研究生思想政治教育工作的启示	中国统计出版社
31	我国学位授权体系结构研究	浙江大学出版社

2. 著作作者

王战军、周文辉以主编身份出版著作2部，陈子辰等27位作者（主编、编写组）出版1部著作（见表1－11）。

表1－11　2012年出版研究生教育研究著作作者（主编、编写组）列表

作　者	数　量
王战军、周文辉	2
陈子辰、查岚（译著）、郭跃、胡娟、黄富峰、贾晓明、姜炳军、孔军、李晓辉、李炎芳、陆雄文、马履一、彭安臣、青梅、屈晓婷、上海市学位委员会办公室、史文霞、王恩科、王欣双（译著）、王耀鹏、吴波（译著）、研究生教育国际合作经验与案例研究项目组、杨振斌、杨振忠、张跃、中国学位与研究生教育现状课题调研组、中国学位与研究生教育学会工科工作委员会	1

3. 著作出版地

从出版研究生教育研究著作的出版地来看，在这些著作中，出版社位于北京市的占比最多达到55%，其次是上海市16%、西安市6%及其他城市（见表1－12）。

表1－12　2012年研究生教育研究著作出版地

出版社所在地	数　量
北京市	17
上海市	5
西安市	2
大连市、广州市、杭州市、合肥市、南京市、武汉市、重庆市	1

4. 报纸

统计报纸的年度刊文量，《中国教育报》排名第一，有较为集中的报道；《光明日报》位居第二，也对研究生教育的改革与实践有一定的关注。另外，政策导向性强的《人民日报》，也刊发了少量的研究生教育文章（见表1－11）。

表1－11　2012年刊登研究生教育文章的报纸统计

报纸名称	篇　数
中国教育报	18

续表

报纸名称	篇　数
光明日报	11
人民日报	5
社会科学报	4
吉林日报	3
东方早报、科技日报、深圳特区报、文汇报	2
北京科技报、第一财经日报、工人日报、解放日报、联合时报、宁波日报、厦门日报、上海金融报、四川日报、苏州日报、新华每日电讯、新清华、中国改革报、中国海洋报、中国商报、中国社会科学报、中国文物报、中国艺术报、中国中医药报、中华读书报	1

第三节　2012年度研究热点概要

本报告将文献研究的内容分为9个专题，包括基本问题、质量问题、人才培养、导师队伍、招生与就业、学风与学术道德、学科建设、管理问题、国际比较等。后续各章将主要采用内容分析法，对各个专题的研究文献进行提炼和总结。为了从整体上描述研究生教育研究的热点，本部分主要使用词频分析和内容归纳相结合的方法，对期刊论文中反映的热点问题进行简要描述和分析。

一、从关键词归纳看研究热点

关键词相当于文章内容的标签，在某一研究领域发展的过程中逐渐约定俗成，有时也反映作者的语言习惯，为文章主题分类和热点判断提供了一些初步线索。在研究生教育研究论文中，关键词依其含义与内容，可以大体分为3类。第一类是领域范围类关键词。这类关键词往往概括性地描述了论文的研究领域、研究层次或研究对象等，含义较为宽泛，往往并不指向具体的研究问题。如前面提到的“研究生教育”、“研究生”、“高等教育”、“高校”等等。第二类是主题问题类关键词。这类关键词含义确定，指出明确具体的研究主题或研究问题。例如，“专业学位”、“工程硕士”、“法律硕士”、“教育硕士”、“全日制工程硕士”、“教育博士”等都涉及专业学位的研究主题；“博士学位论文”、

“博士论文”、“全国优秀博士论文”等都涉及博士论文质量问题；“教学”、“课程设置”等都涉及研究生教育中的课程与教学问题。第三类是理论方法类关键词。这类关键词主要交代了研究中采用的理论与方法等，如“认知负荷理论”、“多层线性模型”、“多源流分析”、“问卷调查”、“个案研究”等。还有一些关键词含义相同，表达各异。如“博士生”与“博士研究生”，“高校”与“高等学校”等。

领域范围类关键词出现的频率往往很高，有时会影响对研究主题的判断。本处采用了词频分析与内容分析相结合的方法，对关键词进行了重新归类和排序。主要方法是：以关键词的自动筛选为基础，以人工鉴别为补充，去除领域范围类关键词；其余的关键词，结合文章标题、摘要，必要时泛读全文，按照关键词含义的近似程度，将其归到包容性更强的一类，如“工程硕士”、“教育硕士”等归到“专业学位”，等等。归类时，如果关键词内容涉及两个或以上类别的，根据论文的侧重点将其归到最相近的类别，对于同义词则直接合并。归类后，以较常用的关键词或关键词组合来命名。

去除领域范围类关键词后，主题问题类、理论方法类关键词总计1265个，篇均1.87个。与全部关键词词频相比，经过筛选归类的关键词更能准确反映论文的研究主题、问题、理论、方法等方面的信息。经整理后的关键词归纳如下（见图1－5）。频次越高，说明研究者对这类问题的关注程度越高。

图1－5　2012年研究生教育研究期刊论文的关键词聚类文字云

二、研究热点及进展

以关键词聚类为线索，可以大致了解2012年研究者最为关注的主题，主要集中在5个方面：① 学科建设与发展；② 专业学位教育；③ 课程与教学；④ 培养模式和培养机制；⑤ 评估与质量保障。这5个主题所涉及的关键词总数均超过了100个，而从第六个主题开始，涉及的关键词数量迅速减少。限于篇幅，本处仅对包含这五大类关键词的文章进行重点分析，简要概括年度研究进展情况如下。

1. 学科建设与发展关注度最高

学科是人才培养和科学研究的载体。学科建设的水平，决定着一所大学研究生教育的水平，也对大学的整体实力具有重要影响。学科建设与发展的客观需要，使学科建设成为研究研究生教育研究领域的重点主题。2012年的学科建设主题下的期刊论文，重点讨论了5类问题。第一是具体学科的建设与发展。例如，有文章围绕教育学、教育经济学、教育技术学、马克思主义理论、思想政治理论等学科，讨论了具体学科发展的内外部环境与发展路径。第二是院校层面的学科建设。例如，学科建设与一流大学建设、某类或个案院校的学科建设，学科与专业的一体化建设，等等。总结了学科建设的改革实践经验，将学科建设放在学校整体竞争力的提升和世界一流大学建设的高度来审视。第三是区域或国家层面的学科建设政策，将学科建设放在省际、区域和国家经济社会发展和创新水平提升的角度来观察，提出相应的政策建议。第四是学科评估与评价。例如，一流学科评估的理念问题、学科竞争力的国际比较问题，等等，不但探讨了评估的理念问题，更从国际比较的角度对我国学科的整体实力进行了实证研究。第五是学科的基本理论。例如，关于学科的本质、功能、实践的反思，学术共同体建设问题，跨学科与交叉学科发展问题，等等。这些思辨研究对反思学科发展战略，调整学科建设思路具有启发意义。学科建设问题的一直是研究生教育研究的重点内容之一。2012年开展的第三轮学科评估，对研究者更为关注学科建设与发展问题可能起到了一定的推动作用。

2. 专业学位研究生教育研究主题丰富

专业学位是针对社会特定职业领域的需要，培养具有较强的专业能力和职业素养、能够创造性地从事实际工作的高层次应用型专门人才而设置的一种学位类型，也是《国家中长期教育改革和发展规划纲要（2010—2020年）》提出要大力发展的一种学位类型。关于专业学位教育的研究受到普遍关注，一方面是因为专业学位教育快速增长的实践的需求，另一方面也反映了研究者对专业学位教育问题的前瞻性与使命感。2012年，对专业学位教育问题的大体分为以下几类。一是具体类型的专业学位教育问题，如对工程硕士、教育硕士、法律硕士、工商管理硕士、会计硕士、教育博士、工程博士等类型的专业学位教育都有所涉及。这些研究拓展了专业学位教育的范围。但是也要看到，我国目前有39种硕士层次的专业学位，有很大一部分还没有涉及。二是专业学位教育发展宏观政策研究。包括学位点审核制度、专业学位体系建设、质量现状与质量保障等，为健全和完善我国专业学位教育制度，建设中国特色的专业学位教育体系提出了很多政策建议。三是专业学位教育的培养模式。探讨了从专业学位教育的目标定位出发，结合不同类型专业学位教育的特点，加强产学研合作，以及具体的改革设想，等等，也提供了一些典型的实践案例。

3. 课程与教学的研究正在兴起

研究生教育中，教学的地位同样不可替代，没有好的教学质量，就没有好的培养质量的逻辑同样成立。但是，在教学方式方法上，研究生教育也与其他层次的教育有很大差异。2012年的课程与教学研究，主要集中在教学基本理论，教学方式方法，学科教学、实践教学等问题上，既讨论了教学在研究生教育中的地位、功能等，也讨论了教学策略、教学技术的选择，以及基于案例、基于问题、研究型教学等教学方法实施中的细节。此外，也有对研究生教学开展的调查研究，如对研究型教学行为的课堂观察，等等。课程是将结构化的知识体系传授给学生的基础。有研究探讨了研究生教育课程结构及其优化问题，开展了课程与教学改革的效果调查和研究生对课程体系的评价调查，也有研究明确提出以科研能力为导向，对研究生课程体系的进行改革。另外一些学者围绕具体的课程或专业，讨论了课程设计开发的问题。

4. 培养模式与培养机制的研究逐渐深入

培养模式关于培养模式的探讨，主要集中在专业学位教育上，既有关于特色培养模式的分析，也有关于培养模式基本问题的思考，包括跨学科教育问题、创新人才培养问题，还有从非正式学习等角度对人才培养模式的探讨。培养机制改革的根本目的在于优化结构、提高质量、培养拔尖创新人才。2012 年，研究者主要探讨了研究生教育投入与成本分担机制、联合培养机制、博士生淘汰机制、学位授权退出机制、导师指导机制，研究生资助机制，研究生教育与职业资格的衔接机制，等等。这些研究聚焦于人才培养的环节、过程、体制、机制问题，强调对院校、专业的培养特色和实践经验的总结，案例分析与国际比较也更有深度，为人才培养模式和培养机制改革的提供了一些有价值的新观点。

5. 评估与质量保障研究层次多样化

提升质量是研究生教育发展的核心目标，评估是测量与判断研究生教育发展状况的工具和手段。在研究内容上，既有评估标准、评估技术与方法、评估指标等技术层面问题的探讨，也有评估思维、评估模式、评估模型、评估类型等理论层面问题的分析。在研究层次上，研究者从微观与中观上将研究生教育质量落实在培养质量、教学质量、生源质量等方面，进一步探讨了内部质量保障机制的建设问题，并从实证的角度研究了研究生教育质量的影响因素；也有从宏观上对质量的治理、质量保障机制建设等问题的研究。此外，有学者从观念、制度、文化等方面对新时期质量保障问题所作的探讨。综观 2012 年的研究生教育评估与质量保障研究，层次更加多样化，出现了一些亮点，但仍存在重思辨、轻实证的问题，与国外的同类研究相比，评估与质量保障方面的高水平实证研究成果仍较为少见。

除了以上 5 个主题，研究生思想政治与心理健康教育、创新能力培养、研究生教育研究方法、教师培训与教师发展、学位制度与学位点授权、学位论文等研究主题，也有较高的关注度。具体问题在后面各章有所叙述，本处不再重复。

总体上，2012 年，学科建设、专业学位、课程与教学、培养模式与机制、评估与质量保障是研究者最为关注 5 个主题。围绕这些主题，采用文献分析、历史分析、案例分析、问卷调查、国际比较等方法开展了研究。研究内容涉及个体、课程、专业、学科、院校、区域、国家和国际各个层次，提出了一些新观点、新方法、新思路和新建议，相信将对我国的研究生教育改革实践，起到一定的促进作用。其中的一些研究，也会引发新的理论思考和学术争论，为研究生教育研究的自身发展奠定良好的基础。

专题一 研究生教育基本问题研究

在学位与研究生教育转型期和研究生教育强国建设的新阶段，研究生教育的发展与定位、规模、结构、层次、类型、发展战略等研究生教育基本问题越来越需要深入研究和探讨。2012 年，学界对此进行了广泛探讨，内容涉及研究生教育发展、研究生教育发展战略、研究生教育基层学术组织、研究生教育规模结构、专业学位研究生教育、研究生教育信息化等多个方面，从不同视角丰富了人们对研究生教育基本问题的认识，对研究生教育政策制定和研究生教育改革与发展具有积极作用。

第一节　研究生教育发展

中国学位与研究生教育发展年度报告课题组从总论、规模与结构、条件与支撑、质量与保障、政策与研究 5 个方面公布了 2011 年我国学位与研究生教育统计数据，介绍了我国学位与研究生教育年度发展情况，对相关学位与研究生教育政策进行了解读，并阐述了我国学位与研究生教育发展趋势。①

西安交通大学陈钟颀将我国学位与研究生教育的特色归纳为 4 个方面：我国的学位具有国家学位的性质；除高等院校外，科研机构也可授予学位，形成了多系统培养的格局；学科结构中理工科规模较大；对硕士学位获得者有较高的学术要求。②

在高等学校进行学科或院系的国际学术评估，是近年来建设高水平大学进程中的一项重要尝试。复旦大学叶绍梁介绍了复旦大学近年来进行院系国际学术评估的基本情况，认为在高校开展院系国际学术评估，

---

① 中国学位与研究生教育发展年度报告课题组，全国学位与研究生教育数据中心．中国学位与研究生教育发展年度报告（2012）［M］．北京：中国人民大学出版社，2012.

② 陈钟颀．我国学位与研究生教育的特色［J］．学位与研究生教育，2012（4）：4～6.

是高校学科国际评估的切实可行途径，是学校国际化的重要步骤，也是推进高水平大学建设的必要举措之一。据此，对院系国际学术评估的内涵、基本要求、主体和制度化建设等进行思考，提出见解。①

教育部、财政部于2007年1月启动了“国家建设高水平大学公派研究生项目”（简称公派研究生项目），旨在重点建设的高水平大学中选派一流的学生，到国外一流的院校、专业，并师从一流的导师。这是国家建设高水平大学的又一项重大战略举措，同时又着眼于“培养一批具有国际视野、能够提升我国自主创新能力的拔尖创新人才，满足国家中长期发展对高层次创新人才的需要”。北京师范大学郭海燕等总结了北京师范大学公派研究生项目的实施成效：培养了一批具有国际学术视野的教学科研人员，提升了学校国际化水平，提高了研究生培养质量。同时对项目的实施方式进行了阐述。②

自“国家建设高水平大学公派研究生项目”启动后，国内高校在读博士生以“联合培养”方式赴国外学习和开展研究，成为高层次国际化人才培养的重要模式。北京大学何峰等以北京大学的国家公派联合培养博士生为研究样本，归纳和总结其留学期间的学术活动，分析和探讨了所取得的成效，包括：研究能力的提升、规范的学术训练、国际化的学术交流、全方位的双边交流与深入合作、综合素质的全面提高等5个方面。对进一步提高公派留学效益、做好公派留学工作提出了相关建议。③

我国自1981年正式招收教学论专业研究生至今已有三十余年。在三十余年发展历程中，课程与教学论专业研究生教育规模不断扩展。特别是最近10年，随着高等教育超常规发展，研究生招生人数成倍增长。山东师范大学吉标等学者认为当前课程与教学论专业研究生培养中存在诸多问题，亟须审时度势，重新思考和厘定研究生培养的目标与定位，有效管理现有的学位点，优化导师队伍，尽快更新不合理的培养模式，以提高研究生教育质量与水平。④

---

① 叶绍梁．复旦大学院系国际学术评估的初步探索和思考［J］．学位与研究生教育，2012（10）：20~23.

② 郭海燕，程学竹，石中英．国家公派研究生项目实施成效的个案分析［J］．中国高等教育，2012（18）：58~59.

③ 何峰，胡晓阳，贾爱英．国家公派联合培养博士生留学成效初探——基于“国家建设高水平大学公派研究生项目”的考察和分析［J］．学位与研究生教育，2012（6）：51~55.

④ 吉标，徐继存．我国课程与教学论专业研究生培养30年：历史、现状与思考［J］．中国高教研究，2012（10）：39~45.

第二节 研究生教育发展战略

教育部高等教育教学评估中心王战军认为，当前我国研究生教育已经进入战略转型期，研究生教育的特点、目标和任务都发生了转变。研究生教育战略转型期是指研究生教育发展从一种状态转换到另一种状态，是研究生教育全面的和整体的发展状态转换，主要是指观念、机制的转换和体制的转型。在研究生教育发展观念方面，要求把发展的重心从扩大规模转移到提高质量和内涵发展；在研究生教育培养机制转换方面，探索和推进以国家宏观调控机制和资源配置机制为主的研究生教育机制改革，加大应用型人才的培养力度；在研究生教育管理体制方面，在中央政府、地方政府和培养单位三级管理体制框架下，增强省级政府的协调统筹职能。战略转型期的研究生教育面临广泛而深刻的变革，主要表现为从扩大规模转向提高质量，从外延扩张转向内涵发展。[①]

南京师范大学欧涛[②]围绕“知识社会视野中的学位制度”这一主题，按照学位制度面临的挑战——影响因素——变革趋势这一思路展开研究。提出了知识社会中学位制度面临的挑战，着重阐述了学位制度的现状与问题以及知识社会来临与学位制度变革的关系。从三个大的方面分析了知识社会中影响学位制度变迁的因素，即知识经济、信息技术和社会转型对学位制度变迁的影响。在总结上述影响知识社会变革因素的基础上，归纳出学位制度未来的发展趋势。综合当前学位制度的现状和其自身发展规律及外部环境的影响，总结出了学位制度未来发展的三个方向，即学位性质的多样化、学位标准的透明性和学位互认的全球化。

湖南师范大学罗斯静通过运用校本管理理念中的“权力下放”、“目标多元”、“自主管理”以及“以人为本”的原则，研究从重新划分现行学位体制三级管理部门的权限与职责、从“内涵”上建设培养单位、建立培养单位自主授权学位、构建立体的学位教育质量监控等几

---

① 王战军. 学位与研究生教育评价理论与方法［M］. 北京：高等教育出版社，2012.

② 欧涛. 知识社会视野中的学位制度［D］. 导师：王建华. 南京：南京师范大学，2012.

个方面来改革学位管理体制，从而达到克服当前学位管理体制中存在的弊端，并实现学位管理质量和效率提升、人才培养质量提高的目的。①

浙江理工大学顾越桦研究了全日制硕士研究生分类培养模式。学术型硕士研究生和专业学位硕士研究生的教育目标，分别是培养学术研究型高级专门人才和高层次应用型专门人才。基于不同的目标，高校要着眼于从课程体系、培养环节、导师指导、学位论文评价等环节要素的不同特性来构建两类培养模式，同时采取多种措施予以完善。②

苏州大学周三以教育学硕士研究生为被试，采用定量和定性相结合的研究方法，探讨影响教育学硕士研究生专业认同的主要因素以及它们在人口统计学变量上所显示出来的差异。研究的主要目的在于发掘影响教育学硕士研究生专业认同各个因素，为高校和政府有关部门思考调动教育学硕士研究生的专业认同度的策略，为解决教育战线优秀人才流失的问题提供依据。③

南京农业大学程伟华等通过分析农业院校来华留学研究生教育发展现状，发现农业院校来华留学研究生教育发展中存在着认识不到位、教育管理制度不完备、优势和特色不突出以及宣传不得力等问题，提出了科学制定国际化战略目标、完善留学研究生教育质量保障制度体系、围绕国际化战略目标重点突出学科内涵发展、大力拓宽宣传渠道提升国际影响力等发展对策。④

广西师范大学范雯媛梓以“广西高校专业学位研究生教育发展战略研究”为研究课题，对广西高校专业学位研究生教育的发展现状进行了阐述分析，得出其招生规模逐渐扩大、结构日趋合理、培养层次不断提高、优势和劣势并存的发展特点。运用SWOT分析法，对广西高校专业学位研究生教育目前所具有的优势、劣势、机遇、威胁等进行相关分析，力求寻找一条最优化的发展道路。从指导思想、发展战略目标入

---

① 罗斯静．基于校本管理理念的学位管理体制改革研究［D］．导师：罗建国．长沙：湖南师范大学，2012.

② 顾越桦．全日制硕士研究生分类培养模式的构建研究［J］．江苏高教，2012（1）：108～110.

③ 周三．教育学硕士研究生专业认同研究［D］．导师：洪芳．苏州大学，2012.

④ 程伟华，董维春，刘晓光．农业院校来华留学研究生教育发展问题与对策［J］．学位与研究生教育，2012（2）：42～46.

手，提出了广西高校专业学位研究生教育相应的战略方案和战略措施。[①]

第三节　研究生教育基层学术组织

南京师范大学钟柏昌对教育技术和教育技术学的学科归属进行了基于隐喻的层次分析，以有助于人们进一步理解这些学科归属争论的实质和产生的根源。首先必须看到，姓“教”与姓“技”的争论不是在某一个层面上单独发生的，而是可以在概念层面、实践层面、理论流派层面和学科层面同时存在；其次，不同层面的“姓”并不具有直接的对应关系，我们不能说在实践层面姓“技”，或者在某个理论流派那里姓“技”，就可以推导在学科层面必须姓“技”；同样，我们不能从学科层面对姓“教”的认定就否认他人在实践层面对姓“技”的主张，事实上每一种主张都可能有其合理性和不足，需要联系地看待，切忌执着于对一种观点的“推倒”和“重建”，而不能从对立面去寻找合理性，不去追寻每一个隐喻背后的使用语境和局限性，而当前诸多争论产生的根源就在于人们忽略了争论层面的多样性而陷入各说各话的境地。[②]

复旦大学王建美结合调查和案例分析，探讨研究生科研能力构成要素，研究影响跨学科团队中研究生科研能力发展的因素，从而探索相应的培养策略。从研究生的投入时间、精力、参与的活动、与导师的交流等方面描述了作者实地调研的两个跨学科团队。这两个个案研究呈现了当前高校跨学科团队运行现状的基本图景，探讨顺畅运行的经验及影响研究生科研能力提升的因素。提出研究生科研能力培养的“七力组合模式”。[③]

① 范雯媛梓．广西高校专业学位研究生教育发展战略研究［D］．桂林：广西师范大学，2012.

② 钟柏昌．论姓“教”与姓“技”之争：基于隐喻的层次分析［J］．中国电化教育，2012（9）：22～26.

③ 王建美．跨学科团队科研中研究生科研能力培养探究［D］．上海：复旦大学，2012.

第四节 研究生教育规模结构

清华大学孙健探讨了研究生教育微观结构及其优化。从空间上看，研究生教育结构可以分为宏观结构与微观结构，微观结构侧重于从研究生培养质量的角度分析研究生教育内部相关要素的组合比例关系。论文界定了研究生教育微观结构概念及要素，从课程结构、导师结构与组织结构3个方面分析了微观结构对研究生培养质量的影响，分别指出研究生教育微观结构3个子结构存在的问题，并针对问题提出了相应的优化方案。①

中国人民大学李立国等对我国省域研究生教育的学科布局进行了研究。我国研究生教育虽然规模扩张较快，但学科、区域结构变化较小，体现了“存量决定增量”的发展模式。反映在省域研究生教育方面，各省域之间不但存在数量的差异，也存在学科布局的不均衡，特别是研究生教育薄弱省域的工学与专业硕士学位尤为薄弱。因此，研究生教育薄弱省份亟待发展工学与专业硕士学位，培养经济社会发展需要的人才；同时，改变博士研究生教育主要集中于北京的地域格局。②

中国科学技术大学彭莉君以资源配置理论与教育公平理论为基础，对我国高校研究生教育资源配置的状况进行了系统的分析。首先对研究生教育资源配置的公平性进行分析，进而对研究生教育资源配置的效率进行评价，最后对影响研究生教育资源配置效率的因素进行探讨。对研究生教育资源配置公平与效率的研究，分别采用了宏观和微观两个层面，即全国31个省（直辖市、自治区）和高水平大学两个研究层面。③

南昌大学韩迟围绕江西省研究生教育和经济发展的实际，从两者相互对应的规模、结构和发展速度等入手，用灰度关联的实证方法对两者协调发展的关切度进行分析，找出其中存在的问题，进而提出江西经济发展与研究生教育协调发展的对策。从研究生教育努力适应经济发展需

---

① 孙健．论研究生教育微观结构及其优化［J］．研究生教育研究，2012（1）：9～13.

② 李立国，黄海军．我国省域研究生教育的学科布局［J］．复旦教育论坛，2012（1）：55～58＋64.

③ 彭莉君．我国高校研究生教育资源配置现状研究［D］．合肥：中国科学技术大学，2012.

求的角度出发，针对影响关切度小的原因，分别提出了学科结构调整、专业学位建设、增加投资、平衡区域发展、提升导师水平等方面的改革措施，以协调与经济发展之间的关系。①

由于学术内外劳动力市场的联动变化引发了博士就业的多样化，博士生教育近年来受到了广泛的关注。北京工商大学庄丽君等分析了美中等部分经合组织成员国博士生培养规模和就业的变化趋势，并探讨了培养规模和就业变化对博士生教育的影响。研究结果表明：博士生培养规模与学术职位的供需结构性失衡；博士生教育的改革势在必行。作者认为未来我国博士生教育应在两个方面加以重点改革和完善：一是要丰富博士生教育的培养目标，二是要加快发展专业博士教育。②

东北大学张平等认为辽宁省专业学位研究生教育面临着结构欠缺完整性、学生规模小，管理体制有待改进，师资力量相对匮乏，教育对象质量参差不齐，培养环节有待完善的困境。提出了夯实专业学位研究生教育重要地位，以区域经济需要助推教育规模结构合理发展，理顺专业学位研究生教育管理体制，有效增强专业学位研究生教育师资力量，优化专业学位人才培养过程等措施。③

北京大学蒋承等对我国博士供需现状进行了探讨。我国博士学位年度授予量已经超过5万人，博士教育的提供以“211工程”和“985工程”高校为主。对博士研究生（或博士）规模的需求来源，可以区分为3个层面，一是国家层面的需求，二是高校和导师层面的需求，三是学生层面的需求。从经济发展对于人才需求的角度看，我国博士规模仍有发展空间；博士仍是学术职业的主要后备军，高校和导师需求是促成博士生教育规模迅速增长的重要原因；考生需求是推动博士生规模持续增长的另一重要原因，较本质性增长而言，博士生需求的反应性增长在博士生规模的扩张中起到很大作用。在博士供给的特点方面，学术职业仍然是我国博士现阶段期望的主要就业方向，选择学术职业的高达76%；对于博士研究生期望的求职地区，体现了极为明显的地域偏好，

---

① 韩迟．江西省研究生教育与经济发展的关切度及对策研究［D］．南昌：南昌大学，2012.

② 庄丽君，刘少雪．培养规模和就业变化对博士生教育的影响研究［J］．研究生教育研究，2012（4）：7~10+26.

③ 张平，孙萍，王亮．辽宁省专业学位研究生教育的困境与出路［J］．学位与研究生教育，2012（9）：45~49.

从总体上看京津沪和东部地区吸引了将近80%的博士生前去就业。①

中国人民大学黄海军等利用1996—2009年省际面板数据，将我国研究生教育对经济增长的贡献率进行实证分析，结果发现：1996—2009年，我国研究生教育对经济增长具有正向促进作用，年均拉动GDP增长0.46百分点，对GDP年均增长的贡献率为4.11%；研究生教育或者说知识资本和人力资本对经济增长的贡献率远低于物质资本的贡献率；忽略研究生教育的作用将会导致高估物质资本而低估人力资本的作用；我国研究生教育对经济增长的影响作用弱于美国研究生教育的影响作用。②

广州大学王一博以改革开放前沿阵地广东省为分析个案，综合考量其产业结构优化对专业学位研究生教育规模、科类结构、培养主体结构和区域布局结构的影响，通过定量和定性研究梳理了近20年来广东省专业学位研究生教育结构调整的现状与不足。参考“结构功能主义”理论并对其在专业学位教育领域的衍生进行了深入的理论探究，结合美国专业学位研究生教育发展经验，对专业学位研究生教育结构发展适切产业结构优化提出了若干政策建议：有效利用省域内高等教育资源，合理拓展专业学位教育规模；联系产业结构调整实际，优化专业学位学科结构配置；积极丰富专业学位教育培养主体，构建多元培养体系；均衡专业学位教育资源布局，深化区域专业学位教育品质路线；促进形成“产学研”合作培养长效机制，实现共生发展路径。③

第五节　专业学位研究生教育

山西省教育厅郑湘晋等认为我国专业学位设置二十余年来，得到了快速的发展，但专业学位研究生教育规模的急剧膨胀与配套条件不足、办学思路落实的滞后性之间的矛盾也越来越突出，由此造成专业学位研究生教育与其“职业性”要求之间的落差。指出坚持专业学位研究生

---

① 蒋承，龚卫华，张恬．对我国博士供需现状的探讨［J］．中国高等教育，2012（23）：42～45.

② 黄海军，李立国．我国研究生教育对经济增长的贡献率——基于1996—2009年省际面板数据的实证研究［J］．高等教育研究，2012（1）：57～64.

③ 王一博．专业学位研究生教育结构发展适切性分析［D］．广州：广州大学，2012.

教育的“职业性”，推动专业学位研究生招生考试、课程设置、实践教学、学位论文等方面的改革，既需要培养单位的内部改革，也需要主管部门进行宏观调整。①

南京农业大学刘国瑜认为培养应用研究能力是专业学位研究生教育的本质。培养应用研究能力，既能突出专业学位研究生教育的职业性，又能保证专业学位研究生教育的学术性，促进职业性与学术性的彼此沟通与相互融合，进而提高专业学位研究生教育质量。促进专业学位研究生教育回归本质的路径与条件包括5个方面：培养目标定位于应用型人才；师资素质注重专业实践能力；课程设置围绕职业发展需要；教学过程做到教、学、用结合；学位论文评价突出解决实际问题的能力。②

华南理工大学宋胜男面向在国内已经毕业和在读的全日制专业学位研究生开展调查研究。通过对比已经为企业解决实际问题的和未能帮企业解决实际问题的专业学位硕士研究生在参与实践的各方面的情况，试图找出影响其实践取得成功的相关因素。依次通过对问卷数据进行信效度分析，描述性统计分析，双因素列连分析和二项 logistic 回归的分析，找出了对专业硕士在实践中取得成功效果有显著影响的8个变量和4个关键影响因素以及各因素对专硕实践成功的影响程度大小，并据此建立了全日制专业硕士取得实践成功的预测模型。③

郑州大学杜丹通过对Z大学250位在校专业学位研究生调查问卷的分析认为，虽然专业学位研究生培养机制的基本框架在我国已经基本建立，但还存在几个问题：一是对专业学位存在误解与偏见，入学方式过于单一；二是传统教学方式占主导地位，专业学位研究生教育缺乏自身特色。比如培养年限不够灵活，课程设置与学术学位雷同等；三是导师组结构失衡，校外导师师资力量不足；四是论文内容偏重学术性研究，质量有待提高等。④

南开大学陈沛等探析了全日制专业硕士报考吸引力偏低的原因，包

---

① 郑湘晋，王莉．关于专业学位研究生教育改革的若干思考［J］．学位与研究生教育，2012（4）：15～19.

② 刘国瑜，李昌新．对专业学位研究生教育本质的审视与思考［J］．学位与研究生教育，2012（7）：39～42.

③ 宋胜男．全日制专业学位硕士参与企业实践培养效果的关键影响因素实证研究［D］．广州：华南理工大学，2012.

④ 杜丹．专业学位研究生培养机制研究［D］．郑州：郑州大学，2012.

括：学费标准偏高、选拔方式不够合理、培养模式不够成熟、就业前景尚不明朗等。随着全日制专业硕士招生种类和招生单位的不断增加，考生和社会用人单位对这一新生事物的认同能否跟得上其过快的发展速度成为目前亟待解决的问题。①

河南师范大学孔国庆对全日制专业学位硕士的“相对剥夺感”进行了探讨。自2009年国家推出专业硕士实行全日制培养主要招收应届毕业生以来，学生的“相对剥夺感”使本应是一片光明的全日制专业硕士却频遭冷遇。其中原因，主观上主要是学生对全日制专业学位的认同度较差和对参照群体选择的自我信服性；客观上主要是国家对全日制专业学位研究生缺乏清晰的定位、相关配套资源未能及时跟进和学生就业不确定性风险较大。减弱和消除学生的“相对剥夺感”，要从提高学生对专业学位的认识、逐步形成专业学位培养的特色、健全就业服务保障体系等方面下功夫。②

湘潭大学唐检云认为专业学位教育必须始终坚持以贴近实际、适应需要为前提，以加强实践创新能力培养为核心，不断创新发展思路，破解发展难题，推进科学发展。具体要求有：充分体现专业学位的职业特性；切实加强教育部门与实务部门的交流与合作；坚持强化以实践创新能力为核心的专业学位教育质量意识；制定实施以职业需要为核心的专业学位教育质量评价体系。③

浙江大学章丽萍等分析了国际工程教育发展态势和工程硕士学位内涵；介绍了工程硕士发展的新动向，包括工程的专业实践、专业领域和专业使命3个方面，即工程专业实践正在大力回归与发展，工程专业领域正在积极开辟与拓宽，工程专业使命进一步得到确认与强化；阐述了工程硕士学位教育的国际经验与启示，包括对全球问题的快速响应、对传统边界的大胆挑战、对创新创业的全力推动、对战略联盟的热切追求以及对工程教育的系统规划等方面的重要启迪。④

---

① 陈沛，王处辉．全日制专业硕士报考吸引力偏低的原因探析［J］．教育科学，2012（3）：54～59.

② 孔国庆．全日制专业学位硕士的“相对剥夺感”调适论析［J］．现代大学教育，2012（1）：105～109.

③ 唐检云．专业学位教育发展应更加贴近实际［J］．中国高等教育，2012（10）：51～52＋63.

④ 章丽萍，孔寒冰，陈子辰．工程硕士学位教育的国际进展［J］．高等工程教育研究，2012（2）：21～28.

脱胎于工学硕士培养框架的工程硕士教育，至今尚未形成完全独立的课程体系，尚未真正实现针对工程领域实际需求的高层次应用型专门人才培养的初衷。重庆大学郑小林等从理论探索与实践经验两个方面论证了从区域层面将工程硕士教育与职业资格认证相衔接，不仅有必要而且切实可行，由此最终形成集政府、高校、行业协会、企业为一体的有机合作培养体系，以回归工程硕士教育初衷，保障工程硕士培养质量，促进我国工程硕士教育与国际接轨，实现工程硕士教育可持续发展。[①]

北京理工大学李杰等阐述了工程硕士研究生教育的属性，从3个方面论述了工程硕士研究生教育与工程师职业资格认证相对接的必要性：与工程师职业资格认证相对接促进工程硕士研究生教育主动满足经济社会对高层次应用型专门人才的需要；以职业资格认证为导向，引入行业评价，是保证和提高工程硕士教育质量的动力；与工程师职业资格认证相对接是加快我国工程教育国际化进程的需要。提出了工程硕士教育与工程师职业资格认证相对接的建议：建立健全我国工程师职业资格认证组织机构；建立和完善我国工程师职业资格认证体系；积极推进我国工程师职业国际化进程。[②]

华南理工大学王斌结合对用人单位的调研，提出全日制工程硕士的实践就是运用专业知识与技能解决工程领域实际问题，对产品、技术、工艺等进行设计开发或改进提升的活动。提出并分析了当前全日制工程硕士实践能力培养中应关注的主要成分，并就课程学习、校外实践、学位论文设计3个培养环节对全日制工程硕士实践能力培养的影响进行了分析。在理论分析的基础上，选取T大学为个案，对实践能力培养的状况进行调查和访谈。根据调查结果，讨论了实践课程开发、校外实践、校内导师指导、校外导师指导、校企合作5个方面存在的问题和产生的原因，并提出一些政策性建议。[③]

南京师范大学李云鹏从比较优势理论的视角探讨教育博士专业学位研究生教育定位与发展，认为教育博士比较优势需要通过特别的培养方

---

① 郑小林，冯潇，冯斌．工程硕士教育与区域职业资格认证相衔接的探索与实践［J］．学位与研究生教育，2012（2）：57～61.

② 李杰，李镇．我国工程硕士教育与工程师职业资格认证对接的思考［J］．学位与研究生教育，2012（2）：62～64.

③ 王斌．全日制工程硕士研究生实践能力培养研究［D］．广州：华南理工大学，2012.

案来实现。牢固树立专业博士学位研究生教育理念，坚守专业博士学位品质，培育专业精神和专业伦理，创新培养体制和办学体制，突出专业学位研究生教育的特色，是强化教育博士专业学位研究生教育比较优势的策略。①

湖南师范大学金铃通过问卷调查和访谈调查并结合培养方案等文件，分析了湖南师范大学教育科学学院教育硕士培养的得失，并据此提出一些针对性的改进措施。这对提升该院教育硕士培养的质量有一定帮助，同时对全国教育硕士培养也有一定的借鉴作用。②

南京师范大学陈强从“专业学位教育”、“专业教育”的概念、历史发展、特性着手，探讨教育硕士的发展历程、特性及其属于专业教育的原因，从理论上论证教育硕士专业学位教育应该是“专业教育”。教育硕士专业学位教育有其专业性要求，从全国教育硕士专业学位教育指导委员会制定的“教育硕士专业学位教育各专业方向的培养方案”和教育硕士个案两个方面研究了我国教育硕士专业学位教育的现状。通过对培养方案所确定的培养目标、培养规格、课程设置、教学方式等方面的分析和个案的调查结果，表明我国教育硕士专业学位教育存在“专业性欠缺”的问题。③

西南大学贺菲以密歇根州立大学教育硕士培养方案为个案，从招生对象、培养目标、课程设置、学位授予要求等各个方面分析总结其培养经验，深入剖析其培养特点，针对我国教育硕士培养存在的具体问题，借鉴美国教育硕士培养的有益经验，为我国的教育硕士培养提出了一些建设性的意见与建议。④

首都师范大学王晓琴对首都师范大学第一届全日制教育硕士毕业生和学术硕士进行了问卷调查，结合访谈法、文献法等，从总体满意度、教学活动、教育实践、导师指导、论文撰写、培养效果6个方面，分析了全日制教育硕士与学术硕士在培养过程中的差异。通过差异比较，得出全日制教育硕士培养工作中有几个方面较为可取：开展较为充分的教育实践、建设多层次的实践基地、契合教师专业发展。其中还存在一些

---

① 李云鹏．论教育博士专业学位研究生教育的比较优势［J］．中国高教研究，2012（3）：44～48.

② 金铃．教育硕士培养的问题与对策研究［D］．长沙：湖南师范大学，2012.

③ 陈强．论教育硕士专业学位教育的专业性［D］．南京：南京师范大学，2012.

④ 贺菲．美国密歇根州立大学教育硕士培养方案研究［D］．重庆：西南大学，2012.

问题：教学形式较为单一，理论课程的实用性指向不明显；学术活动匮乏，专业硕士的科研能力养成途径缺乏多样化；导师对专业硕士关注度不够；教育实践的后续管理工作跟进不及时。建议教育硕士的培养在教学、师资、专业实践等方面做适当改进：教学环节中，结合课程适当增加学术科研比例，突出理论对实践的指导作用；指导教师需提高对教育硕士的重视，创新指导方式，丰富指导内容；优化教育实践相关工作，将教育实践的考评纳入毕业考核范畴，推动硕士研究生教育的健康发展。[①]

南京师范大学李云鹏概述了“重塑教育博士卡内基行动”（CPED）的理论基础、议程和变革主题，总结了CPED的主要成果及其内涵，指出该行动本身及其反映的教育理念对我国Ed. D. 教育具有启发意义。[②]

西南大学马金晶基于我国教育博士培养的现实需要与困惑，以成果导向课程发展理论为支撑，提出了“成果导向教育博士课程发展”这一课题。成果导向教育博士课程发展融合成功教育、职业教育、能力本位教育以及人本教育理念，明确以“学生发展为中心”、“所有学生均能获得成功”、“强调课程与职业相联系”、“聚焦学习者最终拥有能力”为课程发展理念。以教育领导与管理专业教育博士为例，其课程目标是培养“研究型专业人员”，他们作为教育领导与管理实践中知识的创造者与使用者，是超越学科范围的问题解决者，是具有强烈责任感的教育家。成果导向教育博士课程结构强调以专业实践为中心，以行动反思为起点，与实践场景和工作场域相结合，注重团队合作能力培养，聚焦学生未来学习“成果”，利用“核心能力”组件实现课程模块化。成果导向教育博士课程评价的焦点是学生学习“成果”。[③]

南京理工大学王璟通过梳理法律硕士的概念、法律硕士教育的特征和发展历程，首先对法律硕士在中国的发展有个总体性的认识；其次参考人才培养模式的相关理论，通过介绍人才培养模式的涵义及类型，引入应用型人才培养模式，为阐述如何培养高层次应用型法律人才奠定基础；再次借鉴国外高层次应用型法律人才培养模式的实践与经验，分别

---

① 王晓琴．全日制专业硕士与学术硕士培养的比较研究［D］．北京：首都师范大学，2012.

② 李云鹏．美国“重塑教育博士卡内基行动”及其启示［J］．学位与研究生教育，2012（6）：63～67.

③ 马金晶．成果导向教育博士课程发展研究［D］．重庆：西南大学，2012.

介绍了美国、澳大利亚、德国、英国的高层次应用型法律人才培养模式；另外还重点剖析了中国法律硕士人才培养模式的现状、存在问题以及发展趋势；最后为中国法律硕士人才培养模式的改革和发展提出相关的改革建议。①

山西大学刘倩采用调查问卷的方式，在对复合型法律硕士的知识结构、能力结构和素质结构进行系统调研的基础上，进一步分析其原因，从而提出改善与提高复合型法律硕士知识、能力与素质结构的基本对策。②

天津大学刘铁鸥从阐述专业硕士学位与学术硕士学位的异同，到MBA作为专业硕士学位的重要力量作为切入点，分析国外MBA教育项目发展的特点，对比分析中、外MBA教育在培养过程、文化背景等差异，引出中国MBA教育发展的研究。肯定在这过程中取得的成绩，同时提出在快速发展过程中产生的相关问题，并针对这些问题提出了相应的解决办法。在针对中国MBA项目发展的研究后，引出针对天津大学MBA项目发展20年的研究。重点介绍天津大学的学科背景，学科特色以及发展二十余年来取得的成绩。针对天津大学MBA教育的发展，针砭时弊提出在这过程中出现的问题。同时，经过分析研究，直面这些问题，提出了相应的发展战略和策略。③

中山大学汪洋等通过问卷调查、个案分析及专家研讨，对中山大学临床医学专业学位研究生教育进行调研，找出了目前临床医学专业学位研究生培养中存在的一些突出问题：培养过程、要求与现行医疗准入制度缺乏有效衔接；重科研轻临床，临床型与学术型研究生培养目标混淆；研究生的专业基础理论和临床技能知识欠缺，专业素质有待提高；研究生临床技能培训欠规范，缺乏系统、严格的考核制度；重结果轻过程，研究生科研创新精神欠缺，人文素质有待提高。据此提出了提高临床医学专业学位研究生培养质量的政策建议和行动策略。④

中国人民大学宋建波等从我国会计人才总体发展目标和会计人才职业能力要求着手，探讨了我国会计人才发展现状及与发展目标间的差

---

① 王璟．高层次应用型法律人才培养模式探究［D］．南京：南京理工大学，2012.

② 刘倩．法律硕士复合型人才结构要素的实证分析［D］．太原：山西大学，2012.

③ 刘铁鸥．MBA教育中外对比分析及发展策略研究［D］．天津：天津大学，2012.

④ 汪洋，宁黎，余全红，等．临床医学专业学位研究生教育存在的问题及对策研究——以中山大学为例［J］．研究生教育研究，2012（4）：57～62.

距，分析了我国会计硕士（MPAcc）的发展现状及与国外的差距，提出发展会计人才教育、推行 MPAcc 教育质量认证是促进我国会计人才发展、保障会计人才培养、落实我国会计人才发展战略的重要举措。①

第六节 研究生教育信息化

华中师范大学张军等探析了我国博士学位公示制度。我国博士学位公示制度作为一种信息公开和监督手段，在博士学位授予过程中发挥了重要作用；但从公示的现状来看，公示内容和时间还需要进行适当改革：建议对学位证书的发放时间进行合理调整，加大学位公示的信息量，以便更好地发挥其监督作用。②

中国农业科学院王海峰等介绍了基于 Web 的研究生学位论文远程评审系统设计思路与途径：搭建事务管理和信息处理平台；与原有的研究生管理系统以及专家信息管理系统整合，实现三者无缝连接；规范研究生学位管理程序。阐述了使用该系统如何对论文评审进行全过程管理，并以中国农业科学院为例，分析了该系统的使用效果，提出了进一步改进意见。③

东北师范大学张颀寅对利用微博支持研究生移动学习进行了研究，旨在使研究生能够有效地利用微博支持的移动学习系统获得更好地学习效果。通过对我国研究生的大范围的调查问卷研究，认为现阶段我国研究生并不满意自己的学习现状，同时迫切希望能够运用现代的技术和方法改变自己的学习现状，并在很多方面提出了研究生自己的需求和期望。结合问卷调查，研究将日渐成熟的微博技术同移动学习进行了结合，使之能够符合我国研究生现阶段的学习特点，满足研究生的学习需要，有效地服务于我国研究生群体。研究通过系统结构、用户结构、模块和功能几方面的考虑进行了精心的设计，每一个功能模块都与研究生

---

① 宋建波，荆新，王化成．开展会计硕士（MPAcc）教育质量认证的研究［J］．会计研究，2012（10）：11～20＋95.

② 张军，肖华松．我国博士学位公示制度探析［J］．学位与研究生教育，2012（6）：48～50.

③ 王海峰，高枫岚，罗长富，等．研究生学位论文远程评审系统的设计与使用［J］．学位与研究生教育，2012（2）：29～32.

的移动学习特点有紧密的联系，都有其存在的价值和作用。①

陕西师范大学喻玲通过对有关虚拟学习社区、Web 2.0 虚拟学习社区的概念和功能、社会建构主义、分布式认知、群体动力学等相关理论的研究，从虚拟学习社区的构建角度探讨了这些理论对社区建构的启示。通过对研究生的培养目标、研究生学习特点、需求和可行性进行分析，确定了系统开发的功能和社区内的静态结构、动态行为模型。在开发过程中，详细研究了如何构建以 spacebuilder 为平台、以 sqlserver 为数据库、通过 IIS 进行发布的 Web 2.0 虚拟学习社区。②

曲阜师范大学袁金英在分析研究生学术素养的结构及特性及其培育环境的基础上，提出网络环境下研究生学术素养培育对策，完成了研究生学术素养培育网络平台的设计与实现，确定了平台的五大主要功能：最新学术动态、学习支持模块、资源共享模块、学术交流模块和系统管理模块。③

西南大学聂志杰在对国内外文献分析的基础上，采用理论探讨和实证研究相结合的方法，从理论上阐述了研究生个人学习环境的相关研究，调查分析了研究生的学习特征及需求，以社会建构主义、分布式认识等相关理论为指导，以平台需求为依据构建基于 Web 2.0 的研究生个人学习环境功能模型，在前期设计的基础上着手开发，并将平台在西南大学教育技术专业研究生中应用，在研究过程中调查、收集反馈数据，并进行整理和分析以验证平台的有效性。研究表明：在研究生中开展基于 Web 2.0 的个人学习社区环境下进行学习活动是可行、有效的。利用虚拟学习社区开展学术交往活动，学习者可以针对自己的学习特点与情况进行自主学习，这样就为研究生开展知识建构和协作学习提供了良好的学习环境。④

北京交通大学崔海东通过对研究生教育特点的分析，对一些相关教育信息化产品成果的有益吸收，并结合相关的教育技术理论提出了一个

---

① 张颀寅．利用微博支持研究生移动学习的需求分析与设计研究［D］．长春：东北师范大学，2012.

② 喻玲．基于 Web 2.0 的研究生虚拟学习社区的设计与开发［D］．西安：陕西师范大学，2012.

③ 袁金英．研究生学术素养培育网络平台的设计与实现［D］．曲阜：曲阜师范大学，2012.

④ 聂志杰．基于 Web 2.0 的研究生个人学习环境的构建与应用研究［D］．重庆：西南大学，2012.

主体关于研究生和研究生导师的教育信息化平台，即基于 JBPM（Java Business Process Management）工作流的研究生导学系统。通过对研究生导学系统所涉及的几个方面的研究，试图达到高效的促进研究生的课外学习和导师对研究生的指导。最后从研究生学习、导师对研究生的指导和工作流在研究生导学系统中应用效果的三个角度对研究生导学系统进行了分析评测。[①]

第七节　文献分布及其特点分析

通过检索相关关键词，并结合研究内容进行进一步人工筛选，得到55 篇（部）对研究生教育基本问题进行研究的文献，其中著作 2 部、期刊论文 29 篇，硕士学位论文 22 篇、博士学位论文 2 篇。与 2011 年度的研究文献相比，2012 年度关于研究生教育基本问题研究的文献总量略有减少，主要是著作方面的文献量减少较多，博士、硕士学位论文文献量基本持平，期刊论文文献量小幅增加。

本年度研究生教育基本问题的研究主题涉及研究生教育理论与实践多个层面，既有理论性探讨，也有经验性总结。研究方法基本上以定性为主，定量的较少。从“城市/乡村”度指标[②]的角度而言，2012 年学界关于研究生教育基本问题的研究“乡村”化程度高，“城市”化程度低，除专业学位研究生教育领域外，聚焦于同一研究主题的文献少之又少，而且本来就欠丰富的文献之间联系松散，缺乏交流和批判，尚难以用“趋同/分野”度指标对研究文献的学术观点和研究范式进行评判。

需要指出的是，2012 年学界对专业学位研究生教育领域开展研究的文献达到了 24 篇，占本章文献量的将近一半。这与研究生教育结构调整战略，特别是从 2009 年起大量招收全日制专业学位硕士研究生的政策实践密切相关，也反映了社会对应用型人才需求的关注。

① 崔海东．基于 JBPM 工作流的研究生导学系统的研究与设计［D］．北京：北京交通大学，2012.

② 高宝立，刘小强．高等教育研究热点分析：两个维度、四项指标——以现代大学制度研究为例［J］．教育研究，2008（9）：58～64.

专题二 研究生教育质量研究

研究生教育质量是研究生教育研究永恒的主题。2012 年关于我国研究生教育质量的研究主要包括研究生教育质量的现状、如何评价研究生教育质量、如何保障研究生教育质量 3 大主题。质量现状的研究包括对问题的反思、对现状的评判和对未来的展望；质量评价则既有理念的重塑，也有方法的重构；质量保障既包括对投入保障的研究，也包括对培养环节的重点监控研究。

第一节　我国研究生教育质量现状

经过三十多年的发展，我国研究生教育形成了完整的学位与研究生教育体系，基本实现了立足国内培养国家经济建设主战场所需各类高端人才的战略目标，缩小了与发达国家在高技能人力资本方面的差距，国际影响力逐步增强。但是，不可否认，不论是与研究生教育发达国家相比，还是建设研究生教育强国的需要，我国研究生教育还存在着许多待改进的地方。

一、我国研究生教育整体质量存在的问题与对策研究

关于规模和结构。清华大学王顶明等认为，我国研究生教育规模和质量的区域分布不均衡，与区域的经济实力相关性、产业发展协调性较差；科类结构上存在硕士和博士层次高度同构现象，未区分出各自不同的服务目标和对象，学科设置的市场配置作用发挥不畅；专业学位培养目标和培养模式还没有与学术型研究生的培养真正区分开来，社会认可度、生源规模和质量有待提高，业界参与高校办学的激励机制有待完

善；学术型研究生的培养还存在向应用型分流的通道和机制问题等。[①]

关于质量与影响力。西南大学尹晓东认为，我国研究生科学研究的基本能力欠缺、日常学术训练水平不高、科研能力不足、论文水平令人担忧、创新精神和创新能力普遍缺乏。[②] 王顶明等认为我国研究生教育质量存在问题的集中表现是创新能力差。从国际化水平来看，我国研究生教育的国际影响力还比较低，出国留学者众，而国外来华留学生比例低。

关于体制与机制。在宏观体制层面，中央政府宏观管理过多，省级政府的统筹管理与培养单位自主管理受到限制，研究生教育利益相关者参与办学与管理的积极性不高。微观体制层面，表现为学生资助水准偏低、学习热情不高、创新能力不足、学术氛围不浓厚、评价体系不合理等。机制上表现为招生制度缺乏灵活性，量化科研评价制度与创新工作的需求之间存在逻辑冲突，淘汰制度的执行缺乏激励措施和配套措施。此外，还存在课程设置和教学质量不佳，部分博导学术水平不高和指导学生投入太少，师生关系中“用人”与“育人”失衡，研究生创新计划的覆盖面不够等问题。

关于对策，江西师范大学张艳国认为近年来我国研究生教育质量建设还存在许多偏颇，加强研究生教育质量建设，需要有新的思路和方向：重硬件更要重软件，积极推进研究生教育理念创新；重导师更要重研究生，围绕研究生的学习过程下功夫；重外延更要重内涵，紧抓研究生课程教学改革；重当下更应重未来，大力构建良性互动的研究生教育质量保障长效机制。[③] 王顶明等从创新体制机制的视角，认为应该充分调动各类主体的积极性，改革人才培养模式，优化研究生教育结构，提升研究生教育系统效益，完善质量保障体系。复旦大学廖文武等则从构建高水平的学科体系和良好的学术环境氛围进行了研究。他们认为，地方大学研究生教育应该突出地方特色，凝练有地方特色的办学品牌，创

---

① 王顶明，刘帆．我国学位与研究生教育的成绩、问题与发展任务［J］．研究生教育研究，2012（12）：1～6.

② 尹晓东．研究生培养质量存在问题及对策探究［J］．国家教育行政学院学报，2012（7）：69～73.

③ 张艳国，刘小强．关于我国研究生教育质量建设的思考［J］．学位与研究生教育，2012（5）：5～8.

建校地合作特色平台，建设特色课程体系，形成有地方特色的办学机制等。[①②]

二、不同层次的研究生教育质量研究

博士生学术生产力是表征博士生教育质量的重要指标之一。北京航空航天大学赵世奎等的研究表明，尽管国外仅有极少数培养单位有类似于我国学术发表与学位授予“挂钩”的制度性规定，但在读期间有同行评议论文发表的博士生和整个期刊论文中博士生发表的论文都占有相当比例。今后，我国研究生教育的发展要将研究生教育纳入国家科技创新体系，完善博士生参与科学研究的机制，坚持把学术发表作为博士生质量保障的重要手段。但受到博士生参与科学研究机制和学科研究范式的影响，不同学科、不同培养模式下的博士生学术生产力存在较大差异，因此，学术生产的制度性规定要充分尊重不同学科之间的差异。[③]

江苏大学张晓阳等以 Web of Science 数据库为数据检索分析平台，采用发表论文数、论文总被引频次、篇均被引频次、H 指数（即高引用次数）4 个指标，对中美两国 20 世纪 80 年代、90 年代，2000 年以后毕业的理工科博士的科研绩效进行横纵向对比分析。结果显示，我国理工类博士的科研绩效显著提升，与美国的学科差距日益缩小，但在论文的总被引频次、篇均被引频次以及 H 指数 3 个指标上存在较大的差距。另外，各学科的发展并不是齐头并进，科研绩效参差不齐。其中，航空宇航科学与技术专业发表论文总数方面具有压倒性的优势，该学科博士的整体科研绩效领先美国的优势明显；大气科学、建筑学、水利工程、交通运输工程 4 个专业的博士科研绩效发展较为迅速；天文学、物理学、生物医学工程、纺织科学与工程 4 个专业的博士科研绩效发展较为缓慢；食品科学与工程专业博士科研绩效有所下降，已经逐渐丧失了

---

① 廖文武，廖炳华，刘文．拓展内涵，优化结构，深化改革，提高研究生培养质量——转型期复旦大学研究生教育的实践与探索［J］．学位与研究生教育，2012（5）：25～29.

② 廖文武，陈文燕，郭代军．研究生教育质量影响因素分析与对策研究［J］．研究生教育研究，2012（4）：11～15.

③ 赵世奎，沈文钦，张帅．博士生学术生产力的国际比较研究［J］．学位与研究生教育，2012（7）：73～77.

对美国的领先优势。①

湖南师范大学周姬媛以经济领域的关键点控制法为理论依托，运用实证研究方法，对湖南地区高等院校400多名在校硕士研究生进行实地问卷调查，就研究生生源、研究生教育师资力量、教育管理活动过程、教育管理效果评价及社会参与高校教育评估力度与方法等进行了重点调查与分析研究。研究表明：目前我国硕士研究生存在着生源参差不齐，教育经费不足和资助体系不完善，研究生教育师资力量不均，研究生教育管理活动过程紊乱，教育管理效果评价及社会参与高校教育评估力度不够等诸多问题。②

三、专业学位研究生教育质量研究

中山大学许长青采用随机抽样方法，对华南地区多所研究型大学各年级不同专业学位硕士研究生进行了问卷调查。调查发现，专业学位硕士研究生教育质量各项得分（学生主观感受）均在中等以上，总体满意度处于中等偏上良好水平。但是，也存在着学校管理者对专业学位教育培养重视程度不高，对其管理明显存在边缘化、培训化及营利化等倾向；还没有建立一个完善、科学、合理的培养制度；导师实践经验与责任心比较缺乏；生源质量参差不齐、学习投入不够等。首先要从健全研究型大学内部质量保障制度入手，完善管理制度；提高生源质量，强化师资队伍；突出课程特色，优化教学模式；加强专业实践；重视学位论文。其次是完善专业学位研究生培养相关政策，包括国家政策的保障措施，人才市场的配套体系以及社会中介的评价监督等。③

常州大学潘剑波等主要研究了专业学位研究生教育“应用性”的缺失问题。研究表明，传统思想观念对“应用型”人才理解存在误区、培养过程“应用性”缺失、专业学位研究生教育与职业资格衔接缺失，职业优势不明显以及专业学位研究生教育体系发展路径的封闭性、排他

① 张晓阳，甄鹏．中美理工科博士科研绩效量化比较研究［J］．学位与研究生教育，2012（1）：70～74.

② 周姬媛．硕士研究生教育质量问题与对策研究［D］．长沙：湖南师范大学，2012.

③ 许长青．专业学位硕士研究生教育质量发展评估报告：以华南地区研究型大学为例［J］．现代大学教育，2012（3）：93～100.

性，难以满足“应用型”人才的需求。因此，要实现专业学位研究生教育“应用型”人才培养，必须发挥政府的统筹协调功能，形成一个科学、完善的应用型人才培养模式衔接职业资格以及实现职业教育和专业学位硕士教育的有机结合，形成“应用型”人才教育体系。[①]

四、满意度调查

北京理工大学周文辉等对全国35所不同层次研究生培养单位进行了大范围的问卷调查，从在读研究生的视角来审视研究生教育。通过分析收回的7293份有效问卷发现，研究生总体上对课程教学、科研训练、导师指导、管理与服务等研究生教育的综合满意度较高。男性研究生、科研院所研究生、医学研究生、博士研究生、学术型学位研究生综合满意度较高，不同年级研究生对研究生教育的总体满意度差别不明显。[②]

兰州大学石恒慧采用分层抽样与随机抽样相结合的调查方法，对兰州大学研究生进行了满意度的调查。调查结果表明，性别、是否有工作经历、本科毕业院校类型、是否跨专业报考、入学方式和所属院系等变量会影响研究生对教育服务质量的满意度。但是，从总体上看，研究生对兰州大学研究生教育服务质量普遍不满。满意度较低的5项分别为：因材施教，制定符合研究生特点的培养计划、后勤保障（寝室、食堂、文体等）、学校了解研究生的各种需求、科研条件、学校重视研究生提出的问题与建议，并及时地做出回应。[③] 华东师范大学冀惠对研究生教育满意度的影响因素进行了研究。结果表明，对总体满意度的影响程度由大到小依次为“学生发展结果”、“导师指导服务”、“学术支持服务”、“非学术支持服务”、“课程与教学服务”。[④]

---

① 潘剑波，李安萍．专业学位研究生教育应用性的缺失及其对策［J］．教育发展研究，2012（17）：14～18.

② 周文辉，王战军，刘俊起，等．我国研究生教育满意度调查——基于在读研究生的视角［J］．学位与研究生教育，2012（12）：34～40.

③ 石恒慧．研究生教育服务质量与学生满意度研究［D］．兰州：兰州大学，2012.

④ 冀惠．全日制专业学位研究生教育服务质量满意度指数研究［D］．上海：华东师范大学，2012.

第二节　研究生教育质量评价

一、研究生教育质量评价理念

清华大学王战军①等认为，我国研究生教育处于发展战略转型期，研究生教育质量评估必须要有新思维。首先是树立常态思维，发挥监测评估的功能；第二是建立平等思维，尊重利益相关方的多元价值；第三是强化开放思维，重视过程和结果的公开透明。评估指标要把握单维与多维，评估内容要兼顾个性与共性，评估方法要协调质性与量化，评估要素要统筹过程与结果。在此基础上，借鉴欧盟和英国的学位授予标准，结合我国研究生教育实际，从知识、能力和潜力3个维度出发，设计了研究生质量评估框架。该框架具有几个特征：突出研究生的能力评估；重视研究生的学术绩效以及关注研究生的职业发展。北京理工大学钟昌红则提出要提倡政府、社会、高校、学生等多元主体参与评价，改革与研究生教育质量相关联的机制制度，同时鼓励建立同行评审清晰且透明的评价标准，提倡数据信息公开及建立数据资源库，立足于院校实际提倡校本自评为主。②

二、研究生教育质量评价方法

北京邮电大学刘春惠等提出了一种新的学位类型体系。新的学位体系包括学术型学位和应用型学位，其中，应用型学位又可以分为专业学位和非职业型应用型学位。具体而言，学术型学位培养研究型人才，即以学术研究为职业的人才，这类人才应该成为学术精英，数量不宜过多。应用型学位培养高层次应用型人才，重视学生理论应用能力的培养。专业学位指那些与职业领域密切相关的、以职业实践为导向的学位，重视培养学生具有职业指向的实践和应用能力，一般要求学生具备一定的工作经历和实践经验，需要结合工作实际开展应用问题的研究。

---

① 王战军，李明磊，李江波. 研究生教育评估新思维 [J]. 清华大学教育研究，2012 (1)：17 ~ 22.

② 钟昌红. 研究生教育质量评价的理论与实践研究 [D]. 北京：北京理工大学，2012.

非职业型应用型学位与特定职业的相关性较弱，可采用全日制培养，不一定需要学生具备实践经验和工作经历，面向较为广泛的就业领域，培养的学生数量较大。3 种学位类型在培养目标、质量标准、培养模式、文凭效力以及发展方向都有所不同。①

华北电力大学翟亚军等提出了研究生教育质量指数这一概念。研究生教育质量指数是指反映不同时间或空间条件下研究生教育质量变动方向和变动程度的相对数。它既是一个概念，也是一种方法。并选取生师比、生均科研经费、资产总额 3 项指标，编制了“985 工程”一期 29 所教育部直属高校的研究生教育质量总指数，利用 3σ 方法进行了警情分析。研究生教育质量指数的提出对于保障我国研究生教育的稳步发展，提高研究生教育质量具有重要意义。②

西南交通大学张岩基于粗糙集理论，首先从研究生自身、学校和社会反馈这 3 个方面对研究生教育质量评价指标进行了分析，筛选出可量化评价指标；以某高校为例，将研究生分为四大类（工科类，理科类，文科类，管理类），分别建立评价信息系统，通过 k - 均值方法对数据进行聚类，借助粗糙集理论对评价指标进行依赖性分析，运用粗糙集软件 Rosetta 对评价信息系统进行属性约简，得到了评价指标体系中的核心指标。③

三、博士研究生教育质量评价

北京大学王东芳基于多样化博士生教育项目的视角，从评价方法、内容和利益相关者 3 方面对博士生教育质量评价进行了再思考。随着博士生数量的增长和劳动力市场的变化，博士生教育呈现出新的显著特点，项目类型趋于多样化，为学科培养“守门人”已经不再是博士生教育的唯一目标。这个目标也无法适应知识社会的发展要求，过去拘泥于学术型博士的评价模式已无法适应新的情境。博士生教育质量的评价要将其放在博士生教育变迁的情境下思考，多样化的博士生教育项目需

① 刘春惠，王战军．基于学位类型的研究生教育质量评价［J］．学位与研究生教育，2012（2）：9～13.

② 翟亚军，王战军，彭方雁．研究生教育质量的指数测度方法——对“985 工程”一期教育部直属高校的实证分析［J］．教育研究，2012（2）：79～83.

③ 张岩．基于粗糙集理论的研究生教育质量评价研究［D］．成都：西南交通大学，2012.

要多样化的评价模式。立足于当下世界各国博士生教育实践的变迁和发展，博士生教育质量的评价也要进行重新塑造。在评价方法上，应更加重视对博士生教育的过程评价和追踪性评价。在评价内容上，要注重知识观和人才观在不同时代的变迁，平衡学术旨趣与劳动力市场之间的紧张态势；博士生教育质量的评价要充分考虑博士生教育项目的多样性，为不同类型的博士生教育设立不同的标准。就评价主体而言，要顾及利益相关者，以高校为主体，以博士生教育质量的管理、提升和创新为最终诉求。①

对科研绩效的评价。博士生科研绩效是指博士生攻读博士学位时所创造出的科研产出。直接体现为科研论文、参与研发项目和专利发明。中国科技大学蔺玉提出了根据 SCI 分区对学术论文质量进行排序分级，并设置相应权重的测量方法。该方法在很大程度上避免了学科差异的影响，使得测量结果可以用于不同学科之间的比较研究。研究结果表明：相对于其他博士生，本科毕业于“985”院校的博士生倾向于表现出较高的科研绩效水平；导师是提升博士生科研绩效的关键；博士生主观的科研兴趣在导师因素和博士生科研绩效之间的关系中起着重要的调节作用；博士生拥有的社会资本对其科研绩效水平有着显著影响；博士生目标导向和组织氛围作为情境因素在社会资本与科研绩效之间的关系中起着调节作用。研究结果表明提升博士生科研绩效并非是一日之功，需要博士生自身、导师和院校等多主体的协同努力，将质量提升贯穿于博士生培养过程中的各个环节。②

对导师质量的评价。高校博士生指导教师是一类重要而又十分特殊的教师群体，他们能否胜任其岗位对国家科研事业和博士生教育质量起着至关重要的作用。如何评价导师质量是研究生教育评价的重要领域。湖南大学彭兰和潘午丽等对高校博士生导师胜任特征模型构成要素进行了研究。高校博士生导师的胜任特征是指博士生导师在进行科学研究、教学指导和科研团队管理过程中与卓越绩效相关联的动机、特质、价值观、自我概念、态度、具体知识、认知和行为技能。作者运用文献分析

---

① 王东芳. 博士生教育质量评价：新情境下的挑战与启示［J］. 学位与研究生教育，2012（2）：14～19.

② 蔺玉. 博士生科研绩效及其影响因素的实证研究［D］. 合肥：中国科学技术大学，2012.

法、关键事件法，初步确定了高校博士生导师胜任特征要素，采取问卷调查收集数据并进行因素分析，最终得出由师德与特质、教学与指导、学术与科研、管理与合作四簇共32个胜任特征因素组成的高校博士生导师胜任特征模型要素体。依据胜任特征模型，可针对性地确定核心发展内容。在快速成长期，博士生指导教师的职业生涯发展核心内容为加强学术功底、扩展相关知识、强化学术价值导向、积累教学与指导的经验和技巧。成熟稳定期，核心内容是强化使命感、坚定意志力、提高统筹决策能力、强化严格指导的态度和提高指导频率。职业生涯后期，博士生指导教师应注重保持持续的学术热情，坚持学术民主，强化责任心等。[①][②]

对学位论文质量的评价。西北工业大学孔令夷采用“手段—目的分析”网络方法识别关键因素，揭示了选题质量、培养过程质量、评审过程质量、论文素材积累、博士生撰写能力及科研能力与博士学位论文质量具有直接关联性，而院校实力、博士生导师遴选制度、博士生招生政策、研究生培养经费投入、人力资源管理能力是影响博士学位论文质量的关键因素。王玉环[③]等在梳理西北农林科技大学2005—2010年送审的博士学位论文2784份评审意见的基础上，以评审专家关注度指标分析为重点，以论文的成果创新性为核心，构建出新的博士学位论文评价指标体系：包括论文选题与综述、学术水平与科研能力、论文成果创新性、论文写作水平4个一级指标；选题的理论意义和现实价值，对相关研究的综述及总结，独立科研工作的能力，论文体现的理论基础和专门知识、研究难度，论文在理论或者方法上的创新性、创造性成果及效益，论文结构严谨、推理严密、善于提炼，中英文表达准确流畅、行文规范等9个二级指标。[④]

四、专业学位研究生教育质量评价

哈尔滨工业大学甄良等认为我国专业学位研究生培养目前还没有形

---

① 彭兰，潘午丽．高校博士生导师胜任特征模型构成要素研究［J］．学位与研究生教育，2012（8）：19～22.

② 潘午丽．高校博士生指导教师胜任特征模型构建［D］．长沙：湖南大学，2012.

③ 王玉环，程杰贤，任健华．基于专家关注度的博士学位论文评价指标体系分析［J］．学位与研究生教育，2012（9）：49～53.

④ 孔令夷．大样本条件下博士论文质量模型研究［J］．情报杂志，2012（6）：79～102.

成独立的体系，尤其是在培养质量评价及体系构建方面尚未形成特色。专业学位研究生培养质量规格主要体现在专业基础、解决实际问题能力和组织管理能力三方面；质量评价也主要基于这3个层面构建，考察培养质量形成全过程，尽量以研究生主体所要达到的培养要求为可考核的评价内容；在质量保障体系构建上，应将培养质量的形成全过程分解到各个培养环节和审查环节中。[①]

山东财经大学程雪基于BP神经网络系统对学生个体的人力资本价值进行了评价，分析了教育质量指标体系对人力资本价值的影响，提出了专业学位研究生人力资本评价指标体系构建的两个前提和四个构建原则，构建了基于能力——显性能力和隐形能力的专业学位研究生人力资本评价指标体系。通过对目标学校的分析，发现目标学校在对学生的与专业相关的应用实践能力培养方面还存在欠缺。[②]

华中科技大学卢方霞以H大学为个案，采用问卷调查和个案访谈的方式，深入了解H大学首届社工硕士对MSW教育的评价，研究结果表明学生对MSW教育的评价总体偏低，存在着对专业价值教育不够重视、培养目标不够清晰、课程设置有待改善、实践活动专业督导匮乏等问题。在此基础上，提出了解决问题的探索性建议：推进职业发展，构建专业的社会服务系统；规范专业教育，构建本土化的MSW教育体系；整合优势资源，探索特色的MSW教育培养模式。[③]

华南理工大学向智男等将我国工程硕士学位标准与发达国家相应标准进行对比，分析了国内外工程硕士学位标准在知识、能力及素质方面要求的共性与差异。指出发达国家工程硕士学位标准与我国相应标准共性之处为：具有明确的培养目标、具有系统化、适应性的课程设置及要求、具有严格的学业评估机制。除了共性之外，国内外工程硕士学位标准也存在显著的差异。相对于我国来说，发达国家非常注重对工程硕士专业实践能力的培养。阐述了发达国家工程硕士学位标准的典型特征及先进经验；通过对M大学的抽样问卷调查，考察了我国工程硕士教育

---

① 甄良，康君，英爽．专业学位研究生培养质量评价及保障体系的构建［J］．研究生教育研究，2012（12）：52~55.

② 程雪．专业学位研究生人力资本价值评估及其教育质量评价［D］．济南：山东财经大学，2012.

③ 卢方霞．首届社会工作专业硕士生对MSW教育的评价研究［D］．武汉：华中科技大学，2012.

相关群体（工程硕士生、导师、管理人员及就业单位）对现有学位标准中的知识结构、能力及素质要求的看法、要求和期望。结果显示，工程硕士生对于知识结构按需要加强的程度排序依次为：专业知识、管理类知识、基础知识、工具类知识和其他知识。①

华中师范大学余群林通过对华中师范大学在职教育硕士的调查发现，教育硕士专业学位教育发展过程中存在着如生源差异性、动机不纯、支持系统欠缺、工学矛盾严重、课程设置和教学方式不合理等问题。作者认为，办学单位可以从强化纪律，加强管理；调整课程设置，改变教学方式；提高师资水平；重视信息化教学手段；加强论文方面指导5个方面予以完善。学生自身从快速转变角色和树立终身教育观方面克服自身不足。国家主管部门从明确培养目标、提高招生门槛、健全支持系统、完善评价体系、延长脱产时间5个方面建立健全体制。②

南方医科大学夏欧东等认为我国临床医学专业学位研究生教育质量的评价存在着考核目标不够明确、缺乏量化考核标准、考核内容重点不突出、考核方法传统、单一、考核过程缺乏监督、考评结果受评价人的主观因素影响较大等问题。应在科学性原则、先进性原则、可操作性原则和广泛适用性原则的基础上，构建比较系统的临床专业学位研究生评价考核体系。③

沈阳师范大学林杰等认为，我国教育硕士专业学位标准的现实"缺位"造成了学位标准本应具有的指导性作用、引导性作用、参考性作用等不能正常发挥。构建教育硕士专业学位标准需坚持实践性与学术性相结合、地域性与国际性相结合以及传统性与时代性相结合等基本原则。教育硕士专业学位标准指标体系的构建需综合考虑课程学习考核、学术水平考核以及职业道德考核相结合的三维宏观指标体系。④

上海教育评估院胡莹等以上海法律硕士为例，根据国家政策、专业类别和地域特征相统一、职业性和学术性相统一、专业整体共性和专业

---

① 向智男，孙延明．国际化视野下我国工程硕士学位标准的分析及对策［J］．高等工程教育研究，2012（2）：29～36.

② 余群林．在职教育硕士专业学位教育发展的评估性研究［D］．武汉：华中师范大学，2012.

③ 夏欧东，何沐蓉，陈爱华，等．构建临床医学专业学位研究生评价考核体系的探索［J］．学位与研究生教育，2012（6）：44～47.

④ 林杰，朴雪涛．我国教育硕士专业学位标准研究［J］．研究生教育研究，2012（2）：74～84.

类别差异相统一的原则，对上海已有法律硕士等 16 个类别的硕士专业学位，完成了论文基本要求和评价指标体系研制。论文评价指标包括选题说明、研究内容说明、研究方法说明和研究成果说明等方面；从论文形式概念的界定、各形式内容的基本要求等方面，明确了学位论文形式的基本要求。[①]

南方医科大学陈媛[②]和山西医科大学边疆[③]对护理专业硕士学位的评价指标体系进行了构建。运用 Delphi 专家咨询法和层次分析法（AHP）构建护理硕士专业学位研究生临床能力考评指标体系。研究显示，培养目标中按重要性排序分别为：临床分析和思维能力、基础理论和系统的专业知识、政治思想和职业道德素养；培养方案中按重要性排序分别为：工作作风和职业道德、临床工作能力训练、科研能力的培养、教学能力的培养、学位课程学习；考核评价中按重要性排序分别为：思想品德素质考核、临床实践能力考核、平时临床能力考核、理论知识水平考核。

五、区域研究生教育质量评价

华北电力大学翟亚军等对省级政府学位与研究生教育管理职能的历史演进及未来走向进行了梳理和探究，认为省级政府的学位与研究生教育管理职能三十多年来一直在不断调整和拓展。从 1978 年到 2008 年，可以分为制度困境期、组织完善期和职能扩张期 3 个阶段。2009 年以来，随着学位与研究生教育管理体制改革的深入进行，省级政府成为学位与研究生教育的主要管理主体，其职能的有效发挥需要观念的重塑以及体制和机制改革的同步推进。省级政府的主要职能体现在明晰权力，找准定位，积极担当责任；创新手段，措施到位，保证公平和效率；转变观念，重塑角色，强化供养职能。[④]

---

① 胡莹，赵坚．硕士专业学位论文的基本要求及评价——以上海法律硕士等类别评价指标体系研制为例［J］．研究生教育研究，2012（12）：73～76.

② 陈媛．护理硕士专业学位研究生临床能力考评指标体系的研究［D］．广州：南方医科大学，2012.

③ 边疆．护理硕士专业学位培养方案与毕业考核评价指标体系构建的研究［D］．太原：山西医科大学，2012.

④ 翟亚军，王战军．省级政府学位与研究生教育管理职能的历史演进及未来走向［J］．学位与研究生教育，2012（4）：64～67.

厦门大学祁晓等根据区域内各学科点的发展水平和以师资力量为核心的办学条件，构建了区域研究生教育规模与结构的评价及测度模型并以广东省为例进行了实证分析。实证研究表明，现阶段广东省研究生教育在主要办学条件和培养质量上是有保障的，在规模上还有一定的发展空间。指出办学质量和办学条件是衡量区域研究生教育规模的基本标准，认为区域研究生教育应由外在发展逻辑向内在发展逻辑的路径转变，遵循差异化发展战略，实施分工合作，以发挥各自的比较优势。①

第三节　研究生教育质量保障

按照研究内容侧重的不同，可以分为研究生教育质量理论研究、保障体系的构建与探索研究、专业学位研究生教育质量保障研究等。

一、质量保障理论研究

清华大学王战军认为，我国研究生教育质量保障体系面临着质量保障立法滞后、质量文化缺失、质量保障体系的结构不均衡、质量保障方法单一以及作为质量保障主体的研究生缺位等主要问题。② 湘潭大学廖湘阳认为我国研究生教育质量保障价值取向和具体措施不同程度地存在急功近利的现象，主要表现为：质量保障主要指向研究生在校期间的显性表现，而对学生未来的发展没有给予足够的关注；技术化趋向太强，质量保障越来越迷恋于技术和程序，质量管理过程与环节越来越零碎和孤立；强制性特征突出，习惯于从权力和控制的角度来架构教育质量保障体系；质量保障表面化现象严重，各种刚性要求越来越多。之所以会产生这些误区，源于“以有效表征质量、以控制替代保障、以外显遮蔽本质、以工具排挤价值”等认识根源的误区。③ 梁传杰认为，我国研究生教育内外部质量保障机制存在着价值取向不一，外部质量保障机制

---

① 祁晓，赵庆年．区域研究生教育规模与结构的评价及测度——以广东省为例［J］．教育发展研究，2012（23）：45～52.

② 王战军．建立健全新时期研究生教育质量保障体系［J］．中国高等教育，2012（6）：30～33.

③ 廖湘阳．重构研究生教育质量保障的价值理念［J］．中国高等教育，2012（7）：22～24.

在约束机制、动力机制等方面存在不足；内部质量保障机制中研究生培养机制本身存在的问题和外部体制、制度的问题以及内外部质量保障机制的协同问题。①

清华大学王战军认为，研究生教育质量保障体系的建设要遵循四项基本要求，适应研究生教育变革的需要；要与时代特征相契合，坚持以提高质量为核心；加快质量标准建设和质量文化建设。处理好内部质量保障与外部质量保障的关系、省级政府与中央政府的关系、常态监控与周期评估的关系、国际化与本土化的关系。② 湘潭大学廖湘阳认为，要重构研究生教育保障理念，坚持研究生自由发展的质量保障目标，保持质量保障过程的开放性和建构性，瞄准质量保障效能的全面集成；强化质量保障的激情和责任挖掘教育质量保障的魅力。③ 武汉理工大学梁传杰认为，研究生教育质量保障机制的价值取向应回归到高校自身，中央政府、地方政府、社会中介机构、用人单位及高校 5 个主体应分别发挥自身在研究生教育质量保障中的作用，形成相应的协同机制。④

西安交通大学梅红等主要探讨了我国研究生教育的外部质量保障。将我国研究生教育外部质量保障主要措施概括为政策导向、监督检查、效果评价、舆论影响、社会排名 5 个方面。依据政府、中介组织和高校自身等因素在质量保障管理中的力量对比，保障模式分为政府主导型、社会中介型、内外结合型、多元混合型等。各种质量保障模式具有不同的特点、不同的外部质量保障模式，代表了不同的政府、社会、协会、高校之间的影响关系，其表现形式也明显不同。⑤ 广州大学徐俊忠也认为，大学处于“多元共治”状态是无可选择的现实，必须充分发挥“多元共治”对于大学研究生教育发展的积极作用。从系统的构成看，这种“多元共治”大致可以划分为 3 个方面，即政府、社会和高校。创建研究生教育质量保障体系，必须高度重视大学办学自主权的保障，

① 梁传杰．研究生教育内外部和谐质量保障机制的构建［J］．学位与研究生教育，2012（2）：5～8．

② 王战军．建立健全新时期研究生教育质量保障体系［J］．中国高等教育，2012（6）：30～33．

③ 廖湘阳．重构研究生教育质量保障的价值理念［J］．中国高等教育，2012（7）：22～24．

④ 梁传杰．研究生教育内外部和谐质量保障机制的构建［J］．学位与研究生教育，2012（2）：5～8．

⑤ 梅红，宋晓平．研究生教育外部质量保障体系建设思考［J］．研究生教育研究，2012（6）：13～18．

并以“政府保证供给，社会积极参与，高校全面负责”作为质量保障体系的基本内容。其中，政府的供给包括制度供给和财政供给，社会参与则包括公益性参与和受益性参与。办学最终应该由大学全面负责。①

二、博士研究生质量保障

北京大学郭建如从制度和文化的视角对我国博士生教育质量保障进行了探究，作者认为，我国现行博士生教育质量保障制度过于强调行政化管理，制度本身存在固有缺陷，同时还受嵌入的相关制度丛的影响；博士生教育培养活动的主要载体——师生教育科研共同体受其所在行政管理体系、学术共同体和社会体系3种不同逻辑的影响，这3种逻辑的矛盾与冲突最终导致博士生教育质量保障难以达到理想效果。此外，大学学术文化与博士生教育质量保障制度的错位在客观上也影响了相关保障制度的实施。②

天津大学张立迁认为：从发达国家博士生教育实践经验来看，淘汰制是坚持学术质量和竞争文化的重要制度保障，在我国博士生教育随规模快速扩张而生态平衡遭受重创的情势下，引入淘汰机制是逐渐恢复博士生教育生态的最佳举措和应然法则。引入淘汰制的应然指向为博士生教育理念的回归，应该从博士生教育质量观视阈下，依托风险管理与评估引入淘汰机制，从招生、培养到学位审核等多个环节形成过滤保护。③

三、质量保障体系构建与实践探索

江苏省学位委员会殷翔文等从实践上对在省级层面上如何保障研究生教育质量进行了全面探索。在理念上强化“一个地位”，即强化培养质量在研究生教育中的核心地位。突出“3个特点”，即研究生教育的精英教育特点、创新教育特点和优质教育特点。明确“3个着力点”，

① 徐俊忠．研究生教育质量的“多元共治”与大学办学自主权的保障术［J］．学位与研究生教育，2012（2）：1~4.

② 郭建如．我国高校博士生教育质量保障：制度与文化分析［J］．高等教育研究，2012（6）：41~51.

③ 张立迁．博士生教育中引入淘汰机制的应然考量［J］．研究生教育研究，2012（2）：15~18.

即着力培养研究生做人、做事、做学问的优良素质，着力培养研究生创新、创业、创优的优秀品质和着力培养研究生的求是、求实、求新的精英特质。实现理念与实践结合、教学与科研结合、硬条件建设与软环境建设结合和完善质量管理体系与抓好质量管理环节结合4个结合。深化研究生招生改革、深化研究生培养模式改革以及深化研究生课程改革三项改革，通过实施“江苏省研究生培养创新工程”，加强了研究生科研实践与学术交流制度建设、研究生导师队伍及其指导制度建设、研究生教育优质资源建设、研究生培养质量管理及监控体系建设和研究生思想道德和学风建设。①

西南交通大学华宝玉等针对研究生培养的关键环节，在控制论指导下，从研究生生源选拔开始进行“超前式”前馈控制，对培养过程进行“试点化”实时控制，并通过“预输出”方式实现研究生输出质量的反馈控制。② 温州医学院刘洁等指出地方医学院校硕士研究生教育存在着生源质量欠佳、培养过程松懈和导师队伍建设滞后等问题，在认清问题的基础上，温州医学院采取了深化课程和学分改革，在研究生教育管理过程中优胜劣汰保障培养质量，完善导师聘任后监督机制，提升和优化导师队伍等一系列措施构建硕士研究生教育质量保障体系的做法，取得了较好的效果。③

四、专业学位研究生教育质量保障

哈尔滨工业大学甄良等认为，我国专业学位研究生培养目前还没有形成自己独立的体系，尤其是在培养质量评价及体系构建方面尚未形成自身特色。确定专业学位研究生质量规格主要体现在专业基础、解决实际问题能力和组织管理能力3个方面；质量评价也主要基于这3个层面构建，考察培养质量形成全过程，尽量以研究生主体所要达到的培养要求为可考核的评价内容；在质量保障体系构建上，应将培养质量的形成

---

① 殷翔文．大力提高研究生培养质量的思考与实践——以江苏省为例［J］．学位与研究生教育，2012（4）：1～4.

② 华宝玉，刘思文，周丹．基于控制论的研究生教育质量保障体系研究——以西南交通大学为例［J］．研究生教育研究，2012（1）：28～32.

③ 刘洁，卢中秋，吕建新．地方医学院校硕士研究生教育质量保障体系的构建——以温州医学院为例［J］．学位与研究生教育，2012（5）：30～34.

全过程分解到各个培养环节和审查环节中。[①] 教育部学位与研究生教育发展中心林梦泉等认为专业学位研究生教育质量保障要完善准入评估、定期监测评估、教育认证以及职业衔接评估。[②] 济南大学王玲认为全日制专业硕士研究生教育质量保障机制要从"进口质量控制"、"过程质量管理"和"出口质量评估"3个方面来构建。"进口质量控制"包括办学资格认证、教师资格认证和学生的入学资格审核3个方面;"过程质量管理"包括课程管理、科研管理、实践管理和教师管理4个方面;"出口质量评估"由综合素质评估和社会发展状态评估两类评估构成。[③] 南昌大学裴亚亚认为,要从三方面构建我国全日制专业学位硕士研究生教育质量保障机制:一是强化内部质量保障机制,从理念建设的导向机制、生源选拔的选拔机制、课程教学的实践机制、师资队伍的双导师制、学位论文的审核机制到就业信息的反馈机制,构成一个良好的内部循环系统。二是健全外部质量保障机制,从政府、社会、企业和教育指导委员会的角度出发健全外部质量保障机制。三是整合内外沟通互动机制。[④]

中国科学技术大学张淑林等对工程博士专业学位研究生教育质量保障体系的建构进行了实践探索。实践证明,质量保障体系包括内部质量保障体系和外部质量保障体系。内部质量保障体系包括入学选拔、培养方式、课程设置、工程实践、学位论文和学位授予等环节。外部质量保障体系指成立全国工程博士专业学位研究生教育指导委员会以及成立工程博士认证机构。[⑤]

中原工学院陈彦茜认为工程硕士质量保障的基础是培养单位的自我保障,是高校负责教育、企业参与管理、社会参与评价的三方面有机的结合,完整的质量监督体系评价体系以及反馈体系,必要的相关的制度

---

① 甄良,康君,英爽.专业学位研究生培养质量评价及保障体系的构建[J].学位与研究生教育,2012(6):52~55.

② 林梦泉,朱金明,吕磊.专业学位教育质量保障机制研究[J].研究生教育研究,2012(6):55~57.

③ 王玲.我国全日制专业硕士教育质量保障机制构想[J].学位与研究生教育,2012(12):20~25.

④ 裴亚亚.全日制专业学位硕士研究生教育质量保障机制研究[D].南昌:南昌大学,2012.

⑤ 张淑林,彭莉君,古继宝.工程博士专业学位研究生教育质量保障体系的建构[J].研究生教育研究,2012(6):61~66.

法则，完善外部监督和评估系统是健全工程硕士质量保障体系的主要内容。工程硕士质量保障体系的完善和健全包括提高我国工程硕士学位的社会认可度；学位、学历的一体化及推进关于工程硕士职业资格证、国际执业认证和工程硕士学位教育的衔接的制度，建立中央与地方、政府与高校、高校与社会能相互促进相互交流的网络平台，强化地方性的评估机构的建设等。①

五、研究生教育质量影响因素研究

大连理工大学李丽等通过对某省博士生教育质量现状的实证研究，认为创新能力、基础和专业知识水平、科研能力是反映博士生教育质量的主要指标；学科水平、学术氛围、科研条件、导师的治学态度、科研能力和道德修养对博士生都会产生重要影响。②

河北大学刘焱分别基于内容分析③和基于对河北5所高校的问卷调查④就研究生教育质量影响因素进行了研究。作者认为，以往对研究生教育质量影响因素的研究，还存在着许多误区和盲区，如在研究中，对研究生教育质量相关问题和要素的界定不统一；有些指标的使用不恰当，混淆了质量的评价指标与影响因素；等等。基于内容分析的研究表明，导师、生源、课程设置、实验条件等是最重要的影响因素。而以河北5所高校为研究对象，通过问卷调查的形式的实证分析显示，导师、学术氛围、教学方法等因素是研究生教育质量最为重要的影响因素。

关于生源质量。河海大学徐军海等认为，从行政链视野层面看，博士生生源质量遵循的是“目标适切观”，强调的是达到或符合标准的程度。从学术链视野即培养单位作为责任主体，注重的是博士生的学术业绩与创新能力，反映的是一种内部质量，是柔性的要求，遵循的是“学术质量观”，博士生源质量强调的是为追求学术卓越、取得创造性成果的准备程度。利用胜任特征理论对博士生源质量要素的结构分析发

① 陈彦茜．我国工程硕士教育质量保障体系的构建研究［D］．长沙：中原工学院，2012.

② 李丽，王前．基于实证的博士生教育质量影响因素分析［J］．学位与研究生教育，2012(9)：14～18.

③ 刘焱．基于内容分析的国内研究生教育质量影响因素研究［J］．河北大学学报（哲学社会科学版），2012（4）：40～44.

④ 刘焱．研究生教育质量影响因素实证研究——以河北5所高校为例［J］．学位与研究生教育，2012（6）：55～57.

现，博士生质量要素主要包括知识与技能、自我概念、特质和动机四大要素，各要素的位置和重要性不同。其中，知识与技能属于表面要素，相对容易改进和发展；而自我概念、创新特质和科研动机属于潜在要素，是深层次的胜任特征。尤其是创新特质和科研动机，属于最底层的要素，难以评估和改进，但又是决定博士生行为及表现的关键因素，是博士生源质量的核心要素。①

上海理工大学徐琳等对6所不同层次高校硕士研究生进行了问卷调查，从生源之间的差异、参加考试次数的差异、报考目的的差异以及择校最关注的因素差异等4个方面考察了生源对研究生培养质量的影响。结果显示，现阶段“985工程”或“211工程”高校和非“985”或“211”两类高校的研究生生源在“入学前就读高校”、“免试直升”、“最关注的因素”、“入学前参加过科研项目”、“入学前参加过科研项目”的等方面人数差异比较大，“985工程”或“211工程”高校优势明显。两类高校的研究生生源对于“报考目的”的选择差异不大，而不同报考目的对培养质量也没有大的差异。入学前就读不同类型高校的生源其培养质量存在显著差异。入学前就读于“985工程”或“211工程”高校的硕士研究生，其发表论文的篇数、参与科研的项目数以及获得科研资助次数的总和明显优于其他高校毕业的学生。“985工程”或“211工程”高校的生源参加考研次数的不同与培养质量没有大的差异。“985工程”或“211工程”高校的学生参加考研次数的不同与其培养质量具有很大的差异性。②

关于学位论文质量。西北工业大学王雅静等在质量管理理念和模式的指导下，针对博士学位论文质量管理的流程及特点，将产品生产过程质量控制方法引入博士学位论文质量管理过程，构建了面向过程集成的博士学位论文质量控制体系。该体系以过程为基础，包括质量控制过程、论文增值过程以及过程中的信息流动三部分。③ 西北工业大学孔令夷在构建解释结构模型的基础上，采用“手段—目的分析”网络方法

---

① 徐军海，姚纬明．胜任特征视野下的博士生源质量提升对策［J］．江苏高教，2012（2）：118～120.

② 徐琳，孙跃东．高校硕士研究生生源与培养质量的相关性研究——基于6所不同层次高校的实证研究［J］．研究生教育研究，2012（6）：55～59.

③ 王雅静，肖敏，闫伟．基于过程集成的博士学位论文质量管理模式研究［J］．学位与研究生教育，2012（10）：23～26.

识别出院校实力、博士生导师遴选制度、博士生招生政策、研究生培养经费投入、人力资源管理能力5个影响博士学位论文质量的关键因素。[①]

鲁东大学苏春景认为当下许多教育硕士论文缺乏问题意识，选题平庸，内容空泛不实，甚至千人一面，缺乏个性，体现不出教育硕士专业学位特色和要求。因此，要构建全方位人才培养模式，提升教育硕士论文研究意识。具体措施为：改革课堂教学方法，强化教育硕士论文导师负责制；倡导多元研究范式，指导教育硕士结合实践进行论文选题；重视过程性质量监控，督促学员认真完成学位论文。[②]

关于博士生资助。国防科技大学彭安臣等对全国12所大学913名博士生的调查数据分析表明，博士生资助与博士生培养质量之间具有关联性，资助对博士生培养质量具有重要影响。实证分析发现，我国博士生接受的资助水平整体偏低，且效率取向不明显；资助类型与博士生学术产出、生源吸引以及学位完成时间存在相关关系；“高水平效率主导型”资助相对其他资助类型，在提高博士生培养质量、吸引优秀生源、促进学位完成方面具有明显优势。[③] 中山大学戚兴华等人对中山大学2010年上半年801位博士生的博士学位论文评阅结果的统计数据的分析结果也表明，资助体系和质量保障体系之间呈现互动关系，资助可以与质量保障紧密无缝衔接，实现全程、立体式的博士生培养质量的保障与提升。博士生资助，尤其是对博士生科研工作的直接资助，对博士质量具有直接的促进提升作用和正向保障价值。因此，必须加大资助力度、提高资助水平，改善资助结构、提高资助效益，构建“绩效+公平”导向的资助体系。[④]

关于导师指导。华东师范大学晋素灵把导师指导看作是一种服务，运用“研究生学习体验与发展状况调查（GEDS）”问卷中的数据，通过对问卷的数据进行分析，构建了影响全日制专业学位研究生对导师指

---

① 孔令夷．基于解释结构模型的博士学位论文质量关键影响因素分析［J］．中国高教研究，2012（4）：51～55.

② 苏春景．教育硕士学位论文质量保障初探［J］．中国高等教育，2012（6）：54～55.

③ 彭安臣，沈红．博士生资助与博士生培养质量——基于12所大学问卷调查数据的实证分析［J］．学位与研究生教育，2012（7）：53～60.

④ 戚兴华，高久群，宁黎，等．博士生资助与博士质量保障的体系互动［J］．学位与研究生教育，2012（2）：20～24.

导满意度的结构方程模型。研究表明：不同性别、专业、本科院校类型以及父母职业类型的研究生在导师指导满意度方面差异显著；科研机会、交流频次、指导方式、指导效果与导师指导质量显著相关；在影响导师指导质量的因素中，指导方式和指导效果对导师指导质量影响十分显著，而交流频次和科研机会对导师指导质量的贡献不大。①

关于教学质量。浙江师范大学赵栋歌认为课堂教学对全日制教育硕士专业学位研究生实践技能与科研创新能力的形成影响甚大，是凸显全日制教育硕士特殊培养目标与特定职业要求的重要方式。研究根据课堂跟踪及问卷调查解析了当前全日制教育硕士课堂教学质量现状，发现教师整体能力结构层次较为单一，某些教师仍以讲授为主，缺乏互动；学生群体整体上功利心较强，学习态度及能力均不佳；课堂教学基本建设有待提高，如课程设置不太合理，微格教室、实践基地数量与学生数量不匹配，课堂组织与管理缺乏制度保障，评价与反馈系统启动较慢。提出了完善课堂教学质量监控组织建设，包括监控队伍和监控制度建设两个方面；明确监控对象，包括教师教学行为、学生学习行为、教学基本建设和管理；落实监控步骤，前期要做好现状分析、目标设定、方案甄选、对策制定等工作，中期落实对策并进行效果检查，后期进行问题反馈和处理等建议。②

第四节　文献分布及其特点分析

通过检索关键词，并根据研究内容进行人工筛选，共计得到60篇涉及研究生教育质量的文献，其中期刊论文49篇、硕士学位论文11篇。研究主要分为3个部分，研究生教育质量现状研究、研究生教育质量评价研究和研究生教育质量保障研究。2012年关于研究生教育质量研究呈现以下几个特点：

学术论文尤其是高水平学术论文明显多于2011年。2011年共有关于研究生教育质量现状、研究生教育质量评价和研究生教育质量保障研究的学术论文10篇，2012年文章发表于CSSCI期刊上的论文有49篇。

① 晋素灵．导师指导质量评价研究［D］．上海：华东师范大学，2012.

② 赵栋歌．全日制教育硕士课堂教学质量监控研究［D］．金华：浙江师范大学，2012.

硕士学位论文数量和质量都没有大的变化。

理论研究更关注评估理念。在研究生教育发展战略转型期，研究生教育的形式发生了巨大变化，如何树立研究生教育评价和保障新思维、新理念，如何确立更科学和更适切的研究生质量标准成为本年度研究生教育质量理论研究的焦点之一。

实证探索的聚焦点比较具体。如对某高校某学科质量问题和对策的分析、对某高校某个培养环节评价和保障体系的构建、对专业学位某一领域评价指标体系的构建等。全日制专业学位的实证研究成为本年度的热点问题，大部分是就某一领域的研究，其中体育硕士的关注度比较高。

满意度调查方法和胜任特征理论依然受到重视。胜任特征理论应用范围扩大，既有对研究生胜任特征的研究，也有关于导师胜任力问题的探讨。

比较有新意的有：刘春惠等提出的新的学位类型体系、翟亚军等提出的研究生教育质量指数概念等；研究视角多样化，如基于多样化博士生教育项目、基于博士科研绩效等视角对我国博士生教育质量进行评价；从制度和文化的视角、从学生个体的人力资本价值淘汰制进行质量保障；等等。

专题三　研究生培养研究

2012年度围绕研究生培养方面的研究大致包括4个方面：一是研究生培养模式研究，主要涉及国内研究生培养模式的实践与创新；二是研究生素质和能力研究，主要是对研究生的科研、实践、创新、就业等方面的能力与素质进行探讨；三是研究生课程与教学研究，主要是针对不同学科、不同类别的研究生课程体系和教学模式进行研究；四是学位论文及其质量控制研究，关注的焦点是“全国百篇优秀博士论文”分布特征和提升学位论文质量的途径、措施等。

第一节　研究生培养模式

有关国内研究生培养模式的研究，主要包括研究生培养模式的实践研究、研究生培养模式创新研究、专业学位研究生培养模式研究和不同培养模式的比较研究4个方面。

一、研究生培养模式的实践研究

武汉大学周叶中等人认为，全面深化研究生培养机制改革，要做到以质量为中心，以创新为动力。他们通过介绍武汉大学深化研究生培养机制改革的主要做法，阐明了培养模式创新在提升培养质量、促进内涵式发展中的形式与地位，指出优化培养体系、强化培养链管理与健全保障机制是深化研究生培养机制改革的核心。①

海南大学罗盛旭等人认为，创新和实践能力的培养是工科研究生教育所关注的重要方面，培养具有创新意识和工程实践能力的多学科复合型人才，是社会对工科研究生的基本要求。基于这样的认识，他们从招

---

① 周叶中，夏义堃．以质量为中心以创新为动力全面深化研究生培养机制改革［J］．学位与研究生教育，2012（10）：6～10.

生模式、学制与学费、课程教学、指导模式、学术交流平台和科学研究体系6个方面对海南大学工科研究生培养模式进行重新构建。①

同济大学吴志军等人认为，车辆工程领域研究生培养模式要与市场需求接轨，该校汽车学院在人才培养模式方面进行的探索和实践，主要包括：拓展教学组织模式，构建了校内外有机结合的联合培养体系；开展校企“无缝对接”联合培养新模式探索；与上海大众、联合汽车电子等知名企业建立提升工程学科创新能力的校企合作机制等。②

此外，武汉大学刘亚敏等人分析了欧洲博士生教育在校企联合培养方面的新探索，其具体做法是：在博士生教育阶段签署合作协议，建立不同类型的联合博士生教育项目；企业实质性地参与到博士生培养过程中，并为博士生课题研究、就业提供支持和帮助；建立富有成效的“开放式创新模式”，以实现大学、企业和博士生三方的共赢。这些对我国博士生教育改革有积极的借鉴意义。③

在研究生培养模式的实践探索中，还有部分学者对“产学研”一体化的培养模式进行了研究。南华大学姜志胜等人就“产学研”一体化背景下如何完善研究生培养模式进行深入探讨，并从制度保障、基地导师队伍建设、合作机制、成果转化等6个方面提出了建议。④ 广西师范大学彭雯基于利益相关者理论的视角，对广西高校“产学研”研究生培养模式创新进行研究，并从观念、政策法规、经费支持和运行机制等方面提出实现“产学研”合作研究生培养模式稳定运行和长期发展的保障措施。⑤

此外，还有学者对地方高校研究生多导师培养模式进行了研究，通过分析多导师培养的可能性、必要性以及运行管理的特点，指出其在人才培养以及学科发展中的关键作用。⑥

---

① 罗盛旭，胡广林，梁振益，等．工科研究生培养模式的实践与创新［J］．海南大学学报(自然科学版)，2012 (2)：187~190.

② 吴志军，李晔，曹静，等．同济大学车辆工程领域全日制专业学位研究生校企联合培养模式的探索［J］．学位与研究生教育，2012 (8)：36~39.

③ 刘亚敏，胡甲刚．校企联合培养：欧洲博士生教育的新探索［J］．学位与研究生教育，2012 (10)：72~76.

④ 姜志胜，银洁，张新华，等．国内基于“创新基地”的产学研一体化研究生培养模式探讨［J］．当代教育论坛，2012 (3)：39~42.

⑤ 彭雯．广西高校产学研合作研究生培养模式创新研究［D］．桂林：广西师范大学，2012.

⑥ 姚金水，李梅，张献，等．地方高校研究生多导师培养模式的实践［J］．研究生教育研究，2012 (6)：36~38.

二、研究生培养模式创新研究

华南理工大学熊玲等人认为，对研究生的培养，可按照本—硕—博贯通的培养模式，实行“3+1+4”8年贯通，将其设计成一个有机连贯的整体，打破高年级本科生与研究生教育之间的隔离，把学生专业知识的学习与能力的培养结合起来，将学生的学习、实践、创新融为一体，实行研究生与本科生的贯通式培养。①

东北电力大学姚洁等人在分析研究生培养模式基本构成要素的基础上，提出从培养目标、培养过程、课程设置和质量管理4个方面构建适合我国国情的创新型研究生培养模式。②

重庆大学冯斌等人从“校际”模式归纳、学思结合及知行统一的实践创新导向、培养关键路径选择和导师制改革4个层面，对开放式研究生培养模式进行探索并与国外培养模式作比较研究。他们结合新时期我国研究生教育发展新特点、国家经济社会新要求，提出应引入自组织理念，通过自组织理论的教育化实践，从研究生自身核心素质结构养成层面，探究如何有效调动研究生自身科研创新主动性、积极性。③

三、专业学位研究生培养模式研究

合肥工业大学李姚矿等人对全日制专业学位研究生培养模式进行探讨，并从培养目标、培养过程、运行管理以及培养评价4个方面探讨了“校企政府联动”的培养模式，其中着重探讨了培养过程中的课程学习、校企联合培养、导师指导、项目研究等方面存在的问题。④

东南大学耿有权等人运用定量研究的方法，基于全国14所重点高校问卷数据，对全日制专业学位研究生培养模式运行状况作了调查研究，发现存在以下问题：理论课比重大于实践课；双导师和导师指导小组比例很低；以学术性课题研究代替社会实践者居多。研究者认为，有

---

① 熊玲，李忠．本—硕—博贯通的创新人才培养模式探究［J］．学位与研究生教育，2012（1）：11～15.

② 姚洁，朱培君．创新型研究生培养模式研究［J］．东北电力大学学报，2012（5）：75～77.

③ 冯斌，张伟，何跃，等．我国研究生培养模式创新研究现状与反思［J］．重庆教育学院学报，2012（2）：104～108.

④ 李姚矿，娄敏．全日制专业学位研究生培养模式探讨［J］．合肥工业大学学报（社会科学版），2012（1）：128～133.

关专业学位研究生培养的配套环境建设急需加强。[①]

武汉理工大学梁传杰等人认为，专业学位研究生培养的关键和难点在于实践能力的培养，在于培养模式的构建与实践。他们以湖北省专业学位研究生培养为个案，将专业学位研究生培养模式划分为地方政府主导模式、高校行业对接模式、高校企业共赢模式、高校内部资源整合模式和高校之间协作模式5种。[②]

华中农业大学秦发兰等人认为，全日制专业学位研究生教育应突出职业素养培育、强化全程职业教育、重视多元主体办学、追求学生对口择业，办出专业学位研究生教育特色。然而，目前我国全日制专业学位研究生教育存在着政府“一刀切”推进、社会认同度不高、高校认识与准备不足、导师主动性不强、人才培养体系设计不完善等诸多问题，无法彰显全日制专业学位研究生教育特色。加强全日制专业学位研究生特色化培养，必须政府、高校、社会、导师等共同努力，允许高校差异化发展，构建多元主体合作共赢机制。要注重“两段式、三结合”的人才培养模式，构建全日制专业学位研究生教育质量保障体系。[③]

湖南农业大学宋伟伟对全日制专业学位硕士研究生培养模式构建的三大价值取向（市场取向、功利性的职业价值取向和多元弹性化取向）进行分析，并在此基础上提出构建全日制专业学位硕士培养的新模式，即“三位一体”的培养模式。[④]

四、不同培养模式的比较研究

沈阳师范大学赵岩等人就培养目标、课程设置、教学形式及评价方式4个方面比较了科学学位与专业学位研究生培养模式的异同，并从招生体制、课程设置与教学、质量评估等方面提出了改革建议，旨在为有关部门进一步完善专业学位研究生教育体系、推动专业学位研究生培养

---

① 耿有权，彭维娜，彭志越，等．全日制专业学位研究生培养模式运行状况的调查研究——基于全国14所重点高校问卷数据［J］．现代教育管理，2012（1）：103～108.

② 梁传杰，张凌云．基于协同的专业学位研究生培养模式创新［J］．高教发展与评估，2012（6）：93～96.

③ 秦发兰，陈新忠，汪华，等．关于全日制专业学位研究生特色化培养的思考［J］．中国高教研究，2012（4）：56～60.

④ 宋伟伟．全日制专业学位硕士研究生培养模式的研究［D］．长沙：湖南农业大学，2012.

模式改革、促进专业学位研究生教育健康快速发展提供参考依据。[①]

河南大学张圆圆通过资料调研，从培养目标、入学形式、培养方式、质量评价4个方面对学术型研究生与专业型研究生进行比较分析，归纳了它们在培养模式上的区别，认为这两种培养模式并存是社会发展的必然趋势，同时结合自己的学位论文课题研究，提出了完善我国学术型学位和专业学位研究生培养模式的思路。[②]

第二节　研究生能力与素质

对研究生素质与能力的研究，关注重点是研究生的科研能力、实践能力、创新能力与就业能力。至于素质，一般认为，不同的学科对研究生素质有不同的要求。

一、研究生能力的研究

科研能力是研究生必备的基本能力之一。复旦大学王建美结合调查和案例分析，对跨学科团队中研究生的科研能力的构成要素进行梳理，他发现在跨学科团队中学生个人的内因（追求知识的动机）与外因（良好的平台环境和优秀的导师）形成了良性互动，因而可促进研究生科研能力的提升，但在跨学科平台中的学生管理存在着“三不管”现象，亟须加以改进。研究者还提出了研究生科研能力培养的“七力组合模式”（牵引力、助推力、保障力、交叉力、规划力、基础力、内驱力）。[③] 华东师范大学傅蕾抽取教育部直属6所师范院校的教育学原理专业硕士研究生学位论文进行研究，运用内容分析法，从论文主题、研究方法、文献综述以及参考文献等4个类目进行统计分析，对硕士研究生的科研能力及存在的问题进行诊断，并就如何提升硕士研究生科研能力，从平时学习、论文开题、论文答辩3个方面提出了对策建议。[④]

---

① 赵岩，朱爱军．科学学位与专业学位研究生培养模式比较研究［J］．高等农业教育，2012（6）：73～76.

② 张圆圆．全日制专业学位与学术学位研究生培养模式比较研究［D］．开封：河南大学，2012，55.

③ 王建美．跨学科团队科研中研究生科研能力培养探究［D］．上海：复旦大学，2012，78.

④ 傅蕾．硕士研究生科研能力的诊断与提升［D］．上海：华东师范大学，2012.

在实践能力方面，南京理工大学滕燕针对工科研究生的能力培养，提出了一种以任务为导向的教学活动组织方式，即通过提出任务要求—设计技术方案—实现技术方案—撰写总结报告等教学环节，提高工科研究生的综合科研能力。[①] 三峡大学李佳以本校为例，使用问卷调查、文献分析和访谈等方法，对地方高校文科硕士研究生实践能力培养进行相关研究，并提出地方高校应通过加强学科建设、改革培养模式、建立实践创新基地和加强导师建设等提升文科硕士研究生实践能力。[②]

研究生的创新能力是一项重要素质。南京农业大学罗英姿等人通过对数十位资深博士生导师的调查表明：影响博士生创新能力的因素大体可归结为主观因素和客观因素两大方面，前者主要包含博士生导师的学术人格、学术能力与造诣、学术指导，博士生自身的学业基础、智力水平、心理素质、创新性意识与思维等；后者则主要包括课程设置、淘汰机制、培养年限、资助制度、学术氛围等几个关键维度。[③]

关于就业能力，南京财经大学廖军政认为，中国研究生与发达国家的差距主要体现在这方面，提高研究生的教育质量和就业能力，为国家输送高质量的人才，支撑经济发展具有重要的意义。他从中美研究生教育能力培养比较研究入手，较深入地剖析了我国研究生教育的能力培养问题，提出了一个就业能力模型，即 Career - EDGE - The Key to Employability 模型（见图 3 - 1）。[④]

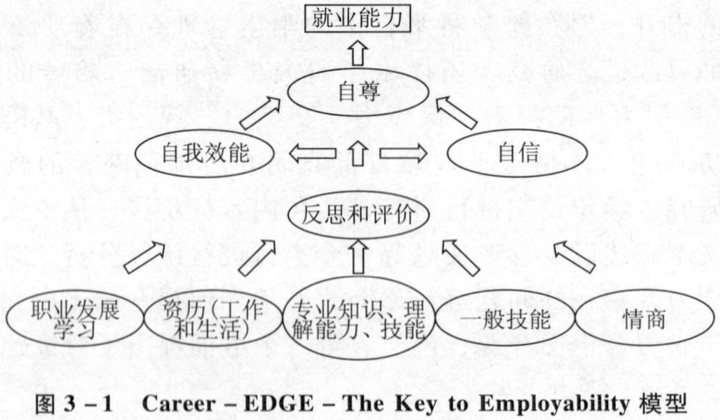

图 3 - 1　Career - EDGE - The Key to Employability 模型

① 滕燕．培养工科研究生能力的几点做法［J］．高教论坛，2012（3）：111 ~ 112.

② 李佳．地方高校文科硕士研究生实践能力培养研究［D］．宜昌：三峡大学，2012.

③ 罗英姿，吕红艳．博士生创新能力的影响因素分析——基于江苏省 5 所大学资深博士生导师的访谈结果［J］．学位与研究生教育，2012（5）：16 ~ 21.

④ 廖军政．浅谈研究生就业能力培养［J］．中国证券期货，2012（7）：296 ~ 297.

二、研究生素质的研究

陕西师范大学李高峰运用自编的“教学类研究生‘教师专业素质’调查问卷”，对15所高校的224名教学类硕士研究生进行了调查。调查发现：教学类研究生最好的教师专业素质是遵守道德法律、树立职业声誉等；最差的教师专业素质是管理学习环境、评估学习绩效等；男、女研究生的教师专业素质不存在显著差异；应用型研究生的教师专业素质极其显著地高于学术型研究生；参加与未参加教育实习的研究生的教师专业素质没有显著差异。①

对于理工科研究生的素质培养，国防科学技术大学杨希祥等人认为，培养高综合素质研究生是高等教育的重要课题。他们结合自身学习经历和研究生培养经历，深入分析了培养高综合素质、全面发展的理工科研究生的关键要素，提出了加强研究生思想道德修养，提高研究生科研能力和创新能力，增强研究生身心素质，提升研究生人文素养等思路，为理工科研究生综合素质培养提供了有益借鉴。②

西南石油大学张妍立足于国内石油企业管理现状及社会学、管理学等学科理论，以研究生就业问题为背景，在积极吸纳国内外素质研究成果的基础上，采取定性、定量相结合，理论、实践相结合的研究方法，先对论题的概念进行界定，再运用实证调查和专家分析等多种手段，研究基于行业需求的研究生素质模型，并依据模型分析结论分别从石油企业、高校、研究生3个角度给出了不同的建议。③

第三节　研究生课程与教学

课程与教学环节是研究生培养的核心所在。在研究生课程与教学的研究中，针对课程的研究是基于不同学科展开的，而教学研究则主要集

---

① 李高峰，杨祖培．教学类研究生具备的教师专业素质调查研究［J］．学位与研究生教育，2012（10）：60～63.

② 杨希祥，张为华，张士峰．强化综合素质理念 提高理工科研究生培养质量［J］．当代教育理论与实践，2012（7）：61～63.

③ 张妍．基于石油企业人才需求的研究生素质模型研究［D］．成都：西南石油大学，2012.

中在教学方法、教学平台、教学质量、教学模式以及专业学位研究生教学等方面。

一、不同学科的研究生课程研究

华东师范大学高芳祎通过大样本的问卷调查发现，近年来我国研究生课程与教学改革取得了不俗的成绩，主要体现在课程建设与教学改革项目运行良好，研究生教学评估工作成效显著，课程教学的质量总体较好，研究生可利用的学习资源丰富等。但研究生课程与教学的诸多方面仍有改进空间，包括：对研究生课程学习及其与科研实践相结合的重视程度有待提高；研究生课程结构有待完善；研究生课程内容的层次性不明显；研究生课程教学方式与考核方式单一，课堂互动受班级规模过大的影响；不同群体对研究生课程与教学改革效果的感受差异明显等。[①]

对于医学类研究生的课程研究，北京大学谢一萍等人对全国 21 所医学院校的 3227 名研究生进行了关于“研究生课程体系评价”的问卷调查与分析。通过运用统计分析方法对相关变量进行描述，并对不同层次院校的研究生对课程体系 6 个方面的评价差异进行卡方检验。结果发现：“985 工程”、“211 工程”建设院校的学生对课程体系的总体评价优于普通院校学生；现行课程体系存在诸多不足，如：课程体系在培养学生的实际工作能力和创新能力方面表现较差；课程内容交叉性、综合性和实用性不足；必修课学时数偏多、选修课学时数偏少；教学方法依然以教师主导型的理论讲授法为主。[②]

北京理工大学李勇以工科研究生课程体系建设为切入点，论述了研究生课程体系的现状及与培养机制改革的关系，并以北京理工大学研究生课程体系设置为例，对如何加强工科研究生课程体系建设，促进培养机制改革，提高研究生培养质量进行探讨。认为工科研究生课程设置应优化体系结构，加强数理基础，体现学科特色，实施分类培养。[③]

福建大学黄华俨认为，课程质量是影响文科研究生教育质量的基础

---

① 高芳祎．我国研究生课程与教学改革效果的调查研究［J］．学位与研究生教育，2012（10）：27～31.

② 谢一萍，崔爽，段丽萍，等．不同层次医学院校研究生对研究生课程体系的评价分析［J］．学位与研究生教育，2012（12）：55～60.

③ 李勇．加强工科研究生课程体系建设 促进研究生培养机制改革［J］．华中师范大学学报（人文社会科学版），2012（S1）：188～191.

环节。他针对研究生课程评价内涵理解不全面、评价工作的不到位以及评价管理制度的不健全等问题，借鉴国外全面质量管理理念（TQM：Total Quality Management），构建了包括课程开设评价、课程教学评价和教学效果评价3个主要阶段的高校文科研究生课程质量全面评价模式和流程（见图3－2）。[①]

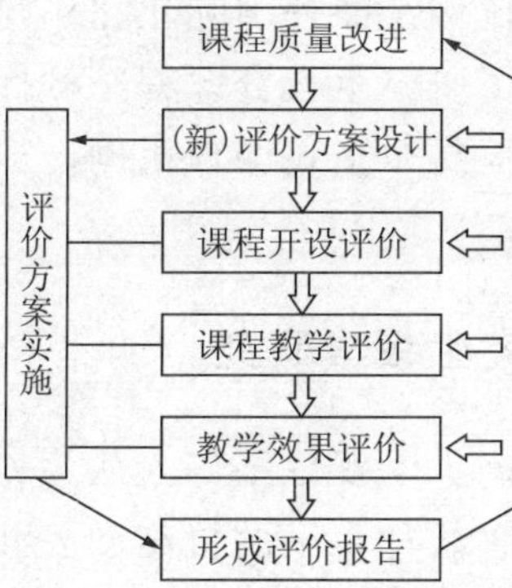

图3－2　高校文科研究生课程质量评价流程图

交叉学科是目前科学研究的热点领域，开展交叉学科课程教学对于强化研究生的学科交叉意识，提高研究生的创新能力具有重要作用。国防科学技术大学肖定邦等人以“微机电系统分析与设计”课程为例，分析了交叉学科研究生课程的特点，并从基础知识教学、前沿专题研讨和实践能力强化3个方面进行了教学方法的探索与实践。[②]

研究生课程质量评估作为研究生教育质量评估的一个重要部分，也已成为研究生教育领域中的热点问题。福州大学王变云等人通过回顾相关文献发现，目前研究生课程质量的评估主要集中在课程教学方面，除对课程评估含义把握不完整外，在评估的原则、方法、主体、维度上也存在不足之处。他提出重新修订课程质量内涵并认为用“质”、“量”结合的方法对研究生课程质量进行全面评估。[③] 大连理工大学张巍等人

① 黄华俨，何少颖．高校文科研究生课程质量评价模式探索——基于全面质量管理理念[J]．福建教育学院学报，2012（3）：55～58.

② 肖定邦，辛华，吴学忠，等．交叉学科研究生课程教学的探索与实践［J］．高等教育研究学报，2012（3）：115～117.

③ 王变云，任志洪．研究生课程质量评估述评与展望［J］．福建教育学院学报，2012（1）：49～52.

分析了传统研究生课程监督评价方式的不足，阐述了大连理工大学研究生课程质量监督与评价管理系统和信息系统的设计理念、主要功能及应用效果，认为该系统对研究生教育课程的质量提升有积极效果。①

清华大学孙健认为，合理的课程结构对于研究生培养质量提高具有至关重要的作用。他从研究生教育课程结构出发，分析了课程结构中选修课程比例、非正式课程比例、课程国际化比例与课程层次比例存在的问题，并有针对性地设计了研究生教育课程结构优化方案，提出了以下对策：增加选修课比例、提高非正式课程比例、加大课程国际化比例与合理化课程层次结构。②

二、不同类别的研究生教学研究

在教学方法层面，湖南大学罗依平等人认为，公共管理案例教学改革对于高校公共管理类课程教学水平的提高和公共管理学科创造性人才的培养都具有重要作用。他从公共管理学科案例教学的作用和意义入手，分析其存在的主要问题，并提出具体的应对措施。③ 军械工程学院李春鹏等人，通过对项目教学法定义的引述，指出在研究生教学中运用项目教学法有利于调节研究生学习的心理认知，有利于教师制订适合的学习规划，有利于整合学习者的知识体系。④ 深圳大学王燕华等人认为，隐性知识与显性知识的四种转化方式构成研究生个人知识管理的内在机制，灵感知识管理、过程知识管理、环境知识管理是研究生个人知识管理的重要领域，而体验式教学正是通往知识转化和知识管理的技术桥梁。⑤

天津大学怀丽等人介绍了天津大学选择 Moodle 作为研究生数字化学习平台，并在此基础上进行功能二次开发的具体实践。分析了其 3 个

---

① 张巍，齐民，赵明砚．研究生课程质量监督与评价信息系统的设计与实践［J］．学位与研究生教育，2012（3）：30～33.

② 孙健．研究生教育课程结构及其优化的理性思考［J］．中国高教研究，2012（3）：36～39.

③ 罗依平，戴宗．案例教学改革与公共管理学科研究生科研创新能力培养［J］．研究生教育研究，2012（3）：47～50.

④ 李春鹏，王栓杰，王昌盛．项目教学法在研究生教学中的探究［J］．中国电力教育，2012（22）：43～55.

⑤ 王燕华，陈莉．体验式教学与研究生个人知识管理能力培养［J］．研究生教育研究，2012（2）：39～43.

模块：数字化教学模块、数字化科学研究模块、数字化考核与评价模块的构成及主要功能，探讨了研究生数字化教学平台的实施策略和实施效果，认为数字化学习平台得到了师生的认可，对教学科研的确有辅助作用，提高了研究生培养的质量。①

北京师范大学王本陆等人运用案例分析法，对该校硕士研究生“教学论专题研究”课程实施“2+1”教学模式进行了研究。“2+1”教学模式的教学程序主要分为课上、课下（包括课前与课后）两个部分，其重心在课上，课下是课堂教学的准备与拓展。结果表明，“2+1”教学模式在保证学生系统地掌握学科知识、促使学生积极地参与课堂评论、培养学生多方面能力及激发学生专业学习兴趣等方面效果显著。②

同济大学唐益群等人认为，传统的以教材为核心的研究生教学内容，已经跟不上时代的发展。在对研究生教学模式的改革探索中，该校“软土环境工程地质学”硕士研究生课程，紧密跟踪与吸纳国际、国内前沿的研究成果，从教学观念、教学内容、教学方法、考核方式等方面进行改革，通过几年的实践，在硕士研究生的培养特别是提高科研能力方面取得了良好的效果。③

在专业学位研究生教学方面，西安交通大学王非等人用实证的方法，对专业学位研究生英语自主性教学模式进行了探索。他们运用结构方程建模的研究结果显示：不同类型的专业学位研究生在英语能力、学习行为和课程需求方面存在较显著的分化。西安交通大学在一项历时3年的教改实验中，采用基于自主性学习理念的立体化课程设置和教学模式，效果较为满意，表明该模式适合专业学位硕士学时较短、突出应用的特点，从而为专业学位研究生英语教学探索出了一条新的道路。④

---

① 怀丽，夏军，卢铮松．构建数字化教学平台创新研究生教学模式［J］．学位与研究生教育，2012（5）：63~66.

② 王本陆，姚相全．提升研究生课堂教学质量：“2+1”教学模式的建构与实践［J］．学位与研究生教育，2012（12）：51~54.

③ 唐益群，赵化，王建秀，等．硕士研究生课程教学模式改革的探索［J］．教学研究，2012（1）：36~38.

④ 王非，郭继荣，唐晓霞．专业学位研究生英语自主性教学模式探索——基于结构方程建模的实证研究［J］．研究生教育研究，2012（5）：55~59.

第四节　学位论文及其质量控制

学位论文是研究生培养成果展示的重要组成部分，本年度关于研究生学位论文的研究主要围绕全国百篇优秀博士论文、学位论文质量控制和学位论文的质量管理三大主题展开。

一、全国百篇优秀博士论文研究

首都师范大学赵晨昕等人对 1999～2011 年历史学科全国优秀博士学位论文进行了分析。从培养单位分布、学科分布、选题角度、研究方法、作者、指导教师等多个方面，探讨了历史学全国优秀博士学位论文的基本分布和主要特征。最后，他们指出，获得优秀博士论文的作者 90% 来自“985 工程”院校和“211 工程”院校；论文的选题与研究方法很大程度上突破了传统历史学研究的框架；优秀博士学位论文的作者年龄多集中在 30～40 岁。①

中国科学技术大学王永伟等人根据 1999～2011 年哲学学科全国优秀博士学位论文的相关数据，采用定量分析的方法，对其学科分布、作者状况、导师情况等分别进行计量分析，探寻我国哲学学科优秀人才培养的一般规律和存在问题，并对我国人文社科类高级人才培养提出了改进建议。②

中国科学技术信息研究所杨奕虹等人以 1999～2011 年 1279 篇全国优秀博士学位论文为研究对象，按论文作者毕业年份统计了全国优秀博士学位论文的学科分布比例及对应年度全国博士毕业生学科分布的比例；将上述两个百分比的比值，称为“学科获优能力”。通过“学科获优能力”排名以及对高校和科研机构按学科门类进行的获优能力对比分析，得出几个结论：理学、农学和教育学学科获优能力排名前 3；工

---

① 赵晨昕，赵和平．历史学科全国优秀博士学位论文分析［J］．学位与研究生教育，2012 (5)：21～24.

② 王永伟，徐飞，李淑敏．哲学学科全国优秀博士学位论文分析［J］．学位与研究生教育，2012 (8)：49～53.

学优秀博士学位论文数量排名第1，但其获优能力排名第5；医学优秀博士学位论文数量排名第3，但其获优能力却排名第7；对高校来说，经济学、法学、管理学属于获优能力薄弱的学科；对科研机构来说，哲学、经济学、法学和教育学4门学科，属于获优能力薄弱的学科。①

南昌大学吴根洲认为，全国优秀博士学位论文分布呈现非均衡性，但并不能由此得出此项分布存在马太效应（多者愈多、少者愈少）的结论。他从总量、学科门类、一级学科三个维度的定量分析发现，存在马太效应的单位分别有7个、9个、4个，仅占15.56%、15.79%、10.00%的比例，而存在“反马太效应”的单位分别有32个、43个、33个，所占比例分别高达71.11%、75.44%、82.50%，这与高等教育多元化的趋势也是相一致的。②

二、学位论文质量控制

西北工业大学王雅静等人针对博士学位论文质量管理的流程及特点，构建了面向过程集成的博士学位论文质量控制体系，即在质量管理理念和模式的指导下，将产品生产过程质量控制方法引入博士学位论文质量管理过程，构建论文质量主动、可靠、闭环的过程控制模式，从而实现质量信息的准确、实时传递，以及在此基础上，分析和评价论文质量，针对论文质量控制过程的瓶颈，提供优化解决方案，实现博士学位论文质量管理过程的持续改进。他们分析了体系的组成过程及活动，通过统计分析数据，验证了该体系对提高博士生培养水平的有效性。③

中国农业科学院王海峰等人介绍了基于Web的研究生学位论文远程评审系统设计思路与途径，阐述了使用该系统如何对论文评审进行全过程管理，并以中国农业科学院为例，分析了该系统的使用效果，提出了在提高系统的兼容性和易操作性、完善和添加系统的功能、完善管理

① 杨奕虹，李宁，武夷山．从1999～2011年全国优秀博士学位论文看学科获优能力［J］．学位与研究生教育，2012（8）：44～49.

② 吴根洲．全国优秀博士学位论文分布存在马太效应吗［J］．研究生教育研究，2012（3）：73～78.

③ 王雅静，肖敏，闫伟．基于过程集成的博士学位论文质量管理模式研究［J］．学位与研究生教育，2012（10）：23～26.

手段等一系列改进意见。①

燕山大学周益兰对学位论文学术不端行为检测系统（TMLC）应用情况进行了相关调研。通过对 TMLC 的应用背景、应用现状和应用效果进行分析，探讨 TMLC 检测结果的运用，并认为，高校应继续积极推广 TMLC 的运用，研究生培养单位应明确 TMLC 定位。②

三、学位论文的质量管理

南京航空航天大学刘存祥对研究生学位论文质量管理体系进行了研究，他认为构建科学合理的学位论文质量管理体系是提高研究生学位论文质量的关键所在，通过综合分析学位论文质量管理体系的基本构成，提出了新形势下构建学位论文质量管理体系的建议：加强学位论文的管理，实现“科学、规范、高效”的目标管理体制；实行研究生导师负责制；努力学习新技术，提高学位论文管理者的业务素质和管理水平；推进企业和学校的合作教育。③

对外经济贸易大学王颖等人用案例分析的方法，介绍了对外经济贸易大学研究生学位论文质量的管理、评价、控制方面的治理模式。他们认为研究生学位论文水平是高校培养质量的集中体现。提高学位论文的写作水平，确保学位授予的质量，是摆在高校学位与研究生教育工作者面前的重要课题。对外经济贸易大学在长期实践中，形成了一套行之有效的学位论文质量管理、评价、控制治理机制，提升了学位论文的质量。④

空军工程大学张军等人认为，以自主学习能力培养为主导拓展导师的角色扮演是研究生学位论文质量提高的根本解决之道。他们从研究生自主学习能力与学位论文质量之间的内在联系入手，围绕研究生在学习中自主能动性的发挥和导师在教学指导方面的角色扮演两个方面对研究生自主学习能力的培养问题进行剖析，认为导师的主要作用在于“导”，导师都要充分发挥主导作用，通过不同角色扮演之间的转换，

---

① 王海峰，高枫岚，罗长富，等．研究生学位论文远程评审系统的设计与使用［J］．学位与研究生教育，2012（2）：29～32.

② 周益兰．TMLC 在研究生学位论文检测中的应用研究［J］．研究生教育研究，2012（2）：71～74.

③ 刘存祥．研究生学位论文质量管理体系的构建研究［J］．经营管理者，2012（9）：259.

④ 王颖，徐雷．研究生学位论文质量的管、评、控治理模式研究——以对外经济贸易大学实践做法为例［J］．国际商务（对外经济贸易大学学报），2012（4）：113～120.

多角度、全过程、高强度地对研究生的学习施加影响，使研究生在有限的时间内获得最大的收益。①

第五节 文献分布及其特点分析

通过检索关键词，并根据研究内容进行人工筛选，2012 年度关于研究生培养方面的研究文献约有 153 篇，被纳入此次综述的文献共 51 篇，其中期刊论文 44 篇、硕士学位论文 7 篇、博士学位论文 0 篇。

归纳一下，2012 年研究生培养的研究课题主要围绕 4 个方面，即研究生培养模式、研究生素质和能力、研究生课程及教学、学位论文的质量保障展开，并呈现出以下几个特点。

从文献分布来看，关于研究生培养方面的 153 篇研究论文中，学术期刊论文较多，占 88.2%；学位论文较少，仅占 11.8%，且全部为硕士论文。

从作者群体来看，与过去一年相比，高学历、高职称人员所占比例依然较高，但第一作者分布有较大变化：2011 年，大学行政管理人员（主要为研究生教育管理人员）发表论文所占比例为 66.7%，2012 年降为 45.5%；院系教学科研人员 2011 年发表论文所占比例为 21.1%，2012 年则上升到 40.9%，在读研究生发表论文所占比例略有提高，但与 2011 年一样都是以博士研究生为主（见图 3－3）。

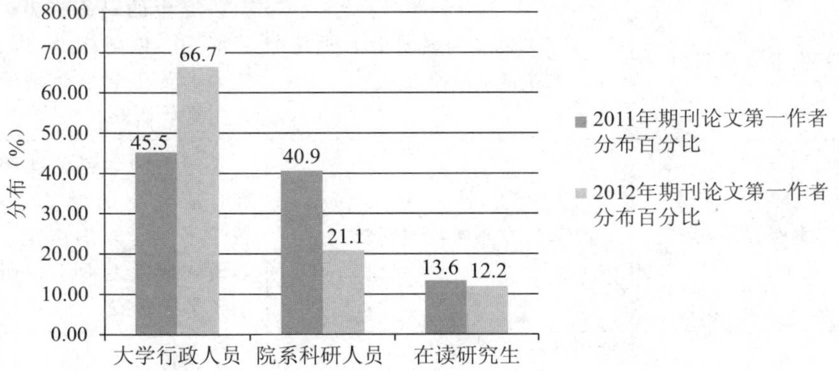

图 3－3 2011 年与 2012 年期刊论文第一作者分布对比

① 张军，韩佳彤，郭振．以自主学习能力培养为主导 拓展导师的角色扮演——研究生学位论文质量提高的根本解决之道［J］．社科纵横，2012（4）：162～163.

从研究内容来看，比较热门的领域多集中在研究生培养模式的重构与创新，提高研究生科研、实践、创新与就业等能力的渠道，加强学位论文质量管理及质量控制机制等方面。与2011年一样，专业学位研究生教育在研究生培养研究中占有较大比例。

从研究重点（方向）来看，虽然2011年与2012年关于研究生培养的研究领域大的方面基本一致，但是研究的侧重点却有所不同。例如，在研究生培养模式方面，2011年聚焦于研究生培养模式的运行现状评估与发展路径选择，而2012年则转为研究生培养模式的实践与创新研究；在课程与教学方面，2011年研究者关注的是公共课程的改革与专业课程的创新，而2012年重点研究的则是不同学科类别的课程与教学；在学位论文质量提升方面，2011年多数文章是对学位论文的组成要素与写作技巧进行分析，而2012年多半是对“全国百篇优秀博士论文”分布特征及学位论文质量控制与管理进行研究（见表3－1）。

表3－1　2011年与2012年研究方向侧重点对比

研究主题	2011年侧重点	2012年侧重点
研究生培养模式	研究生培养模式的运行现状评估；发展路径选择；标杆案例借鉴和创新平台构建	研究生培养模式的实践研究、研究生培养模式创新研究、专业学位研究生培养模式研究和不同培养模式的比较研究
研究生素质和能力	研究生创新与科研能力研究；研究生综合素质研究	研究生的科研能力、实践能力、创新能力与就业能力，基于学科类别的研究生素质研究
研究生课程及教学	改革与专业课程的创新	基于不同学科的课程研究；研究生的教学方法、教学平台、教学质量、教学模式以及专业学位研究生教学等研究
学位论文的质量保障	学位论文的相关要素分析；论文写作方法与技巧	全国百篇优秀博士论文；学位论文质量控制和学位论文的质量管理

从研究方法来看，主要还是以定性研究为主，定量研究很少。常用的研究方法有案例分析法、文献研究法、比较研究方法、历史研究法，少量涉及数理统计、模型假设等定量研究方法。实证分析的关注点一般具有较强的针对性，个案分析比较常用，采用此法的研究者通常结合自己高校的实践探索，对有借鉴意义的创新举措进行系统的总结和深入分析，以展示其应用推广价值。

纳入本次综述的51篇文献研究方法使用情况如表3－2。

表3－2 51篇文献研究方法使用情况

研究方法	案例分析	文献研究	比较研究	历史研究	数理统计	模型假设
文献数量	14篇	16篇	8篇	9篇	2篇	2篇

专题四 研究生导师队伍建设研究

2012 年度围绕导师队伍建设的研究主要包括导师遴选、导师责权、导师指导及导师培训和评价四大主题，内容涉及内涵研究、制度建设和过程管理 3 个方面。导师遴选涵盖了对遴选机制改革的研究、对遴选管理系统的设计研发等；导师责权着重研究了什么是导师责权、如何落实导师责任制等；导师指导关注的问题包括什么是导师指导，单一导师制、双导师制、多导师制特点分析以及如何才能对研究生实施有效指导等；导师培训和评价方面，主要是从培训和评价的制度现状、具体内容以及如何更有效地实施培训和管理等方面进行了探索。

第一节 导师遴选

在导师遴选机制创新方面，清华大学高策理等人详细介绍了该校的改革实践。为了破除导师遴选中的论资排辈思想，清华大学确立了“让学术上最富有活力的教师指导博士生，促进青年教师快速成长”的理念，并按照先院系试点、再调整推广的思路逐步推进。在总结试点经验的基础上，该校 2011 年正式取消博导评聘制度，确定“教师系列副高以上职称的教师和 Tenure Track 系列教师均有招收和指导博士生的资格”。同时，将学术权力下移，规定：各学位评定分委员会负责制定本学科的博导要求、审核招生资格；具备资格的教师当年是否招生，由院系根据培养资源等情况确定。经过改革，全校确立了两种博士生导师遴选方案：一种是所有副教授以上职称教师均有博士生招生资格，院系每年择优选择；另一种由分委员会统一设定上岗资格，每年遴选，获得资格的副教授即可招生。具体实施哪种方案，则由院系决定。[①]

---

① 高策理，郭钊，崔艳萍．强化导师职责统筹资助体系 稳步开展研究生培养机制改革试点工作［J］．学位与研究生教育，2012（11）：1～4.

在导师遴选管理手段方面，天津师范大学于艳华设计开发了导师遴选计算机辅助系统。研究者在设计和开发研究生工作管理系统的过程中，发现导师申请模块实用性不强，导师申请者信息多而杂，于是在深入研究的基础上有针对性地改进、设计了导师遴选系统。研究者结合本校对研究生导师的具体条件要求，先筛选出符合基本申请条件的申请者信息，再设计评价数据表，利用综合评判算法，对符合条件的申请者进行综合评价，得到申请者的评价分数和排名，实现导师遴选功能，为导师遴选提供参考。①

在导师遴选性别构成方面，中国管理科学研究院科学学研究所武书连等通过对中国83所著名大学连续5年研究生导师性别数据的调研排名，揭示了我国高校群体在研究生导师遴选方面的性别差异现状："随着时间推移，我国高校男女教师地位平等也在推进，只是各大学推进速度仍有明显差距。"在调查的83所高校中，有73所大学的女性导师比例得到了提高，但是有包括6所"985工程"院校在内的10所大学女性比例却降低了。通过数据分析，武书连认为性别不会对学科选择产生大的影响，但是在职称晋升方面，女性的难度相对男性更大，并建议提高高校中女性正高级职称的比例。②

第二节　导师责任与权力

陕西中医学院张登本结合自身三十多年的导师经验，对导师责任特征和具体内涵作了阐释，认为研究生导师责任主要包括熟悉研究生的培养目标和任务、制定个性化的培养计划并具体实施、落实跟师实践以及认真安排科研等。同时还认为，导师的责任也是个学习的过程，需要不断的积累和提升。③

除了导师责任的具体内容外，研究者还关注了导师责任的制度建设。清华大学高策理等人介绍了该校以导师负责制为核心的研究生培养

---

① 朱晓芸，杨潮．研究生工作管理系统及导师遴选功能的设计与实现［D］．天津：天津师范大学，2012.

② 蔡双喜．10所一流大学女性导师比例下降［N］．中国妇女报，2012－02－16（2）．

③ 张登本．如何当一个合格的研究生导师［J］．陕西中医学院学报，2012（5）：109～110.

机制改革。通过完善导师负责制，进一步明确培养过程中导师的责任和义务，通过加强导师在研究生招生、培养和奖助学金申请等方面的主导作用，密切导师与研究生的关系，增强研究生从事学习和研究工作的主动性、积极性，充分体现“让最好的导师以最大的精力来带具有优秀潜质的研究生”的思想。①

东北师范大学唐德先等人分析了导师在推进研究生思想政治教育中的责任。他们认为高校制度不健全、导师意识不到位、导师与辅导员责权不明确以及方法不当等是目前导师开展研究生思想政治教育工作中存在的最大问题。基于这样的认识，东北大学在推行导师责任制方面进行了积极探索，具体包括：学校顶层设计，明确导师权责；健全导师育人的评价与激励机制，确保责任有效落实；加强工作方法培训，提升导师工作实效；建立导师与研究生辅导员的互动机制；最后，设立研究与实践项目，推进责任落实基层。②

北京大学于峰等人在深入剖析研究生师生交往遵循社会交换原则的基础上，指出当前师生关系存在“非均衡性”。他们认为，研究生与导师之间的需求是多重的、双向的：如学生需要通过导师指导满足求知、求职和个体成长的需求；导师也需要通过学生的参与获得合法性身份并通过学生低价的科研劳动力提升自己的学术声誉。从表面上看师生是相互依赖的平等关系，但是由于导师权力在研究生培养中的绝对权威，使近年来师生关系呈现严重的非均衡性，也造成了诸如被动应付、集体反抗等师生关系的异化倾向。从本质上看，师生关系的非均衡性是“个体处于不同发展阶段，同时不同职业处于同一利益结构的交汇结果”。据此，研究者提出通过引入第三方力量实现权力制衡，即通过建立监督机构，从制度层面建立健全表达和申诉机制，限制导师权力滥用等行为，促使导师加强研究生的指导，提高培养质量。③

---

① 高策理，郭钊，崔艳萍．强化导师职责 统筹资助体系 稳步开展研究生培养机制改革试点工作［J］．学位与研究生教育，2012（11）：1～4.

② 唐德先，刘国军，彭涛．强化导师责任 扎实推进研究生思想政治教育——以东北师范大学为例［J］．学位与研究生教育，2012（5）：54～56.

③ 于峰，张勇．研究生师生关系的非均衡性现状及其影响和调整［J］．学位与研究生教育，2012（12）：69～72.

第三节 导师指导

导师对研究生的指导是师生关系的重要内容，对研究生培养有举足轻重的作用。随着我国研究生教育规模的扩大、改革进程的推进，对导师指导提出了更高的要求，采用什么指导制度、哪种指导方式更加有效，值得深入研究。

一、指导制度

指导制度主要包括单一导师制、双导师制、多导师制（导师组、导师团队）3 种。研究者普遍认为单一导师制存在缺陷，需要改革创新；有学者指出，双导师制不仅是导师数量的“两名”，更指理论与实践、学校与社会的“双向”、“两个方面”；还有学者认为，导师团队的构建不仅需要有多学科、年龄、背景互补的导师资源，还要以完善的管理制度和考核机制作支撑，才能保证团队的有效运行。

北京大学胡晓阳等人将博士生教育中导师指导定义为“导师和博士研究生之间既有学业互动也有日常交往互动的全方位多层次的关系体系”。通过对北京大学在读博士生和导师的调查和访谈，以师生之间的学业互动为主要关注点，发现：单一导师制、双导师制和指导小组制多种指导模式并存，但单一导师制仍占多数；导师指导主要集中在做项目和发表文章，对学业的指导以及对其从事研究工作各方面基本素质的培养认识不足；不同学科在培养模式和导师指导频率上存在差异，师生对此期待也有一定差异；师生之间即使存在不一致的学术观点，但基本能够民主公平相处，不过仍有一些不和谐因素存在。针对这些问题，研究者认为建立和谐的指导模式，首先要建立课程平台，借助指导性课程的开设，促进博士生良好自身定位的形成；其次，要通过制度建设，保障导师有充分的时间和精力完成指导，鼓励学科交叉、学校与社会合作，促进多元化指导模式形成；再次，要探索建立有效的导师交流平台，促进导师指导能力提升；最后，要通过科研课题和场所的搭建，保障研究生学习和科研。①

---

① 胡晓阳，贾爱英．博士生培养过程中和谐指导模式的构建——基于对北京大学在校博士生的调查［J］．学位与研究生教育，2012（3）：1～6.

北京师范大学黄振中认为：双导师制作为培养应用型专业学位研究生的特殊方式，其实质是倡导教学与培养中校内理论和校外实践的结合，强调提高学生的应用实践能力，弥补校内导师纯理论教学与培养的不足。双导师中的“双”是指理论与实践、校内与校外的“双向”或“两部分”或“两类”，并不是仅限定为“两名”。他结合“双导师制”在法律硕士培养中的实施现状，分析了诸如制度缺乏、校外导师资源渠道不畅、培养单位不够重视等问题，并提出了加强立法、严格选拔、提高待遇、拓展校外导师指导环节以及合理分配校内外导师等相应措施。[①]

安徽工业大学龙红明等人面对招生规模增长带来的师生比失调、多学科交融带来的知识结构变化和学科背景要求，分析了传统单一导师培养模式的局限性，认为建立团队式导师的研究生培养模式（见图4-1）是重要的应对措施。为此，首先要建立成员互补、分工协作的导师团队。成员互补包括学科专业、学历职称、年龄等各个层面的结合，并且要充分考虑导师团队研究方向的延伸与拓展，将跨学科的教师、企业的高级工程师等融入导师团队。其次，团队可仿照耶鲁大学的做法，定期举行学术交流活动，以促进相互学习。最后，为保证团队的有效运行，必须健全管理制度和考核机制，既要明确各位导师的岗位职责、权利与义务，又要保障研究生的权利与义务。[②]

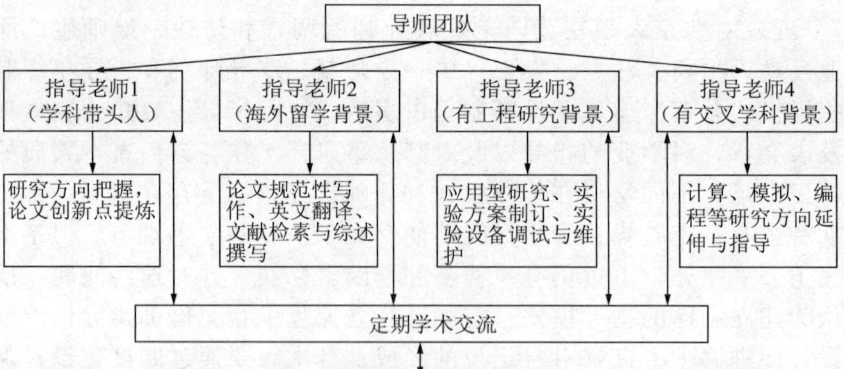

图4-1 团队式导师的研究生培养模式

---

① 黄振中.“双导师制”在法律硕士教学与培养中的完善与推广［J］.中国大学教学，2012（2）：27~30.

② 龙红明，李家新，王平，等.团队式导师制研究生培养模式探索［J］.中国冶金教育，2012（4）：41~43.

曲阜师范大学王颖鑫运用组织行为学的相关理论，从个体水平、群体水平和系统水平3个角度，对清华国学研究院的导师团队发展历程展开研究，认为在个体水平中要强调团队人才的引入，包括团队成员的能力、人格特点和角色配置等；在群体水平这个层次中，主要从导师团队的外部支持和内部支持两个维度进行论述，认为导师团队建设的成功需要学校和领导的大力支持；在系统水平这个层次中，需要强调团队文化的养成。目前高校导师团队建设要重视引进乐于合作、具有特色的专家人才；校内外要有政策、制度方面的支持，以创造宽松良好的沟通环境；团队本身需要树立良好的教学和德育观念。①

山东轻工业学院姚金水等人通过对比地方普通高校与重点大学研究生培养方式的差别，分析了地方普通高校实行多导师合作模式的可能性和必要性。研究者概括了地方普通高校多导师培养模式的构建原则与作用，认为在该模式下导师组对研究生的组织管理具有以下特点：导师组与主导师指导相结合、实行组长负责制；以项目为中心开展科研活动；研究生交流平台化；研究生培养与学科建设相结合；由紧密型团队向松散型团队过渡等。②

二、指导方式

在导师指导方式上，研究者从学生的角度出发，对导师指导效果、指导满意度以及指导方式对研究生科研和创新能力培养的影响等问题进行了研究。

陕西师范大学范建刚认为，目前我国硕士生培养普遍面临着导师“指导低效困境”，部分导师虽然投入了指导劳动，但是却没有达到预期目标，没有得到同行认可。在不完全导师个人负责制的影响下，导师指导劳动供给实质性不足、劳动供给低效或无效以及指导行为存在缺陷等原因共同导致了“指导低效困境”的产生。他建议导师应该明确并牢记自己的角色定位，不断提升学术水平，努力增强指导能力，养成良好的自我指导反思与管理习惯。③

① 王颖鑫．清华国学研究院发展探析——基于导师团队建设视角［D］．曲阜：曲阜师范大学，2012.

② 姚金水，李梅，张献，等．地方高校研究生多导师培养模式的实践［J］．研究生教育研究，2012（12）：36～38.

③ 范建刚．硕士生导师“指导低效困境”的形成机制探析［J］．学位与研究生教育，2012（11）：67～71.

华东师范大学晋素灵认为导师指导既包括导师在实际生活、学业、实践等方面直接的显性指导，也包括导师的人格魅力、个人品行的隐性影响。并将导师指导定义为“导师针对专业学位学生的特质，在合作关系的基础上，对专业学位研究生学习以及多方面特质加以指引和导向的活动”。研究者以上海市3所高校4个领域专业学位研究生为调查对象，利用专门设计的“研究生学习体验与发展状况调查”问卷获取数据，并在此基础上构建了影响全日制专业学位研究生对导师指导满意度的结构方程模型。通过数据分析发现，性别、专业、本科毕业院校类型等研究生自身因素影响导师指导的满意度；在影响导师指导质量的因素中，指导方式对导师指导满意度相关性最大，其次是指导效果、科研机会与交流频次。因此，应有针对性地采取一些改进措施，对提高指导满意度和研究生培养质量有重要意义。①

西安交通大学副校长宋晓平等人认为目前关于导师指导的研究多关注导师或博士生的单方面因素，忽视了导师指导过程中与博士生产生的互动影响过程，无法回答“导师采取何种指导方式更有利于博士生科研和创新能力培养”。针对此，研究者在对国内外师生互动关系研究及导师人际行为模型梳理的基础上，对西安两所高校博士生展开调查，分析了博士生对导师指导的看法，并探索了博士生对导师指导环境要求。通过数据分析发现：导师与博士生互动关系处于“高度合作+一定程度强势指导”和“高度合作+一定程度尊重学生观点和意见”时，更有利于博士生科研能力、创新能力的培养，有利于推进博士生的科研和学位论文进展。②

此外，华中科技大学马明霞等人还对国家科学技术奖获得者北京大学徐光宪院士的指导经验作了系统总结和阐述，从育人、为人原则、师生关系营造、人才战略观树立等方面对徐光宪院士的育人观进行描述，认为做科研要“学习有术、创新有法”，做研究生导师需要用良心和爱心去从事职业，要甘为人梯、团队协作。③

---

① 晋素灵．导师指导质量评价研究——基于全日制专业学位研究生满意度的视角［D］．上海：华东师范大学，2012.

② 宋晓平，梅红．博士生培养过程中师生互动关系研究——基于博士研究生的视角［J］．中国高教研究，2012（8）：50～54.

③ 马明霞，白迪，王启烁．桃李不言下自成蹊——徐光宪先生的治学经验与育人心得［J］．学位与研究生教育，2012（12）：29～33.

第四节　导师培训与评价机制

导师培训和评价机制的研究主要以实践调查为主，研究者认为导师培训和评价机制不健全是当前的基本现状，导师培训的主要内容要以优秀导师群体特征为参考，导师评价核心要以学生发展为判断依据。

华中师范大学王建梁等通过对56所研究生培养院校研究生院网站相关规章制度、新闻等资料的调查，从培训内容、培训对象、培训方式、培训时间等方面归纳了我国高校导师培训制度存在的问题，具体有：培训制度缺失，有1/3的高校没有培训或者培训工作较随意；考核制度缺失，大多数学校没有对接受培训的教师和授课教师进行质量考核；培训时间过短，通常是1天；没有针对不同专业、不同层次（博导和硕导）专门组织安排，培训效果不理想；培训方式单调；培训内容片面，多集中在经验交流，学生心理教育、德育教育内容很少涉及。针对这些问题，他们提出了健全法规、构建考核机制、采取多样化培训方式等建议。①

东南大学耿有权等人实证分析了优秀博士生导师的特点，并根据这些特点对导师培养提出针对性意见。他们以培养3位以上全国优秀博士学位论文的32位导师群体为样本，通过对其学历荣誉、学科背景、学术履历、工作经历、科研成果、获奖情况等重要指标的调查，总结出全国优秀博士学位论文指导教师的素质优势和特征，提出了加强我国研究生导师培养的建议：如利用国际化平台，加大对优秀人才国际学术塑造的力度；搭建多学科交叉平台，夯实拔尖创新人才成长的学术基地；鼓励扶持优秀年轻人，及早将其推到国际学术研究前沿；努力营造世界一流学术氛围，支持所有科学家自由探索等。②

北京航空航天大学国兆亮等人针对目前导师评价中存在的问题，从评价内容、形式和评价结果三方面对如何评价研究生导师做了分析，认

---

① 王建梁，魏体丽，覃丽君．我国研究生导师培训制度研究［J］．学位与研究生教育，2012（8）：23～25.

② 耿有权，彭维娜，汪琴．全国优秀博士学位论文指导教师的素质维度研究——基于指导3篇以上全国优秀博士学位论文的32位导师的调查［J］．中国高教研究，2012（1）：51～55.

为：评价内容要以学生发展为中心，对学术德育和学术发展的培养和帮助是主要依据；评价形式以开放式述职评议为主，并提出了具体实施路径；此外，要充分利用评价结果，发挥激励作用；实行信息公开制度，建立导师声誉榜，废除“终身制”，实行岗位淘汰。[①]

华南师范大学周晓芳等在分析国内研究生导师评价理论和实践的基础上，通过对该校大部分学科研究生的调研，收集了不同专业、不同年级研究生对导师的意见，运用解释结构模型和 Mind Manager 工具对收集到的信息进行分析整理，构建了包含 4 个一级指标、11 个二级指标的“研究生导师评价体系”。该指标体系由为人师、为经师、为导师和为师之本 4 个一级指标维度构成，“为人师”即师德和人格魅力，包括师德修养、工作态度、人生态度 3 个二级指标；“为经师”指专业知识之师，包括教学能力、科研能力和培养环境 3 个二级指标；“为导师”即研究生指导之师，由培养过程和培养质量 2 个二级指标组成；“为师之本”是指基本素质，包括学术品质、知识结构和人事管理 3 个二级指标。[②]

第五节　文献分布及其特点分析

通过检索关键词，并根据研究内容进行人工筛选，2012 年度以研究生导师队伍建设为研究对象的文章共 74 篇，被纳入此次综述的共 19 篇。从文献分布来看，在 19 篇文章中，期刊论文 15 篇，占总数的 78.9%；学位论文 3 篇，占总数的 15.8%；另外，还有 1 篇为报纸文章。

按第一作者身份情况进行统计，在大学和科研院所工作的教学科研人员 12 人（占 63.2%），研究生 6 人，记者 1 人。其中正高职称（教授、研究员等）作者 9 人，与 2011 年 0 人相比有大幅增加；“985 工程”院校作者 8 人（42.1%），相比去年的 5 人（25.0%）也有明显增加。

① 国兆亮，王楠．关于研究生导师评价的几点思考［J］．中国高教研究，2012（1）：56～58.

② 周晓芳，肖鹏，卢勃，等．从研究生角度建立研究生导师评价指标体系——以华南师范大学为例［J］．宁波大学学报（教育科学版），2012（6）：100～104.

按期刊来源统计，15 篇期刊论文主要来自高等教育领域的期刊和大学学报，与 2011 年基本相同。不过相对 2011 年 16 篇文献分布在 5 种期刊上来说，2012 年的期刊分布更广，15 篇论文分布在 8 种不同期刊上。其中载于《学位与研究生教育》的论文 7 篇，与 2011 年的 11 篇相比有较大的降幅。

另外，从期刊论文受资助情况来看，有 5 篇文章受到各类基金的资助，占 33.3%，与 2011 年的 7 篇（占 43%）相比也有所降低。

2011 年度与 2012 年度研究生导师队伍建设研究文献的基本特征和变化情况如下（见表 4－1）。

表 4－1 2011 年度与 2012 年度研究生导师队伍建设研究文献基本情况

	文章总数	期刊论文比例（%）	第一作者比例（%）			期刊分布数	受资助比例（%）
			正高	“985” 院校	研究生		
2011 年度	20	80.0	0	25.0	52.6	7	25.0
2012 年度	19	78.9	47.4	42.1	31.6	5	42.1
年度变化	↓	↓	↑	↑	↓	↓	↑

总体上看，2012 年度研究生导师队伍建设研究具有几个特点：① 在研究内容上，学者们对专业学位导师队伍建设、师生关系构建、双导师及导师团队建设等方面给予了较多关注，但也有人对导师队伍建设研究中的一些冷门领域，如新增研究生教育院校导师队伍建设、西部欠发达地区高校研究生导师队伍建设、应用型硕士研究生导师队伍建设等进行了初步探索，相关论文散见于一些影响力较小的刊物中，未纳入本次综述范围；② 在研究方法上，一些作者尝试了数据分析、建立相关模型等定量研究方法。同时，针对导师队伍建设中出现的问题，也有部分研究者将目光转向案例研究，以期从各类成功案例中吸取精华。

就整体研究水平而言，虽然关于导师队伍建设的文献总量与 2011 年相比有大幅度增加，但高质量、有创新的文章依然不多，研究视角不够全面。如在导师责权方面，能够深入研究的文章很少，从教育法的角度探讨的论文甚至没有；在研究视角上，大多是基于案例的、思辨的、管理的、教育的角度展开，从心理学、社会学、法学等方面进行研究的论文非常少见。

专题五 研究生招生与就业

研究生招生与就业是研究生教育的重要环节。研究生招生工作保障着研究生教育的生源质量，研究生就业状况则体现着研究生人才培养与教育质量。对于研究生招生与就业问题的研究梳理，可以反映出当前学界、社会对此问题的关注焦点，同时为相关部门与管理者提供一些参考观点与思路。2012 年度研究生招生与就业研究主要集中在研究生招生制度、研究生招考机制与方式、研究生就业状况及影响因素、研究生就业观、女性研究生就业、研究生实习、研究生创业及创业教育、研究生职业生涯规划与就业指导几个方面。

第一节　研究生招生研究

研究生招生方面，研究焦点主要集中于招生制度、招考机制与方式两个方面。

一、招生制度研究

研究者对招生制度方面的研究，主要在于对招生制度或政策的宏观分析。中国地质大学高等教育研究所余桂红对我国改革开放后研究生招考制度的历史流变特征与争论进行了分析，认为我国研究生招考制度主要分为以“考试”为核心的原生制度和围绕原生制度产生的次生制度两种形式，并梳理了研究生招考政策的调整变化以及存在的争论；认为研究生招考制度改革，必须厘清原生制度是否必须继续坚持，研究生招考制度改革能否在开放环境下进行，政府应如何对待次生制度改革等问题；认为未来我国研究生招考制度应坚持以“考试”为核心的原生制度，尽可能在开放环境下积极稳妥地改革次生制度。①

浙江师范大学教育评论研究所硕士研究生乔思辉分析了我国改革开放以来硕士研究生招生制度的演变，该研究通过分析主要招生工作文件，从招生计划、报考资格、考试录取、科目设置等4方面具体分析了硕士研究生招生制度的演变发展和高校招生自主权的变化，认为研究生招生制度改革逐步赋予了高校在招生方面的自主权，但仍然非常有限，未来继续扩大高校招生自主权应作为硕士研究生招生制度改革的一个方向。②

大连理工大学高等教育研究中心博士研究生、海军大连舰艇学院研究生处李友峰等人对军队院校研究生招生政策存在的问题进行了探讨，分析了近10年来军队院校招生政策的改革及其存在的与院校学科专业建设、干部培养和使用、部队人才需求相脱节等问题，认为需要在政策层面考虑扩大推荐免试研究生范围，推行保留应届生的研究生入学资格制度以及将研究生教育与军官任职教育相融合，从而推动军队研究生教育的良性发展。③

此外，复旦大学研究生院徐菁等人还探讨了研究生招生制度改革背景下的组织管理变革问题，认为在不断推进的研究生招生制度改革背景下，传统的以职能管理为主的组织管理模式已不能适应高等教育的发展需要，通过对组织结构和业务流程重组，推动旧的管理模式向扁平化业务流程型组织管理机制转变是未来的改革方向。④

二、招考机制与方式研究

研究者对招考机制与方式的研究，有对招考方式的改革发展的宏观分析，也有对研究生人才选拔、生源质量等某一问题的思考，还有对复试、调剂、录取等某一环节的具体研究。

---

① 余桂红．研究生招考制度改革之流变、论争与反思［J］．高等教育研究，2012（11）：35～42.

② 乔思辉．新时期我国硕士研究生招生制度演变分析——兼论高校招生自主权的变化［J］．研究生教育研究，2012（6）：25～30.

③ 李友峰，刘元芳．军队院校研究生招生政策的问题与对策分析［J］．学位与研究生教育，2012（10）：45～48.

④ 徐菁，吴宏翔．研究生招生制度改革背景下的组织管理变革［J］．研究生教育研究，2012（12）：7～12.

中国地质大学高等教育研究所余桂红等总结分析了一个世纪以来我国研究生招考方式的变化与改革，认为从1913年至今我国研究生招考方式共有申请推荐免试、招生单位自行组织考试、全国统考与招生单位自行组织考试相结合3种类型；招考方式的改革一直在申请推荐免试、招生单位自行组织考试、全国统考与招生单位自行组织考试三者之间迂回；在政府主导研究生招考方式改革的路径、内容、进程下，研究生招考方式改革从模仿走向了自我探索。①

华东师范大学硕士研究生牛梦虎的学位论文聚焦了我国学术型博士生入学申请制，认为采取入学申请制的学术型博士选拔方式在我国研究型大学实施的条件已经具备，宜采用先理后文的推广路线；为更好地选拔具有学术潜质的人才从事科研工作，需要进一步将权力下放至院系和导师，方便基层根据自身学科特点灵活设定有针对性的招生方案，尤其是在中西部地区；此外，引进入学申请制，需要严格的中期考核和淘汰机制与之配套。②

南京大学硕士研究生汤美华的学位论文针对我国硕士研究生招考中存在的问题，提出招考分离的两段制路径。第一段为初试（资格考试），由教育部考试中心、省级教育考试机构等组织，注重考试安全性、公信力和科学性的提高。内容设置上注重体现研究生人力资本的特点，注重整体知识的考查。第二段为复试（深度考核），由招生单位在教育主管部门制定的框架下自主组织。注重现代科学手段和方法的应用，使选拔更公正、更科学、更经济、更有效。③

有研究者对研究生生源质量相关问题进行研究。如河海大学研究生院招生办公室徐军海等人基于胜任特征视野探讨了博士生源质量问题，着重提出了生源质量的提升对策：一是推进生源阶段的教育教学改革；二是健全贯通式博士生培养模式；三是创新博士生考核选拔机制；四是优化博士生创新平台和环境。④

---

① 余桂红，张应强．研究生招考方式改革百年：流变与特征［J］．学位与研究生教育，2012（11）：43～47.

② 牛梦虎．我国学术型博士生招考选拔方式研究——关于入学申请制改革的可行性［D］．上海：华东师范大学，2012.

③ 汤美华．硕士研究生选拔方式研究［D］．南京：南京大学，2012.

④ 徐军海，姚纬明．胜任特征视野下的博士生生源质量提升对策［J］．江苏高教，2012（2）：118～120.

湖北工业大学高等职业教育研究中心李梦卿等人探讨了职业技术教育学研究生招生存在的问题，认为职业技术教育学研究生的招生政策与教育学大类研究生招生政策的同质化，相对模糊了该学科的特点和个性，因此需要通过招生的政策性引导，促使生源的本科专业背景多样化，保证职业技术教育学学科教育的特色与质量。①

还有研究者探讨研究生招生初试、复试、调剂、录取等具体环节或存在的问题。如教育部考试中心陈睿对硕士研究生招生初试考试内容改革的研究，该研究在问卷调查、文献分析和实验的基础上，提出在我国硕士研究生招生初试中设置一般能力测试，考查考生是否具备攻读硕士学位所需要的基本素质和一般能力，以弥补目前初试重知识、轻能力考查的现状，提高人才选拔的科学性和有效性。②

北京师范大学心理学院周仁来等人对硕士研究生招生初试科目改革效果进行了分析研究，在对2007年开始的教育学硕士研究生招生初试科目改革全国统考试卷难易度比较的基础上，通过对初试科目改革效果的分析，认为2007级硕士生的质量与改革前招收的硕士生质量无差异，不存在研究生导师普遍担心的统考可能会影响拔尖创新人才的选拔质量问题，并提出应继续推进其他学科门类的初试科目改革。③

北京师范大学心理学院孙晓敏等人探究了研究生复试考核维度，针对我国研究生复试中存在的内容效度问题，基于国外研究生胜任特征研究的已有成果，对Reeve等的研究生绩效模型进行了修订，提出了包括学业能力、学业努力、个人自律、个人管理技能、人际关系以及职业愿景与自我导向6个因素的研究生绩效模型，并以此为框架概括整合了已有研究中基本达成共识的研究生胜任特征。④

重庆大学硕士研究生刘玉萍的学位论文探讨了文科类硕士研究生复试，该研究对文科类硕士研究生复试进行了重新审视和实证研究，从复试结构、复试内容和复试技术3个方面对文科类硕士研究生复试模式进

① 李梦卿，刘珂，徐燕萍．职业技术教育学研究生招生与培养研究［J］．高等教育研究，2012（4）：77～81.

② 陈睿．硕士研究生招生初试考试内容改革研究［J］．中国高教研究，2012（9）：49～51.

③ 周仁来，陈睿，张环，等．对硕士研究生招生初试科目改革效果的分析研究——以教育学门类初试科目改革为例［J］．学位与研究生教育，2012（3）：52～55.

④ 孙晓敏，车宏生．关于研究生复试考核维度的思考——国外研究生胜任特征研究的启示［J］．中国高教研究，2012（9）：40～48.

行了优化，为各高校文科类硕士研究生入学选拔提供了有益参考。①

兰州交通大学机电工程学院杨欣翥等人对研究生招生调剂工作进行了探讨，从分析调剂工作现状入手，提出了现行调剂工作中存在的问题，分析了产生这些问题的原因，并针对所存在的问题提出解决的若干建议。②

兰州大学教育学院王文龙探讨了研究生录取环节中效率与公平的问题，认为当前研究生招生录取过程中存在着严重的效率与公平冲突，要改变这种局面，需要不断完善复试体制，提高其透明度、客观性与开放性，并逐步增加其权重；需要限制并不断降低各高校的保研生比例，提高人才选拔的公平性；只有从制度上消除教育歧视和教育权利寻租的温床并协调好各方利益，才能实现研究生录取环节效率与公平的统一，推动我国研究生教育事业朝着更高的水平发展。③

此外，贵州师范大学教育科学学院赵守盈探讨了 Rasch 模型在研究生入学考试质量分析中的应用。运用 Rasch 模型对 2010 年全国硕士研究生入学考试心理学专业基础综合考试进行分析，结果表明，该试题总体上是一套高质量的测验，试题的内容覆盖了所有能力水平的考生，且能够较好地区分考生的能力水平，达到了预期的选拔目的。但通过 Rasch 分析也发现，在试题中有个别题目没有达到预期的测量目标，可以考虑在今后的工作中对其做出相应的修改。基于 Rasch 模型的试题分析能为考生能力和试题质量分析提供更多的测量信息。④

第二节 研究生就业研究

研究生就业方面的研究焦点主要集中于研究生就业状况及影响因素、研究生就业观、女性研究生就业、研究生实习以及研究生创业及创

---

① 刘玉萍．文科类硕士研究生复试模式优化研究——基于人才素质测评的应用分析［D］．重庆：重庆大学，2012.

② 杨欣翥，高溥，王红，等，研究生招生调剂工作中的问题与对策［J］．学位与研究生教育，2012（3）：48～51.

③ 王文龙．研究生录取环节中效率与公平的博弈［J］．研究生教育研究，2012（5）：20～24.

④ 赵守盈，何妃霞，陈维，等．Rasch 模型在研究生入学考试质量分析中的应用［J］．教育研究，2012（6）：61～65.

业教育、研究生职业生涯规划与就业指导几个方面。

一、研究生就业状况及就业影响因素研究

有较多研究探讨研究生就业状况及影响因素，对该问题的研究以硕士学位论文为主（见表5-1）。这些研究包括对某一地区、某一高校或某一专业研究生就业现状与发展的研究，如华中师范大学聂铭静对湖北省硕士专业学位研究生就业问题的研究①、广西大学郭曼对广西大学硕士研究生就业问题的研究②、济南大学陈萱对医学情报学硕士研究生就业问题的研究③等皆属此类；在研究方法上，这些硕士学位论文多采用问卷调查研究法，有个别研究则采用质性研究方法，如云南大学杨翰馨④、四川师范大学胡雪洁⑤的研究。因部分硕士学位论文在研究方法与内容方面，甚至研究结果近似或雷同，以下不一一展开讨论。

表5-1　研究生就业状况及就业影响因素硕士学位论文研究情况

作者姓名	论文题目	作者单位
陈爱平	地方高校硕士研究生就业问题研究	广州大学
徐希磊	法律硕士就业结构调查与分析——以南方某大学为例	广西师范大学
马　峥	法律硕士研究生就业结构的调查与研究——以南方D大学为例	广西师范大学
胡雪洁	高等教育学硕士研究生发展现状调查	四川师范大学
李愿军	格里斯托克治理理论视角下研究生就业问题研究——以济南市为例	辽宁大学
郭　曼	广西大学硕士研究生就业焦虑及对策研究——基于积极心理学视角	广西大学
聂铭静	湖北省硕士专业学位研究生就业问题研究	华中师范大学
郭亚南	基于社会资本视角的研究生就业预期研究——以S大学应届毕业硕士研究生为例	苏州大学

---

① 聂铭静．湖北省硕士专业学位研究生就业问题研究［D］．武汉：华中师范大学，2012.

② 郭曼．广西大学硕士研究生就业焦虑及对策研究——基于积极心理学视角［D］．南宁：广西大学，2012.

③ 陈萱．我国医学情报学硕士研究生就业现状及对策研究［D］．济南：济南大学，2012.

④ 杨翰馨．云南省高等教育学硕士研究生就业问题研究［D］．昆明：云南大学，2012.

⑤ 胡雪洁．高等教育学硕士研究生发展现状调查［D］．成都：四川师范大学，2012.

续表

作者姓名	论文题目	作者单位
邱广让	论体育专业硕士就业竞争力的培养	重庆大学
王洪雷	山东高校硕士研究生就业现状研究——以 2010 届、2011 届硕士毕业生为例	山东理工大学
林丽芹	师范取向教育学硕士研究生培养与就业规状研究——以师范性与学术性为切入点	南京师范大学
魏　静	硕士毕业生就业薪酬期望研究	河南师范大学
陈　萱	我国医学情报学硕士研究生就业现状及对策研究	济南大学
杨翰馨	云南省高等教育学硕士研究生就业问题研究	云南大学
陈　曦	临床研究生职业倦怠现状及影响因素分析	中南大学
段　菲	研究生情绪智力、家庭环境对职业决策自我效能感的影响	西北大学
杨　夏	重庆市硕士研究生的成人依恋、择业效能感及其相关性研究	西南大学
王世超	专业认同、职业期望与职业决策困难关系研究——以武汉地区社会工作专业硕士为例	华中科技大学
刘　玲	硕士研究生择业效能感与就业压力、成就动机、心理健康的关系研究	湖北大学
闫　宇	地方高师院校研究生社会支持、职业决策自我效能感与职业决策困难的关系研究	哈尔滨师范大学
李荣芳	硕士生职业选择的社会排斥类型及原因分析——基于对 21 名 2011 届硕士生的深度访谈	中国青年政治学院
张宏霞	硕士研究生就业焦虑现状分析及对策研究	四川农业大学
孙佳峰	硕士研究生职业成熟度现状调查与干预研究	辽宁师范大学
王　楠	硕士研究生职业决策困难与自我概念、焦虑的关系研究——以延边大学为例	延边大学
郭惠静	硕士研究生职业决策自我效能、社会支持和职业决策困难的关系研究	华中师范大学

南华大学城市建设学院系主任罗清海副教授等对中南某省工科硕士研究生的就业现状进行了调查。该研究从就业去向、影响因素、价值取

向、学科差异几个方面分析了研究生就业现状，并提出了一些建议。①

云南大学硕士研究生杨翰馨的学位论文通过质性的方法对云南省高等教育学硕士毕业生就业问题进行了研究，对毕业生升学与就业的选择、就业指导、求职过程遭遇、就业过程中的自我分析进行了细致描述，将高等教育学硕士毕业生的真实就业情况呈现出来，得出一个扎根理论：云南地区的高等教育学毕业生的就业过程是在自我与社会的互动过程中进行的，通过互动、碰撞，然后就业，要改善高等教育学毕业生的就业状况需要正确认识就业过程中的内在机理，要在一个动态的工程中协调好各方主体，在每一个环节充分发挥该环节的主体作用。② 此外，四川师范大学教育科学学院硕士研究生胡雪洁的学位论文也针对高等教育学硕士研究生的入学、学习、就业等发展状况进行了质性研究。③

广州大学硕士研究生陈爱平的学位论文通过对某大学的个案研究探讨了地方高校硕士研究生的就业问题，认为当前地方高校学术型硕士学位研究生就业整体形势有下降的趋势，初步出现结构性失业现象。培养学校、研究生个人和政府是影响硕士研究生顺利就业诸多因素中的3个主要方面，三者共同努力才能促进地方高校硕士研究生顺利就业，实现人力资源优质配置。对于地方高校，应调整优化研究生教育的学科建设结构、培养方式及培养目标；硕士研究生个人应大力提升个人的就业竞争力；政府要加强宏观政策的调整与支持，包括：支持地方高校在保持现有学术学位规模的基础上，积极拓展专业学位规模，优化结构办出特色；建立研究生供需情况的预警机制；出台相关政策解决经济发展不平衡的问题；宏观指导高校在硕士研究生招生规模、专业设置上的调整及鼓励硕士研究生进行自主创业等。④

广西师范大学法学院硕士研究生马峥的学位论文对法律硕士研究生就业的行业、区域、待遇等现状及其影响因素，提出通过制定不同的培养方案，将法律硕士与法学硕士更加有区别的对待；在入学考试形式、课程设置、培教学队伍以及学位论文等方面完善；学校与法律实务部门

① 罗清海，邹海贵，周玉林．几所地方高校工科硕士研究生就业调查分析［J］．研究生教育研究，2012（6）：20～24.

② 杨翰馨．云南省高等教育学硕士研究生就业问题研究［D］．昆明：云南大学，2012.

③ 胡雪洁．高等教育学硕士研究生发展现状调查［D］．成都：四川师范大学，2012.

④ 陈爱平．地方高校硕士研究生就业问题研究［D］．广州：广州大学，2012.

结合提高法律硕士生法律实务能力，在就业方面加强对外合作，以提高法律硕士研究生的就业水平。①

重庆大学体育学院硕士研究生邱广让的学位论文探讨了体育专业硕士就业竞争力培养问题，得出体育专业硕士毕业后期望的就业单位主要是高职专科院校、中小学等单位较少；体育专业硕士就业区域选择主要集中在中部地区，西部地区及中小城市较少；体育专业硕士就业竞争力较弱；体育专业硕士自身综合能力较弱；体育专业硕士专业技能较弱；体育专业硕士就业信心不足等，认为体育专业硕士培养应以市场为导向，在培养过程中应致力于研究生的社会组织管理能力、体育知识指导能力等综合素质的培养，以提高其就业竞争力。②

此外，2012 年度公开出版的对研究生就业方面的研究有两部著作：一部是青梅编著的《高学历毕业生就业之困》，研究研究生就业困难问题；另外一部是屈晓婷的《研究生就业能力研究：社会认知与教育政策》，研究研究生就业能力问题。在《高学历毕业生就业之困》中，作者通过一个个鲜活生动的例子，以第一人称口述实录的方式，真实再现了这些研究生们在即将毕业时和毕业后不久的经历和想法。他们有着不同的成长环境、不同的专业背景、不同的人生目标、不同的性格特征以及不同的自身条件，但都会面临各种各样的“困”：客观条件造成的困境、选择时的困惑、生活上的困窘以及对未来的迷茫。同时，书中也给出了一些思考和建议，希望能为那些迷茫中的研究生，提供一些参考意见和心理上的支持。③

在《研究生就业能力研究：社会认知与教育政策》中，作者从 5 个方面对研究生就业能力的内涵、结构及社会认知差异进行了系统研究。该研究通过文献分析、专家访谈、开放式问卷调查等方法，分析了就业能力的内涵和指标，建立了研究生就业能力的结构模型；通过封闭式问卷调查，获取了用人单位、高校教师和研究生对于研究生就业能力指标的评价数据；应用克朗巴哈（Cronbach）α 系数和结构方程模型方法分别验证了研究生就业能力结构模型的信度和效度；应用单因素方差

① 马峥．法律硕士研究生就业结构的调查与研究——以南方 D 大学为例［D］．桂林：广西师范大学，2012.

② 邱广让．论体育专业硕士就业竞争力的培养［D］．重庆：重庆大学，2012.

③ 青梅．高学历毕业生就业之困［M］．北京：北京工业大学出版社，2012.

分析，从不同视角分析了不同人群（用人单位、高校教师和研究生）对于研究生就业能力的认知差异；最后提出了就业能力导向的研究生教育改进政策及措施建议。[①]

也有较多研究探讨研究生就业影响因素，如山东大学政治学与公共管理学院城市发展与公共政策研究所张天舒等探讨了硕士毕业生求职行为与就业结果的关系。该研究基于对某大学的 806 名硕士研究生的调查，从资源动员与行为时间视角，探讨了求职行为与就业结果的关系。研究得出，学校资源是硕士生使用最多的求职资源；求职行为时间开始越早，学校社会资源使用越多，越有利于硕士生实现就业；不同学科专业的硕士毕业生，在求职资源动员行为种类和求职行为时间方面存在显著性差异。认为我国政府与高校应从制度设计与就业服务体系再造两个方面，积极应对硕士层次毕业生求职行为特征变化，调整服务策略和提供差异化就业指导服务。[②]

此外，还有一些硕士研究生学位论文通过调查实证研究探讨相关心理因素、社会环境等对研究生职业决策或就业的影响或相关关系研究，如西北大学硕士研究生段菲的学位论文《研究生情绪智力、家庭环境对职业决策自我效能感的影响》[③]、西南大学硕士研究生杨夏的学位论文《重庆市硕士研究生的成人依恋、择业效能感及其相关性研究》[④]、华中科技大学硕士研究生王世超的学位论文《专业认同、职业期望与职业决策困难关系研究——以武汉地区社会工作专业硕士为例》[⑤]、湖北大学硕士研究生刘玲的学位论文《硕士研究生择业效能感与就业压力、成就动机、心理健康的关系研究》[⑥] 等都通过调查实证研究探讨了影响研究生职业决策的心理因素，为更好地促进研究生职业决策与就业

---

① 屈晓婷．研究生就业能力研究：社会认知与教育政策［M］．北京：北京交通大学出版社，2012.

② 张天舒，杜言敏．硕士毕业生求职行为与就业结果关系分析［J］．学位与研究生教育，2012（5）：34～38.

③ 段菲．研究生情绪智力、家庭环境对职业决策自我效能感的影响［D］．西安：西北大学，2012.

④ 杨夏．重庆市硕士研究生的成人依恋、择业效能感及其相关性研究［D］．重庆：西南大学，2012.

⑤ 王世超．专业认同、职业期望与职业决策困难关系研究——以武汉地区社会工作专业硕士为例［D］．武汉：华中科技大学，2012.

⑥ 刘玲．硕士研究生择业效能感与就业压力、成就动机、心理健康的关系研究［D］．武汉：湖北大学，2012.

提供了有益参考。

二、研究生就业观研究

研究生就业是当前备受社会关注的一个问题，而研究生就业观念则是影响研究生就业的一个重要因素。对研究生就业观或择业观的研究主要体现为对研究生就业观或择业观的调查研究，包括对研究生就业观现状、影响因素等的调查研究，成果形式以学位论文为主。有对研究生就业观的宏观研究，如郑州大学硕士研究生徐超的学位论文《硕士研究生就业观念研究——以H省高校硕士研究生为例》①、南京师范大学硕士研究生丁金凤的学位论文《当代研究生就业观及其引导》②、首都经济贸易大学硕士研究生董琦的学位论文《硕士毕业生职业价值观研究——以北京地区为例》③ 等，也有对某一专业或某一地区研究生就业观的具体研究，如华中农业大学硕士研究生朱威的学位论文《农业院校研究生职业价值观研究——以华中农业大学为例》④、中南大学硕士研究生孙玫的学位论文《护理硕士职业决策自我效能及择业观研究》⑤ 等。

2012 年 10 月，29 名硕士研究生报考黑龙江省哈尔滨市事业编制环卫系统员工的消息引起了社会争议，在一定程度上反映了当前研究生就业“求稳定、求保障”的心态⑥。南京师范大学硕士研究生丁金凤的调查研究认为，当代研究生在就业目的的选择上，个人价值重于社会价值，就业倾向于国家机关、事业单位，公办学校，国企，三资企业等单位；整体上轻视职业生涯规划，就业目标模糊，就业期望过高，排斥基层单位就业，缺乏诚信意识，违约现象多。⑦

---

① 徐超．硕士研究生就业观念研究——以H省高校硕士研究生为例［D］．郑州：郑州大学，2012.

② 丁金凤．当代研究生就业观及其引导［D］．南京：南京师范大学，2012.

③ 董琦．硕士毕业生职业价值观研究——以北京地区为例［D］．北京：首都经济贸易大学，2012.

④ 朱威．农业院校研究生职业价值观研究——以华中农业大学为例［D］．武汉：华中农业大学，2012.

⑤ 孙玫．护理硕士职业决策自我效能及择业观研究［D］．长沙：中南大学，2012.

⑥ 袁汝婷，陈文广．“硕士环卫工”显铁饭碗“魅力”依旧［N/OL］．新华每日电讯，2012-10-26［2013-10-20］.

⑦ 袁汝婷，陈文广．“硕士环卫工”显铁饭碗“魅力”依旧［N/OL］．新华每日电讯，2012-10-26［2013-10-20］．http：//news.xinhuanet.com/mrdx/2012-10/26/c_131932168.htm.

郑州大学硕士研究生徐超的研究认为，高校硕士研究生就业观念出现了积极的转变，就业态度逐渐趋向务实理性，积极主动参与实习就业，也存在诸如理想追求与现实制约、个人需要与社会需要等矛盾。[①]

对于研究生就业观念影响因素，以上诸多研究基本认为研究生个人、高校、社会等因素共同影响着研究生就业观念的形成与变化，因此需要从以上几个方面共同作用，才能引导研究生就业观念的正确发展。

三、女性研究生就业研究

女性研究生就业一直以来是研究的焦点，对这一问题的研究成果形式以学位论文为主，如重庆大学硕士研究生童婵娟的学位论文《当前重庆市女研究生就业问题研究》[②]、西南政法大学硕士研究生雷顺利的学位论文《当前我国女研究生就业“难”问题的成因及对策研究》[③]、长春理工大学硕士研究生史珺洁的学位论文《女研究生就业问题分析与对策研究》[④]、浙江师范大学硕士研究生曾晓芬的学位论文《我国高校女硕士生就业问题分析及对策研究》[⑤] 等都对女研究生就业问题进行了探讨。这些研究大都采用问卷、访谈、案例等调查研究方法进行研究，主要探索女性研究生在就业过程中的不平等现象，分析当前女研究生在就业中遭遇的困难。此外，上海师范大学教育学院硕士研究生赵盼的学位论文《文科类专业女硕士研究生职业选择的个案研究》采用个案访谈的质性研究方法，以 8 个不同专业的文科类专业应届女硕士研究生为研究对象，截取她们从进入研究生学习阶段到研究生毕业这一段人生经历，展示这一段人生经历对她们职业选择的影响，包括她们的择业情绪、自我认知、求职方向等，同时归纳影响她们职业选择的关键因素和关键成长经历以及她们职业选择的特点等，以上研究得出了基本相似

---

① 徐超．硕士研究生就业观念研究——以 H 省高校硕士研究生为例［D］．郑州：郑州大学，2012.

② 童婵娟．当前重庆市女研究生就业问题研究［D］．重庆：重庆大学，2012.

③ 雷顺利．当前我国女研究生就业“难”问题的成因及对策研究［D］．重庆：西南政法大学，2012.

④ 史珺洁．女研究生就业问题分析与对策研究［D］．长春：长春理工大学，2012.

⑤ 曾晓芬．我国高校女硕士生就业问题分析及对策研究［D］．金华：浙江师范大学，2012.

的研究结论。①

研究显示，相较于男性研究生，女性研究生在就业中受到不平等对待是普遍现象。女性研究生在就业准备、就业过程、就业结构、就业质量等方面都处于弱势地位。女性研究生就业难的原因主要在于女性研究生在学校期间职业规划模糊，不注重专业知识外的能力的培养，就业时信心不足但期望较高，就业的约束过多、就业面过窄；培养单位的人才培养方案没有结合市场的需要，在专业设置、学生能力培养等方面脱离市场，学校对女研究生缺乏有针对性的培养和指导，就业指导制度和方案对研究生重视不够；用人单位基于经济利益的考虑更愿意聘用男性；社会缺乏对女性应有的足够重视和宽容，仍然受传统思想影响看高男性、看低女性；法律制度存在的漏洞使用人单位规避责任成了可能；社会保障体系尤其是生育保险制度的不完善等。②

此外，南京信息工程大学公共管理学院硕士研究生李韦专门探讨了社会资本对女研究生就业的影响。该研究采用个案访谈和调查问卷相结合的方法，实证考察了南京市具有代表性的 4 所大学中女硕士研究生的社会资本积累状况以及社会资本对女硕士研究生择业信息渠道，就业落实率、起薪及就业满意度的影响等，主要得出高等教育阶段积累的社会资本（后致性社会资本）对女硕士研究生就业产生显著影响，甚至超过先赋性社会资本的作用；女硕士研究生的择业信息渠道来源有正式渠道和非正式渠道，但帮助取得理想工作的主要渠道是非正式渠道（包括强关系和弱关系带来的信息资源）；女硕士研究生的社会资本存在回报欠缺性，但可以通过其主观能动性提高社会资本水平，增加社会资本存量。③

对于应对女研究生就业难，这些研究基本都认为我国高校女硕士生的就业是一个系统工程，需要政府、社会、高校和女研究生等多方面共同努力。有研究认为需要增加就业岗位，缓解女硕士生的就业压力；完善毕业硕士生的就业市场；杜绝性别歧视，建构性别平等的社会环境；

---

① 赵盼．文科类专业女硕士研究生职业选择的个案研究［D］．上海：上海师范大学，2012.

② 童婵娟．当前重庆市女研究生就业问题研究［D］．重庆：重庆大学，2012.

③ 李韦．社会资本对女硕士研究生就业影响的研究［D］．南京：南京信息工程大学，2012.

提高女硕士生质量，增强就业竞争力。①

四、研究生实习研究

实习或兼职工作有利于研究生的良好就业。山东师范大学硕士研究生陈晓旭的学位论文《高校英语教育硕士教育实习的现状调查研究》采用问卷调查法、访谈法、跟踪调查法等研究方法，以高校英语教育硕士学生231人为研究对象，分析教育实习中存在的各种问题，并初步探析问题出现的原因并提出一定的改革建议。研究发现，高校英语教育硕士教育实习确实存在诸如实习时间较短，实习上课次数少；实习模式较为单一、传统；缺少实习基地或者实习基地建设不到位；缺少校内外实习老师的指导；实习监督机制不够合理完善等问题。该作者认为应完善教育实习制度，加强教育实习基地建设，改革教育实习模式等。②

东北师范大学硕士研究生李奔也进行了类似的调查研究，其学位论文《高师院校教育技术学全日制教育硕士教育实习现状调查与分析——以东北师范大学为例》从师范类专业实践性教育问题出发，结合高师院校教育技术学专业的人才培养和教育实习对教育技术学全日制教育硕士实践性教育的重要性，对东北师范大学教育技术学专业全日制教育硕士的教育实习进行跟踪调研，研究分析了东北师范大学首批教育技术学专业全日制教育硕士教育实习的现状，找出教育技术学专业全日制教育硕士在教育实习中存在的问题，并提出了相应对策。③

苏州大学硕士研究生宋雅专门探讨了研究生兼职问题，其学位论文《硕士研究生兼职现象调查研究——以苏州大学为例》以苏州大学硕士研究生为研究对象，从理论和实证的角度探讨硕士研究生的兼职现象，运用问卷调查和访谈相结合的研究方法，并利用二分类 Logistic 回归等统计学方法，以了解硕士研究生兼职的现状及影响因素、兼职的动机、兼职的利弊、兼职对就业的影响以及兼职过程中人身权益的保障问题，认为政府应完善法律法规，完善兼职市场；学校应完善兼职管理，开展

---

① 曾晓芬. 我国高校女硕士生就业问题分析及对策研究 [D]. 金华：浙江师范大学，2012.

② 陈晓旭. 高校英语教育硕士教育实习的现状调查研究 [D]. 济南：山东师范大学，2012.

③ 李奔. 高师院校教育技术学全日制教育硕士教育实习现状调查与分析——以东北师范大学为例 [D]. 长春：东北师范大学，2012.

兼职教育；学生应做好职业规划，平衡兼职学业。[①]

此外，北京交通大学硕士研究生姜岩探讨了研究生实习与择业倾向、就业方向的关系。其学位论文以北京交通大学、北京农业大学、北京师范大学、中央财经大学、北京邮电大学和北京理工大学的300名在校硕士研究生为样本，编制了硕士研究生实习、择业、就业关系调查问卷，并以此问卷为工具，通过独立样本 t 检验、方差分析、相关分析、回归分析等方法研究了硕士研究生的实习状况、择业倾向和就业状况以及三者之间的关系。研究主要发现有，硕士研究生的实习状况在性别、专业、来源地、是否是独生子女、是否是学生干部、家庭收入、父亲职业上存在显著差异；研究生就业方向与性别、专业、是否为独生子女、是否为学生干部、父亲职业存在显著差异；硕士研究生实习与择业倾向、就业方向存在显著相关关系；研究生实习单位类型、全职实习次数、地域因素、经济因素可以有效地预测硕士研究生就业单位类型；实习单位类型在地域因素和就业单位类型间、经济因素和就业单位类型间有中介作用，且在经济因素和就业单位类型间的中介作用显著。[②]

五、研究生创业及创业教育研究

有研究者关注研究生创业与创业教育问题。如浙江大学航空航天学院谢红梅等通过对浙江大学802名不同学科在校研究生的问卷调查，从创业认知、创业意愿、创业动机、创业障碍以及对创业教育的需求等方面，对比分析了不同学科背景的研究生在创业倾向与创业需求方面的异同，提出了开展研究生创业教育的若干对策与建议。研究发现工科和农科研究生的创业意愿比理科和文科研究生更加强烈，对高校创业教育的需求也更加迫切；“社会经验不足，缺乏人脉资源”、“资金不足，筹资困难”和“找不到合适的项目”是当下研究生创业初期面临的三大主要障碍；高校应坚持面向研究生开展各类创业教育活动，培养研究生的创业精神，重点指导工科和农科研究生寻找和发现合适的创业机会，降低他们的创业风险，系统开设将创业知识与创业实践相结合的课程，为

① 宋雅．硕士研究生兼职现象调查研究——以苏州大学为例［D］．苏州：苏州大学，2012.

② 姜岩．研究生实习与择业倾向、就业方向关系研究［D］．北京：北京交通大学，2012.

有强烈创业意愿的研究生提供实战指导等等以促进研究生创业发展。①

湖南农业大学硕士研究生刘虎的学位论文专门探讨了研究生创业教育，该研究通过对研究生导师、研究生、创业研究生、创业教育的管理者进行实证调查，揭示了研究生创业教育的定位不清楚、创业教育没有体系化及教育方式流于形式等问题；从学校创业教育师资、社会宏观环境不太完善等方面分析了创业教育的影响因素；反映了接受创业教育的学生的综合素质、创业能力提高的成果；提出了研究生创业教育持续发展的展望。此外，分析了百森商学院的“磁石”模式、斯坦福大学“辐射”模式、麻省理工学院的“混合”模式等三大高校创业模式，归纳了这些模式成功的共同经验和特点，即前瞻的创业教育理念、优良的师资队伍、完善的课程教学体系等。为研究生创业教育的实施提供了经验的借鉴。最后在理论探讨、实证调查和国外创业教育成果经验借鉴的基础上，根据我国的国情，提出了研究生创业教育的实施构想：要树立研究生创业教育理念，需明确研究生创业教育的目标，优化创业教育的校内外环境，建立研究生创业教育的具体措施，构建研究生创业教育的评价体系。②

六、研究生职业生涯规划与就业指导研究

有一些研究者关注研究生职业生涯规划问题。对于这一问题的研究主要以学位论文为主，主要是对研究生职业生涯规划现状的调查分析。云南大学公共管理学院硕士研究生彭月涛的学位论文《硕士研究生职业生涯规划研究——基于 Y 大学的调查研究》③、山西医科大学护理学院硕士研究生高宇泽的学位论文《基于 SWOT 理论的护理硕士研究生职业生涯规划现状研究》④、广西师范学院教育科学学院硕士研究生王云飞的学位论文《研究生职业生涯规划状况调查及对策研究》⑤ 等，都

① 谢红梅，龚惠香，彭列平，等．研究生创业倾向与创业需求分析——基于浙江大学的调查［J］．学位与研究生教育，2012（4）：48～52.

② 刘虎．研究生创业教育研究［D］．长沙：湖南农业大学，2012.

③ 彭月涛．硕士研究生职业生涯规划研究——基于 Y 大学的调查研究［D］．昆明：云南大学，2012.

④ 高宇泽．基于 SWOT 理论的护理硕士研究生职业生涯规划现状研究［D］．太原：山西医科大学，2012.

⑤ 王云飞，研究生职业生涯规划状况调查及对策研究［D］．南宁：广西师范学院，2012.

是通过问卷调查的方法探索研究生职业生涯规划状况，进而为研究生职业规划指导提供参考。例如，彭月涛通过在问卷中设计性别、年级、是否学生干部及是否兼职过4个背景变量，自我评价、人际交往、适应能力、目标内外动机、职业世界知识、目标定位及修正反馈各维度7个维度展开调查，经实证分析，发现当前研究生职业生涯规划总体情况处于中等水平，不同性别的研究生其职业生涯规划情况存在差异，整体上女性研究生优于男性研究生；不同年级研究生在职业生涯规划上亦表现出较强差异性，研一与研二同学之间，研一与研三，研三与研一同学之间均在几大维度上存在不同；是否学生干部对于其职业生涯规划并没有带来显著差异；是否兼职对于研究生的职业生涯规划会产生明显的差异。因此，针对不同性别、不同年级、是否兼职的研究生应采取区别的职业生涯辅导方式，如此才能有效地提高其职业生涯规划能力，增强其职业生涯规划意识。①

高宇泽运用SWOT理论分析了护理硕士研究生在择业过程中面临的优势、劣势、机会和威胁，认为护理硕士研究生择业动机强烈和意识清晰，择业态度积极主动，但他们的就业期望过高，对就业单位和薪金的要求较高，角色定位不准；并就此确出了相应的策略（SO战略、WO战略、ST战略和WT战略），认为护理研究生应转变择业观念，抓住机遇，适当降低自己的就业期望值，到真正需要自己的岗位上，发展锻炼自己。②

河海大学学生就业指导中心黄林楠等人构建了硕士生职业生涯规划ARM模式（即飞机攀升模式 Airplane Rising Model）。ARM模式通过个体与高校两个方面，将硕士生的职业生涯规划划分为意识培养、能力提升和职业对接3个阶段，以引导个人与高校做好硕士生职业生涯规划，并通过问卷调查，检测了硕士生职业生涯规划ARM模式的实践效果，证明该模式是一种较理想的教育模式。③

此外，中国科学院研究生院管理学院硕士研究生周世佳探讨了新形势下科研机构硕士研究生就业指导工作，通过分析科研机构研究生在就

---

① 王云飞，研究生职业生涯规划状况调查及对策研究［D］．南宁：广西师范学院，2012.

② 高宇泽．基于SWOT理论的护理硕士研究生职业生涯规划现状研究［D］．太原：山西医科大学，2012.

③ 黄林楠，马堃．硕士研究生职业生涯规划ARM模式的构建［J］．江苏高教，2012（3）：102～103.

业方面的优势和不足以及科研机构研究生就业能力与社会需求之间的差距，讨论了提升科研机构研究生就业质量的对策，认为应该建立科学的研究生就业服务指导体系；全过程重视研究生的就业指导工作；采取“走出去、请进来”的方式，不断开拓就业渠道；注重研究生职业生涯规划教育，提升就业能力，以实现高层次应用型人才培养与社会发展实际需求紧密结合。①

第三节　文献分布及其特点分析

通过检索关键词，并根据研究内容进行人工筛选，2012 年共计 97 篇（部）研究生招生与就业相关研究文献，其中著作 2 部、期刊论文 24 篇、学位论文 64 篇、报纸文章 7 篇，文献分布比例如下（见图 5 –1）。

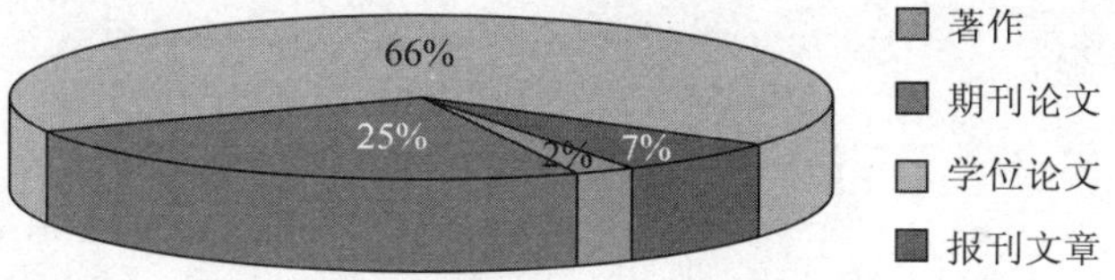

图 5 –1　不同类型研究文献比例分布

从文献数量分布来看，对研究生招生研究共有 22 篇文献，少于对研究生就业的研究；其中，对研究生招生招考机制及方式的研究在研究生招生研究中占据大部。对研究生就业的研究中，占据最多文献量的是对研究生就业状况及影响因素的研究。此外，研究生就业观、女性研究生就业研究也较多。与 2011 年该领域研究焦点相比较，研究生实习、研究生职业生涯规划与就业指导、研究生创业及创业教育是新出现的研究焦点。

从研究形式与方法来看，期刊论文则相对较少，尤其是著作仅涉及 2 部，而硕士学位论文占据多数，尤其是对研究生就业的研究，硕士学位论文更是占据主流地位，且多为调查研究；对研究生招生的研究，则主要是理论分析，报纸文章主要是对研究生就业状况尤其是就业观的报

① 周世佳. 新形势下加强科研机构硕士研究生就业指导工作的对策思考 [J]. 学位与研究生教育，2012（10）：41～44.

道。可见，对研究生招生与就业的研究尤其是对研究生就业的研究，研究人员主要是研究生，专业学者、教师、研究人员对此问题的关注相对较少。此外，除中国地质大学高等教育研究所余桂红在本年度发表2篇论文外，未见有发表2篇及以上论文的研究者。可见，对该领域的研究鲜有某一研究者的集中关注，尚未出现研究团体或中心。

从研究内容来看，对研究生招生的研究，一方面是对研究生招生政策或制度的梳理与分析；另一方面则是对研究生招考机制与方式的探讨；对研究生就业的研究，主要是对研究生就业状况与就业影响因素以及研究生就业观的研究。此外，女性研究生就业、研究生实习、研究生职业生涯规划与就业指导、研究生创业及创业教育等也是研究者关注的焦点。

专题六 研究生德育研究

2012年研究生德育研究主要包括研究生学术道德、研究生思想政治教育、研究生心理、研究生日常行为及生活四大主题。

第一节 研究生学术道德

当研究生培养规模不断增大，培养规格不断多样，而研究生学术不端现象频发的现实下，学术诚信、学术规范及学风建设在研究生培养体系中所占的重要地位是毋庸置疑的。对研究生学术道德问题的研究，有助于了解现状，吸取借鉴他国经验，从而使研究生培养单位更有效地进行学术道德教育，提升研究生培养质量。

一、研究生学术诚信

上海师范大学高等教育研究所罗志敏对国内外学界近10年来有关研究生学术道德问题进行了梳理，归纳了针对研究生学术不端行为的6种研究取向：聚焦于群体与环境关系的社会学、聚焦于院校与制度的管理学、聚焦于个体意识与心态的心理学、聚焦于个人特征与背景的人种学、聚焦于成本与收益的经济学以及聚焦于技术与工具的科技哲学。鉴于这6种取向都存在不同程度的理论缺陷，缺乏对学术道德及其内化等实质性的论述，缺乏问题解决的探讨，无法提供解决问题的突破口与着力点等，该作者提出了一种以“学术伦理”为核心构建的理论分析框架，来实现研究生学术不端问题研究的模式转换。作者认为，学术道德问题实质上就是学术伦理问题，所以研究生的学术不端行为实质上就是对学术伦理的失范，因而对研究生学术不端的治理实质上就是对其进行学术伦理规制。[①]

北京科技大学文法学院王霁霞等人为全面系统了解我国研究生学术诚信的现状及其存在的问题，面向24所高校发放了6200份问卷，题目涉及研究生读研目的、学术兴趣、对学术失范的理解等多个观测指标。结果显示，我国研究生学术不端行为发生的频率较高且表现形式多样；研究生对学术不端行为则呈现较为宽容的态度，反对比例并不高。此外，不同专业对学术不端行为的态度差异较大，学术型研究生与应用型研究生对学术不端行为的态度存在差异，半数以上人文社科类研究生认为“考试作弊”、“引用他人研究成果而未加标注”、“将他人论文拼凑改造成自己的论文”这3种学术不端行为经常或时有发生。该文最后提出了我国研究生学术诚信建设的方法，包括对研究生进行学术诚信道德教育，建立一套研究生学术研究规范的保障体系等。[②]

清华大学实验室与设备处武晓峰等人通过调查研究对研究生学术失范现状进行了分析，发现一些研究生确实存在学术失范的情况，且研究生对学术规范的边界认识比较模糊。部分高校则未开展经常性的学术道德教育，学术规范监督和惩处机制的宣传普及工作尚不够深入，学术规范监督机制也并不能很好地制约学术失范行为的发生。武晓峰等人进而指出，研究生学术失范情况的发生既有个人素质和认识层面的影响，也受到社会大环境的影响，体制、机制的因素更为重要。[③]

东南大学信息科学与工程学院郭玉珍等人通过对一所重点高校的问卷调查对研究生学术不端的原因进行了分析，结果发现社会风气不正、学术管理和评价制度的不完善、扩招导致的培养质量下滑、学生自制力不足、缺乏动力恒心等，都是造成学术失范现象的原因。[④]

江西师范大学蔡云的硕士论文中，在以M大学为例反映了研究生学术失范的现状之后，进一步对学术失范的原因进行了分析，列出了造成学术失范的前15位原因，包括：缺乏有效的中期考核淘汰制度、缺

① 罗志敏．研究生学术道德问题研究：当代挑战与模式转换［J］．学位与研究生教育，2012（5）：48～52.

② 王霁霞，张颖，王磊．我国研究生学术诚信现状及对策研究［J］．研究生教育研究，2012（6）：19～23.

③ 武晓峰，王磊，张颖．我国研究生学风和学术道德现状的调查与分析［J］．学位与研究生教育，2012（3）：18～23.

④ 郭玉珍，李久贤．研究生学术道德与学术规范现状探究［J］．东南大学学报（哲学社会科学版），2012，14（2）：122～125.

乏学术规范教育、功利主义的学术价值观、对学术缺乏崇敬、学术态度不严谨、没有明确的学术规范、缺乏创新意识和创新能力、学术研究能力不足、学术惩罚制度不健全、学术出版市场不规范、导师对所带研究生数多没有时间指导、经费投入不能满足科研的需要、导师治学不严谨的影响、发表一定数量和刊物级别的论文才能获得学位、研究生学术道德素养不高。将这15个原因具体分析后发现，研究生自身、导师、学校制度和教育、经费投入、学术出版等都对此负有一定的责任。①

海南大学的研究生于丹在其硕士毕业论文中，除概括了美国、德国、法国等防治学术不端行为的措施，介绍了学术不端文献检索系统之外，也进一步总结了研究生学术不端行为的表现形式，并概括了造成研究生学术不端行为的7个原因：错位的学术价值观、学术道德素质自律意识缺失、学术研究能力不高、学术规范教育的缺位、学术评价体系的不足、导师言传身教失误、不完善的学术监督惩罚机制。最后，阐述了防治研究生学术不端行为可采取的对策。②

广州大学的研究生王俊哲则着重研究了研究生学术不端的认定。其认为对研究生学术不端行为予以确认的过程具有过程性、程序性、法律性、学术性和教育性的内在属性，也应有学术价值、制度价值、精神价值和教育价值等价值体现。相较于美国先进的学术不端认定标准体系，我国学术不端认定方面还存在着标准模糊、主体单一、程序欠缺、结果乏力、环境缺失以及认定措施创新不足等问题。据此，作者提出了改进我国研究生学术不端认定的若干建议。③

二、研究生学风建设

为反映当前研究生的学风现状，清华大学实验室与设备处武晓峰等抽取24所高校的5450名研究生作为样本，从科研态度、研究投入、科研产出3个维度进行了考量。调查结果也反映出了目前研究生学风的问题：目前学生读研呈现兴趣与功利并存的个人发展导向；从时间投入来衡量，研究生的科研投入相对不足；从参与学术交流的频率来衡量，多

---

① 蔡云．研究生学术失范研究——以M大学为例［D］．南昌：江西师范大学，2012.
② 于丹．我国研究生学术不端行为的防范与治理研究［D］．海口：海南大学，2012.
③ 王俊哲．研究生学术不端认定问题研究［D］．广州：广州大学，2012.

数学生尚未养成学术交流习惯。[①]

对于如何加强学风建设，上海师范大学研究院罗志敏从2002年至今10年研究生学术道德建设的历程进行了回顾之后，认为在当前大规模、多规格研究生培养条件下，要建立能够形成研究生良好学术道德和学术风气的长效机制，有赖于对研究生实行“品质—能力”一体化的教育及构筑立体式的学术道德建设工作框架。[②]

三、研究生学术道德与学术规范教育探索

学术道德养成机制缺陷会带来学术环境污染、学界名誉影响；贻害学者，阻碍学术新人培养；腐蚀学术，不利于后继学术发展；引发社会道德危机等负面影响。为此，安徽师范大学研究生焦娜的硕士学位论文探讨了研究生学术道德的养成机制，通过对50位研究生的问卷调查反映了目前研究生学术道德及养成机制的现状：认为当前研究生学术道德养成机制在教育机制、激励机制、评监机制、法律机制上都存在问题。若要有效提升学生学术道德素养，需要激励机制作为内部动力，教育机制作为基础，评监机制作为外部保障，法律机制作为外部约束力，使4个机制协调发展。[③]

北京大学研究生院培养办公室何峰等以北京大学为例，介绍了北京大学从加强制度建设、优化培养方案、加强宣传教育、推出激励措施4个方面来加强研究生学术道德规范教育并取得一定成效的经验。认为今后要建立一个全方位、多层次的研究生学术道德规范教育体系还需进一步确立系统化建设的思路和原则，加大投入，优化多部门沟通协调机制并加强监督及外部反馈机制。[④]

北京师范大学的研究生李礼以多伦多大学和滑铁卢大学为例，介绍了加拿大高校学术道德与学术规范教育的措施。建立以诚信、公平为核心的学术道德理念；设立层次清晰、权责明确的专门管理机构；完善学

---

① 武晓峰，王磊，张颖．我国研究生学风和学术道德现状的调查与分析［J］．学位与研究生教育，2012（3）：18～23.

② 罗志敏．回顾与前瞻：研究生学术道德建设十年（2002—2012）［J］．研究生教育研究，2012（5）：10～15.

③ 焦娜．研究生学术道德养成机制研究［D］．芜湖：安徽师范大学，2012.

④ 何峰，贾爱英，郭蕾．研究生学术道德规范教育体系的探索与实践——以北京大学为例［J］．学位与研究生教育，2012（5）：44～47.

术规范制度和准则；采用生动活泼的教学手段完善学术道德课程；发挥导师的学术道德和学术规范教育作用是这两所加拿大著名学府学术道德教育和学术规范建设方面值得我国借鉴的重要实践经验。①

第二节 研究生思想政治教育

培养对象的复杂性和高层次性、培养目标的精英性以及培养方法的探究性使得研究生思想政治教育具有别于其他学生群体的特殊性。② 现如今，在传统的思想政治教育途径之外，又出现了新的德育方式、对策以解决研究生德育工作存在的问题。

一、研究生思想政治教育的现状

陕西科技大学思想政治理论课教学科研部白清平等分析的我国研究生思想政治教育中存在的主要问题包括：观念层面上对研究生思想政治教育的重要性认识不够；内容层面上的陈旧，不能适应当前的新形势；形式层面上的单一，缺乏有针对性的教育活动；人员层面上的缺失，无研究生思想政治教育工作的专职人员，工作落实不到位。③

东北农业大学谢典主要关注了农业院校的研究生思想道德教育。通过对全国 4 所农业院校在校研究生进行的随机问卷调查，阐述了农业院校研究生思想道德现状，进而分析了原因，最后提出了对策建议。④

河南工业大学王丹丹从社会心理学的态度理论视角出发，分析了导致研究生思想政治教育实效性缺失的原因，包括教育者的因素、研究生个人的因素、教育内容及形式的因素、教学方法的因素、社会环境与学校环境及家庭环境不足的因素。⑤

---

① 李礼. 加拿大高校学术道德与学术规范教育探析——以多伦多大学和滑铁卢大学为例 [J]. 比较教育研究，2012 (9)：14 ~ 17.

② 李婵. 研究生思想政治教育的特殊性与教育对策研究 [D]. 湖北：华中师范大学，2012.

③ 白清平，陈巧玲. 我国研究生思想政治教育：问题及对策 [J]. 研究生教育研究，2012 (5)：16 ~ 19.

④ 谢典，农业院校研究生思想道德教育问题研究 [D]. 哈尔滨：东北农业大学，2012.

⑤ 王丹丹. 态度理论视阈下研究生思想政治教育实效性研究 [D]. 洛阳：河南工业大学，2012.

二、研究生思想政治教育的途径

天津师范大学何淑萍在对文献进行梳理后，认为目前从宏观来看，研究生思想政治教育的途径主要包括家庭教育、高校教育和社会教育。再进行细化后，作者提出：课堂教学是研究生思想政治教育的主要途径，导师示范是研究生思想政治教育的特色途径，校园文化是研究生思想政治教育的隐性途径，网络服务是研究生思想政治教育的便捷途径，社会实践是研究生思想政治教育的必然途径。然后通过问卷调查反映了在当前这 5 种教育途径中存在的问题，最后提出了完善研究生思想政治教育途径的新方式。①

陕西科技大学思想政治理论课教学科研部白清平等认为，为加强和改进研究生思想政治教育，需在提高对思想政治教育重要性认识的基础上，通过更新研究生思想政治教育的内容、创新研究生思想政治教育的形式、构建研究生思想政治教育的团队组织来营造良好的研究生思想政治教育氛围。②

河南大学博士研究生许佃兵从高校的角度提出了联系研究生实际、教育管理服务并重、强化导师职责、以制度化建设为保障、加强内容与手段创新 5 个方面增强研究生德育工作实效性的对策。③

中央民族大学黄锐在说明了当前高校专业学位硕士研究生德育工作存在的问题后，对进一步加强专业学位硕士研究生德育工作提出了对策建议，包括将德育目标放在培养目标的首位；在入学考核时，进一步加强德育考察的力度；建立相应的学术德育档案，将此作为绩效评价的首位依据；利用“第二课堂”、案例教学等教育形式提高德育实效性；提升并丰富德育课程建设；切实加强德育师资队伍建设。④

华中师范大学曹立中在其硕士论文叙述了研究生德育存在的主要问题及原因后，认为要保证研究生德育目标的实现，需要在内容上、方法

---

① 何淑萍．研究生思想政治教育途径探析［D］．天津：天津师范大学，2012.

② 白清平，陈巧玲．我国研究生思想政治教育：问题及对策［J］．研究生教育研究，2012 (5)：16～19.

③ 许佃兵．高校研究生德育工作实效弱化困境及其对策［J］．江苏高教，2012 (3)：100～101.

④ 黄锐．高校专业学位硕士研究生德育工作存在的问题及对策探析［J］．思想理论教育导刊，2012 (10)：113～115.

上、途径上进行创新，并为此提出了提高研究生的自我管理能力的建议；发挥校、系（处）研究生党团学工作体系的作用；建立科学合理的研究生德育教育管理组织体系；开拓研究生网络德育空间；将德育教育融入专业教育中；根据研究生的实际，坚持德育三贴近原则；搭建研究生德育开放式的平台 7 种德育创新的方法。①

研究生德育也有一些特殊的途径，如南京信息工程大学黄鸿娇在其硕士学位论文中提出研究生淘汰机制具有督导功能、激励功能、惩罚功能、自律功能，因而也具有德育的功能，可谓是德育教育的途径之一。但要发挥研究生淘汰机制的德育功能，还需从理论层面、制度层面、内容及育人环境等多方面入手。②

石河子大学的张玲提出：学术型社团具有开放性、平等性、非功利性等特点，其活动内容是学术交流、科研活动、学习竞赛等方面，所以其在校园文化和学风建设中占有举足轻重的地位与作用，学校也可以学术型社团为平台对学生进行德育教育。③

常州大学潘剑波等人首先探讨了当今网络环境对研究生德育产生的促进德育手段的现代化、凸显德育内容的时代性、增强德育对象的主体性、增强德育影响力的 4 种积极影响。网络环境也有扩大了研究生德育工作的复杂性、打破了现行研究生德育的主动性地位、影响部分痴迷于网络诱惑的研究生的德育工作的实施、增加了社会群体间沟通和社会维护的困难的消极影响。进而指出在网络环境下要从针对研究生的主要特点、发挥研究生干部队伍的骨干作用、加强对网络活跃群体的重点引导做起，来创新研究生德育的方法。④

第三节　研究生心理研究

硕士生作为国家培养的高端人才，在关注他们学术成就的同时，也应对他们的心理健康现状予以关注。对研究生心理健康的研究既包括现

---

① 曹立中．研究生德育创新研究［D］．武汉：华中师范大学，2012.

② 黄鸿娇，论研究生淘汰机制的德育功能［D］．南京：南京信息工程大学，2012.

③ 张玲．以学术型社团为平台培养研究生学术道德研究［D］．石河子：石河子大学，2012.

④ 潘剑波，李安萍．网络环境下研究生德育工作应对之策［J］．江苏高教，2012（5）：130～131.

状的反映，也包括对心理压力等研究生心理健康存在的问题的研究。对研究生自我认知、动机的研究也是反映研究生心理状态的一个角度。

一、研究生心理健康

湖南师范大学张亚男在硕士学位论文中利用中文 Frost 多维完美主义量表、一般自我效能感量表和心理健康症状自评量表 SCL－90 对湖南省 4 所高校进行问卷调查，反映出了硕士研究生的心理健康现状。发现硕士生心理健康阳性检出率为 35.3%；心理问题发生率较高的因子是强迫、人际敏感和抑郁；三年级硕士生心理健康水平显著低于一年级、二年级硕士生，且在其他人口学变量上不存在差异。在进一步考察了研究生的自我效能感及完美主义倾向后发现：硕士生的完美主义和一般自我效能感对心理健康水平有一定的预测能力，一般自我效能感在完美主义和心理健康之间起部分中介作用。①

吉林大学理化所王力群等人对女性研究生的心理健康问题的总结基本囊括了目前女性研究生所面临的心理健康问题，包括就业压力及歧视、嫉妒心理、婚恋心理、人际交往、幸福感，以及自尊、生育心理、体育锻炼等。经过进一步思考，作者认为女研究生产生心理健康问题的原因，既有个人因素，也有来自学业、科研、经济上的压力所导致的。最后从国家社会、学校、女研究生个体三方面提出了保障女研究生心理健康的措施。②

华中科技大学研究生姚志艳从研究生自我差异入手，通过自编的《硕士研究生自我差异问卷》与程科编制的《健全人格角度的心理健康量表》，试图探寻人际自我差异、职业自我差异、婚恋自我差异、家庭自我差异、学业自我差异、情绪自我差异与心理健康的关系。结果表明，学业自我差异、情绪自我差异、人际自我差异和家庭自我差异是研究生心理健康水平的有效预测因子。③

湖南师范大学研究生武晓会利用陈江波编制的《研究生心理压力

---

① 张亚男．硕士生心理健康现状及与完美主义、一般自我效能感的相关性研究［D］．长沙：湖南师范大学，2012.

② 王利群，赵晓杰．关于女性研究生心理健康问题的思考［J］．东北师大学报（哲学社会科学版），2012（1）：197～200.

③ 姚志艳．硕士研究生自我差异问卷的编制及其自我差异与心理健康的关系［D］．武汉：华中科技大学，2012.

问卷》和肖计划编制的《应对方式问卷》为工具，对湖南师范大学、湖南大学、中南大学的硕士研究生进行调查，反映了硕士研究生心理压力的特点，认为研究生心理压力由大到小分别是：论文要求压力、担忧未来压力、专业发展压力、学习任务压力、经济和相貌压力、人际孤单压力、身体健康压力、环境和心境糟糕压力。总体来看，硕士研究生的压力水平处于中等以下。在此基础上，从社会支持、情绪宣泄、幽默治疗、认知重构、创造性的问题解决、资源管理、冥想、运动和音乐、心理咨询9个方面提出了缓解硕士生心理压力的策略。①

“幸福感”可以从一定程度上来反映研究生的心理健康状况，不少研究者就以硕士研究生的幸福感作为研究的主要内容。如辽宁师范大学的蔡小霞认为“主观幸福感”不仅是个体心理健康状况的标准之一，也是反映个体生活质量的一把标尺，因而利用相关量表对研究生的幸福感现状进行了施测，并提出团体箱庭疗法在改善硕士研究生的幸福感方面具有显著效果。②

湖南师范大学的肖乐意在硕士论文中对湖南4所高校在校硕士生做了幸福观及幸福感的调查，发现从幸福观上来说，当代硕士研究生有较强的家庭和健康取向，强烈的事业心和成就动机，积极的幸福预期，但忽视集体幸福。从幸福感上来说，硕士研究生的生活满意度较高，积极情绪发生频繁，幸福感高。此外，硕士研究生的幸福观、幸福感都与人口学因素有着密切的联系。③

东北财经大学张晓洁专门针对旅游管理专业硕士研究生的主观幸福感进行了实证研究，发现旅游管理专业硕士研究生的主观幸福感处于中等偏下水平。在学业压力和就业压力中，就业压力比学业压力对旅游管理专业硕士研究生的主观幸福感相关性更高，预测作用更大。④

华中科技大学范琳洁认为女硕士生体会到的幸福感较男硕士会有很大差异，所以专门以女硕士为研究对象，采用问卷调查与访谈法，一方

---

① 武晓会．硕士研究生心理压力的特点及应对方式研究［D］．长沙：湖南师范大学，2012.

② 蔡小霞．硕士研究生主观幸福感的调查及干预研究［D］．大连：辽宁师范大学，2012.

③ 肖乐意．硕士研究生的幸福观、幸福感及其相关研究——来自湖南4所大学的调查［D］．长沙：湖南师范大学，2012.

④ 张晓洁．旅游管理专业硕士研究生主观幸福感的实证研究［D］．大连：东北财经大学，2012.

面反映幸福感现状，另一方面也探究了影响女硕士幸福感的因素。发现人口变量中生源地、所在年级和家庭经济状况为女硕士研究生主观幸福感的显著性影响因素，而性别、学历、独生子女状况、年龄、所学专业和婚恋状况为女硕士研究生主观幸福感的局部影响因素。①

二、研究生自我认知

有关研究生自我认知方面的研究成果，一是对自身角色的认知，二是对所学专业的认知。山西大学的李青通过实证研究将女研究生对自身的角色定位的特点总结为：学术学历错位的教育观、有目标而无计划的择业观、期望理想状态的婚姻观。李青经过进一步对比发现女研究生的自我角色定位和社会对其角色期待之间还存在学术方面、婚恋方面、就业方面的一定的距离，因而从性别刻板印象理论、低成就动机与失败归因理论、角色冲突理论对偏差进行了分析。最后，李青对女研究生角色合理定位提出了建议。②

在研究生对所学专业的认知方面的研究较多，如苏州大学的周靖一认为硕士研究生专业认同会影响到很多方面，也会直接影响到硕士研究生的培养质量，专业认同中专业适切、专业认知、专业行为3个维度还能对职业生涯规划起预测作用，因此这一项研究是很重要且有意义的。其通过问卷调查，发现硕士研究生专业认同的总体水平不高，而环境因素与导师因素对硕士研究生专业认同产生显著影响，尤以环境因素为最。③

西南大学李秀勤认为在全日制专业学位研究生数量越来越多的情况下，分析全日制专业学位研究生角色认同的现状及原因，对于提高研究生培养质量无疑是具有重要意义的。该文以重庆市高校的研究生为调查对象，从全日制专业学位研究生的角色认知、角色情感和角色行为3个维度反映了当前全日制专业学位研究生的角色认同现状。角色模糊、情感体验欠积极、专业学习主动性不足是目前在角色认同中存在的

---

① 范琳洁．女硕士研究生主观幸福感的影响因素研究［D］．武汉：华中科技大学，2012.

② 李青．全日制女硕士研究生的角色定位分析研究［D］．太原：山西大学，2012.

③ 周靖一．高等院校硕士研究生专业认同研究［D］．苏州：苏州大学，2012.

问题。[①]

浙江师范大学周玲燕关注了跨学科硕士研究生的专业适应性。结果表明，跨学科硕士研究生的专业适应性水平不高，整体上弱于非跨学科硕士研究生。这主要表现在专业认同度低、学习动力不足、学习积极性不高等方面。若要进一步提高跨学科硕士研究生的专业适切能力，则需学校、导师、学生自身方面都作出相应的调整。[②]

专业归属感关系到学生对自己所学专业的认同和投入程度，也涉及学生自身与专业利益相关者相互作用的情感体验和态度知觉。南京师范大学研究生王国政以教育经济管理专业为例，研究了硕士研究生的专业归属感，发现影响归属感的因素是多元的，主要包括研究生本人因素、专业的情况及专业学习的利益相关者方面。[③]

三、研究生学习动机

南京师范大学秦文在硕士学位论文中运用社会性别理论和成就动机相关理论，对女硕士成就动机的现状特点及其演变做了分析。研究发现女硕士具有一定的成就动机水平，但整体不是很高，较为保守，处于成就动机被搁置以及存在一定家庭恐惧心理的保守状态。从成就动机的取向来看则呈现较为平衡的状态：结果取向和过程取向相融合，个我取向和社会取向相融，影响女硕士成就动机取向的因素复杂交错并内化在女硕士生的观念中。最后，作者认为要通过心理压力的疏导与积极心理教育、性别意识教育以及社会学校家庭环境的支持来正确对待和培养女硕士的成就动机。[④]

更多的研究者关注了研究生的英语学习动机。长安大学的丁健对非英语专业研究生英语学习动机与成绩的相关性进行了研究，发现非英语专业研究生的英语学习动机强度普遍较弱。其中，工具性动机占第一位，文化型动机占第二位，情景型动机占第三位。而文化型学习动机与

---

① 李秀琴．我国全日制专业学位研究生角色认同研究——基于重庆市高校的调查［D］．重庆：西南大学，2012.

② 周玲燕．跨学科硕士研究生专业适应性研究［D］．金华：浙江师范大学，2012.

③ 王国政．硕士研究生的专业归属感研究——以教育经济管理专业为例［D］．南京：南京师范大学，2012.

④ 秦文．女硕士生成就动机研究［D］．南京：南京师范大学，2012.

学生的学习呈显著正相关，其他两种动机均与学习成绩无显著相关性。①

华中师范大学石红关注了工科硕士研究生的英语学习动机，认为工科硕士研究生持有个人发展、内在兴趣、工具、英语成绩、焦虑、动机行为和学习情境 7 种动机类型。实证调查还发现，成绩好的学生比成绩差的学生英语学习动机要高一些。②

南京航空航天大学魏卫以南京航空航天大学为例，调查了非英语专业研究生英语自主学习的现状，认为非英语专业研究生虽然普遍对英语自主学习持正面态度，也能根据自身情况确立学习目标和计划，但他们在学习策略的选择和使用、专业英语的学习和使用、情感调节以及自我评估方面表现得比较薄弱，所以总体情况并不理想。魏卫进而从教师、学生、策略培训、计算机网络技术、专业英语学习环境等方面为提高非英语专业研究生英语自主学习水平提出了建议。③

第四节　研究生日常行为及生活

按照研究内容的不同，分为研究生交往行为、研究生消费行为、研究生运动休闲行为以及研究生婚恋行为 4 类。

一、研究生交往行为

当代社会对研究生人际交往能力的要求越来越高，和谐的人际交往对研究生自身发展和社会进步都有着深远的意义。南京大学的李海强将交往主体、交往空间、交往模式、交往规范以及具体交往行为作为在读青年知识分子交往分析研究的关键要素，对中国科学院 G 所在读研究生群体进行了调查，深入分析了他们工作交往与休闲交往的现状、交往圈子结构特征、角色与交往的联系等问题，探讨其交往的本质、作用与

---

① 丁健．非英语专业研究生英语学习动机与成绩的相关性研究［D］．西安：长安大学，2012.

② 石红．工科硕士研究生英语学习动机的研究［D］．武汉：华中师范大学，2012.

③ 魏卫．非英语专业研究生英语自主学习现状调查研究——以南京航空航天大学为例［D］．南京：南京航空航天大学，2012.

意义。[①]

青岛大学王荆岵在硕士学位论文中从研究生师生交往、生生交往、亲属交往、社会交往4方面反映了研究生人际交往的现状，并指出缺乏与导师的有效沟通、课外交往过少、生生关系紧张、亲属交往匮乏、社会接触过少是目前研究生人际交往存在的主要问题。[②]

二、研究生消费行为

桂林理工大学张艳燕对山西省太原市高校在读硕士研究生休闲消费信息来源、休闲消费行为过程、休闲消费评价、休闲消费观念等进行了详细的阐述，并对影响其休闲消费行为的因素进行了分析。[③]

中央民族大学马霞以中央民族大学的研究生为例，反映了当代研究生的媒介消费状态与消费行为习惯。调查包括纸质媒介、广播媒介、电视媒介、网络媒介、手机媒介的消费情况，发现研究生媒介消费呈现出多元化的姿态。从消费习惯上来看，手机媒介的使用趋势超过了广播电视、报纸杂志等传统媒体。[④]

兰州大学李佳伦以L大学为例，运用社会性别视角对女研究生的身体消费现状及影响因素进行了实证研究。通过回归模型发现除女研究生的年级和月生活费这两个个人背景变量外，对传媒广告的关注度、性别意识中的独立意识和自身特质意识以及外在形象压力感也对他们的身体消费水平具有显著的影响。[⑤]

陈冬冬基于对华中科技大学233名女研究生的身体消费情况调查以及对选取的5名女研究生进行的深度访谈，发现女研究生较于本科生更有消费潜力；消费项目中身体消费仅次于饮食消费成为第二大消费项目；面部和服饰消费是女研究生身体消费的重点；在消费的过程中女研究生表现出来了理性消费和感性消费并存的特点。陈东东以此为基础探

---

① 李海强．在读青年知识分子交往的结构、行为与功能——中科院G所研究生调查［D］．南京：南京大学，2012.

② 王荆岵．研究生人际交往的现状探析及对策建议［D］．青岛：青岛大学，2012.

③ 张艳燕．山西太原市高校在读硕士研究生休闲消费行为研究［D］．桂林：桂林理工大学，2012.

④ 马霞．研究生媒介消费研究——以中央民族大学研究生为例［D］．北京：中央民族大学，2012.

⑤ 李佳伦．女研究生身体消费现状及其影响因素的研究——以L大学为例［D］．兰州：兰州大学，2012.

讨了女研究生的自尊对其身体外观态度的影响。[①]

三、研究生运动休闲行为

曲阜师范大学陈永刚为反映山东省普通高校研究生休闲体育现状，抽取山东大学、山东师范大学、济南大学、曲阜师范大学、聊城大学、鲁东大学 6 所高校的研究生作为研究对象，结果发现：虽然研究生普遍认为参与体育休闲活动具有重要意义，但绝大多数研究生用于休闲体育的时间较少，在体育消费结构上，不甚合理；在体育项目选择上，男性、女性研究生不同；在体育运动形式上，大多数研究生喜欢与同学、朋友参与集体运动；学校的场馆、设施不能满足研究生体育休闲的需求；研究生不参与体育运动的因素是多样的。[②]

田欣欣对济南市普通高校硕士研究生体育锻炼现状进行了实证调查，发现硕士研究生对体育锻炼的态度比较积极，平时经常参加的体育锻炼项目包括跑步、篮球、羽毛球、排球、健身操、乒乓球。从时间上来看，从早到晚都有硕士研究生参与体育锻炼。而影响硕士研究生参与体育锻炼的因素依次是惰性、场地器材不足、学习繁重、天气、生活无规律、缺少指导。[③]

相应的，艾文对武汉地区高校女硕士研究生的体育行为进行了调查研究，发现从时间上来看，女硕士的体育锻炼时间集中在下午或晚上，女硕士研究生的体育消费水平较低，体育的观赏行为和体育的志愿行为都不容乐观。[④]

除了对研究生体育行为的研究外，辽宁师范大学的韩文娇也对研究生的旅游行为进行了研究。研究结果表明研究生在旅游态度和动机上表现出积极的主动性，在旅游行为方面表现出消费水平不高；主要通过互联网或亲友获取信息；不同地域、年级、专业、月消费的研究生旅游行

---

① 陈冬冬．女研究生的自尊对其身体外观态度的影响研究——基于对华中科技大学 233 名女研究生的身体消费状况调查［D］．武汉：华中科技大学，2012.

② 陈永刚．山东省普通高校研究生休闲体育现状及其教育对策的研究［D］．曲阜：曲阜师范大学，2012.

③ 田欣欣．济南市普通高校硕士研究生体育锻炼现状研究［D］．山东：山东师范大学，2012.

④ 艾文．武汉地区高校女硕士研究生体育行为的调查研究［D］．武汉：华中师范大学，2012.

为存在差异性。[①]

四、研究生婚恋行为

2012年度研究生婚恋行为关注的焦点集中在女研究生上。研究从两个角度展开，一是女研究生的婚恋观；二是女博士研究生的婚恋。

关于女研究生婚恋观的研究，上海交通大学章俊梅认为至少有宏观与微观两个层面上的积极意义。从微观上来讲，了解女研究生的婚恋观对于正确理解女研究生的婚恋行为具有积极的作用，还能够减少舆论对她们的压力，从而为她们创造一个更加宽松的发展环境。从宏观层面上来讲，由于婚恋观对于作为社会构成的基本元素的家庭的和谐美满具有重大的影响，因此了解女研究生的婚恋观对于促进社会的和谐稳定也具有深远的影响。章俊梅继而从爱情观、择偶观、贞操观、婚姻观这4个维度来研究在校女硕士研究生的婚恋观。对于为何在校女硕士研究生会出现这样那样的婚恋观问题，上海交通大学的章俊梅认为既有传统观念方面的原因，也有社会对婚恋观缺乏正确引导、大众舆论错误的宣传，也有家庭影响，个人忙于学业、自我限制的原因。至于如何引导在校女研究树立正确的婚恋观，上海交通大学的章俊梅提出，除在学校丰富教育内容、创新教育思路、改进教育方法等措施外，还需要女研究生个人和社会、家庭共同的努力。[②]

南京航空航天大学的程美芳以南京地区高校为例，从恋爱择偶观和婚姻家庭观念两大分析维度出发，选取恋爱动机、择偶方式与标准、对事业和家庭的看法、性观念、生育偏好等作为反映社会转型期女研究生婚恋观的具体指标。并从与一般女性群体、同期男性研究生群体、“80前”年代的女研究生群体等的比较，以及大量的个案访谈展现了由多种复杂元素构成的女研究生婚恋观。[③]

女博士作为社会中为数不多群体，她们的婚恋问题引起了各方关注。南京师范大学的丁岚认为社会上所述的女博士婚恋难既有事实的成

---

① 韩文娇. 研究生旅游行为和市场开发研究 [D]. 大连：辽宁师范大学，2012.

② 章俊梅. 在校女研究生的婚恋观现状分析及研究——基于上海市部分高校在校女研究生的调查与分析 [D]. 上海：上海交通大学，2012.

③ 程美芳. 社会转型期女研究生的婚恋观研究——以南京地区高校为例 [D]. 南京：南京航空航天大学，2012.

分，也有被“污名”的成分。通过对5名女博士的访谈发现女博士的婚恋难是因人而异的。①

清华大学教育研究院副教授李锋亮等利用2007年一项对全国4个城市14所高校的博士毕业生就业调查数据，分析了女性博士毕业生的婚姻与生育对她们就业的影响。首先在文献综述的基础上提出“女性博士毕业生与男性博士毕业生相比，在成功找到工作的起薪上存在着显著的劣势”、“已婚的女博士较之未婚的女博士，在成功找到工作的概率及起薪上存在着显著的优势”、“已经生育的女博士较之还未生育的女博士，前者在成功找到工作的概率以及找到工作的起薪上存在着显著的优势”、“配偶受教育年限更长的女博士在成功找到工作的概率以及在起薪上存在着显著的优势”这4个假设，通过二元logistic模型和多元线性模型进行回归后，拒绝了假设1、2、3，但实证结果证明了女博士嫁得好有助于职业发展的论断，即配偶的受教育情况能够显著提高已婚女博士的求职成功概率与起薪。可见，婚姻问题对女博士无论在生活中，还是在就业中都扮演了十分重要的角色。②

五、研究生时间管理行为

时间是一种重要的资源，相对于中学生和大学生群体，研究生群体拥有更多的可自由支配的时间，因而科学合理地使用和管理时间是研究生生活的一个重要方面。研究者们一方面通过调查研究反映了研究生时间管理和使用情况的现状。如曲阜师范大学的王瑾瑾，通过对Q师范大学500名硕士研究生的问卷调查，发现目前研究生在闲暇时间管理方面存在着学习规划不明确、计划执行及反思不到位、个体行为不合理，且从众现象突出、网络文化不规范、活动内容不充实、内在价值发挥不明显等问题，对此提出了研究生闲暇时间管理的建议。③

另一方面，研究者们试图探寻影响研究生时间管理倾向的因素。如南京师范大学刘妮香的硕士论文研究A型人格、成就动机与时间管理

① 丁岚．女博士婚恋“难”的心理分析研究［D］．南京：南京师范大学，2012.

② 李锋亮，陈鑫磊，何光喜．女博士的婚姻、生育与就业［J］．北京大学教育评论，2012，10（3）：114～123.

③ 王瑾瑾．硕士研究生闲暇时间管理现状调查研究——以Q师范大学为例［D］．曲阜：曲阜师范大学，2012.

倾向的关系。[①] 内蒙古师范大学剧晨研究时间管理与自我价值感、生活满意度的关系。[②] 山西大学郭燕燕从研究生拖延行为出发，探讨了时间管理倾向、自我效能感与学习拖延之间的深层关系。[③]

第五节　文献分布及其特点分析

通过检索关键词，并根据研究内容进行人工筛选，2012 年度关于研究生学术道德的研究包括 11 篇期刊论文、8 篇研究生学位论文。从研究内容上来看，关注于学术不端的研究较多且对其原因的分析较为详细；学风建设方面的研究较少；在学术道德与学术规范教育探索方面则主要是介绍国内外的经验。在研究者方面，上海师范大学的罗志敏以第一作者的身份发表文章 2 篇；清华大学王磊、北京科技大学张颖都以第二作者的身份发表 1 篇文章，以第三作者身份发表 1 篇文章。

通过检索关键词，并根据研究内容进行人工筛选，2012 年度关于研究生思想政治教育的研究包括 4 篇期刊论文、10 篇研究生学位论文。在对研究生思想政治教育现状的研究上，研究者多从问题出发，可见目前的研究生思想政治教育现状还存在许多薄弱之处。在研究生思想政治教育途径的研究上，传统的思想政治教育仍占主导地位，导师、校园、社会、网络等德育途径在逐步成为关注的对象，研究者们也对诸如学术性社团、淘汰机制等新型德育途径进行了研究，呼吁更有针对性的研究生德育工作。

通过检索关键词，并根据研究内容进行人工筛选，2012 年度关于研究生心理的研究包括 1 篇期刊论文、23 篇研究生学位论文。在 23 篇学位论文中，有 10 篇的作者来自于师范院校，其中湖南师范大学占 3 篇，南京师范大学、辽宁师范大学各有 2 篇（见表 6－1）。在研究内容上，基本关注到了研究生心理的各个角度，但研究对象有不同的侧重点，如专业学位硕士研究生、某一特定专业的硕士研究生等。

---

① 刘妮香．研究生 A 型人格、成就动机与时间管理倾向关系研究［D］．南京：南京师范大学，2012.

② 剧晨．研究生时间管理倾向、自我价值感与生活满意度的研究［D］．呼和浩特：内蒙古师范大学，2012.

③ 郭燕燕．研究生拖延行为的现状调查及心理分析研究［D］．太原：山西大学，2012.

表6－1　研究生心理专题作者单位为师范院校的学位论文分布统计

作者单位	题　　目
湖南师范大学	硕士生心理健康现状及与完美主义、一般自我效能感的相关性研究
	硕士研究生心理压力的特点及应对方式研究
	硕士研究生的幸福观、幸福感及其相关研究——来自湖南4所大学的调查
南京师范大学	硕士研究生的专业归属感研究——以教育经济管理专业为例
	女硕士生成就动机研究
辽宁师范大学	硕士研究生主观幸福感的调查及干预研究
	硕士研究生学习倦怠、归因方式与人格的相关关系及干预研究
浙江师范大学	跨学科硕士研究生专业适应性研究
曲阜师范大学	英语学习动机和自主性的相关性实证研究——非英语专业研究生备考学生的案例研究
华中师范大学	工科硕士研究生英语学习动机的研究

通过检索关键词，并根据研究内容进行人工筛选，2012年度关于研究生日常行为及生活的包括1篇期刊论文、21篇研究生学位论文。学位论文数量明显多于期刊论文，研究者多为硕士研究生。在研究内容上，基本关注到了研究生生活的方方面面。在研究方法上，调查研究较多，使用了数理统计方法，但不少研究都是基于院校或省级的调查，带有地域性特点（见表6－2）。

表6－2　研究生日常行为及生活专题中运用调查研究的文献

主　题	题　　目	作　者	作者单位	调查对象
研究生交往行为	在读青年知识分子交往的结构、行为与功能——中科院G所研究生调查	李海强	南京大学	中国科学院G所研究生
	研究生成人依恋类型与应对方式、人际交往的关系研究	赵　丹	南京邮电大学	南京地区6所高校研究生

续表

主　题	题　　目	作　者	作者单位	调查对象
研究生消费行为	山西太原市高校在读硕士研究生休闲消费行为研究	张艳燕	桂林理工大学	太原市高校在读硕士研究生
	女研究生身体消费现状及其影响因素的研究——以L大学为例	李佳伦	兰州大学	L大学研究生
	研究生媒介消费研究——以中央民族大学研究生为例	马　霞	中央民族大学	中央民族大学研究生
	女研究生的自尊对其身体外观态度的影响研究——基于对华中科技大学233名女研究生的身体消费状况调查	陈东东	华中科技大学	华中科技大学女研究生
研究生运动休闲行为	武汉地区高校女硕士研究生体育行为的调查研究	艾　文	华中师范大学	武汉地区8所高校女硕士研究生
	济南市普通高校硕士研究生体育锻炼现状研究	田欣欣	山东师范大学	济南市9所高校研究生
	一过性负荷运动对高校男性硕士研究生睡眠质量的影响	李雨春	吉林大学	吉林大学男性硕士研究生
	山东省普通高校研究生休闲体育现状及其教育对策的研究	陈永刚	曲阜师范大学	山东省6所高校研究生
	研究生旅游行为和市场开发研究	韩文娇	辽宁师范大学	全国各地研究生

续表

主　题	题　　目	作　者	作者单位	调查对象
研究生婚恋行为	在校女研究生的婚恋观现状分析及研究——基于上海市部分高校在校女研究生的调查与分析	章俊梅	上海交通大学	上海市4所高校在读女研究生
	在读女硕士择偶价值取向研究	李俊丽	吉林农业大学	在读硕士研究生
	女研究生婚恋观与完美主义特质的关系研究	潘文敏	西南大学	重庆市几所高校在校女研究生
	女博士婚恋“难”的心理分析研究	丁　岚	南京师范大学	6位女博士
	社会转型期女研究生的婚恋观研究——以南京地区高校为例	程美芳	南京航空航天大学	南京市高校女研究生
	女博士的婚姻、生育与就业	李峰亮等	清华大学等	北京、上海、武汉、兰州14所高校和科研机构的博士毕业生
研究生时间管理行为	研究生A型人格、成就动机与时间管理倾向关系研究	刘妮香	南京师范大学	南京师范大学、南京大学、河海大学在校研究生
	硕士研究生闲暇时间管理现状调查研究——以Q师范大学为例	王瑾瑾	曲阜师范大学	Q师范大学全日制硕士研究生
	研究生时间管理倾向、自我价值感与生活满意度的研究	剧　晨	内蒙古师范大学	呼和浩特市研究生
	研究生拖延行为的现状调查及心理分析研究	郭燕燕	山西大学	山西大学硕士研究生

值得特别注意的是，本年度关于女性研究生的心理及行为的研究是焦点所在，对于女性研究生的婚恋问题尤其关注。这表明由于女硕士研究生作为研究生中的一个特殊群体，随着数量的不断增加，日益受到社会和学者们的关注。

专题七 学科建设研究

学科建设是高校建设的职责所在，是高校工作的核心，也是展示大学学术水平乃至核心竞争力的主要标志。高等学校学科建设一直是学者们研究的热点之一，本年度我国学者对此做了大量的研究。本章阐述了学科建设内涵及其定义、学科建设的质量评价、学科建设制度发展、重点学科建设、德育及其他学科建设等主要观点；归纳了学科建设现状及存在问题；讨论了学科文化建设；最后进行学科建设研究的文献分布及其特点分析。

第一节　学科建设内涵及其定义

一、学科建设的内涵研究

作为高等教育的基本概念，对学科建设的认知与理解直接决定着学科构建与发展的质量。学科建设有丰富的内容，包括多个层面和要素，不同学者从不同角度对学科建设内涵和定义进行界定和梳理。

清华大学副校长谢维和教授充分肯定大学中学科建设的意义与价值，同时担心：如果对学科的内容、含义及其局限缺乏客观的认识，恐怕会产生负面的效果。谢维和认为作为一种学术的实体，学科的知识体系的建设至少应该包括几个方面：相关专业与课程体系的建设，教学与研究实验室的建设，专业图书资料的建设，学科队伍与机构的建设以及研究课题与领域的建设。就学科的行为规范与方法而言，它涉及某些专门性的制度与规则的建设：一个学科实际上反映了一种特定的行为方式，特别是一种专业化的表达方式与方法论；而学科的学术共同体的价值观，则从根本上影响了学科的生命与质量。①

目前，普遍存在着随意将“学科建设”、“学科发展”交替使用的现象。有必要通过辨明二者的内涵，厘清大学学科发展之道。西安电子科技大学李力等人考察大学学术共同体的历史渊源与存在合理性发现，大学学科发展的逻辑起点在于大学即学术共同体这一基本事实，从学科构建到学科发展再到形成完善的学术共同体应该是现代大学发展成长的必由路径。当前我国大学学科发展迫切需要办学者摈弃对于学科绝对数量的功利追求，树立学科发展以质量和特色取胜的核心理念，重新回归基于学科发展重塑大学学术共同体的理想，确立基于学科与大学的互动来发展大学。②

华中科技大学刘亚敏认为我国研究者在运用学科规训理论的过程中存在着 3 个方面的误读：片面地将学科规训等同于学科制度或学科建制；以静态的方式对学科规训进行把握；将整体学科群的学科规训简单移植于各个不同的学科，从而致使学科规训理论沦落成为被“规训”的理论。因此，有必要通过对学科规训理论的重新释读，进一步明晰学科的多元内涵：学科兼具学术与社会的双重属性；学科是学科理智与学科制度的互动与制衡；学科有其自身的自发自生秩序。③

二、学科建设的层次及模型构建研究

华北电力大学高教所副教授翟亚军在其《大学学科建设模式研究》一书中，基于平衡视角和系统视角，构建了大学学科建设模式的 3 维坐标分析模型和 4 维体系分析模型。认为大学学科既是一个由宽窄度、关联度和认受度组成的 3 维架构，又是一个由主体学科、主干学科、支撑学科和特色学科组成的 4 维系统。选取美国 30 所大学作为世界一流大学学科建设模式的分析样本，从学院和学科两个层面对世界一流大学的学科建设模式进行了剖析。④

武汉理工大学校学科建设处处长梁传杰对学科建设的定位、学科建

---

① 谢维和．谈学科的道理［J］．中国大学教学，2012（7）：4～6.

② 李力，杜芃蕊，于东红．重塑大学学术共同体：基于大学学科发展的研究［J］．国家教育行政学院学报，2012（8）：49～53.

③ 刘亚敏．被“规训”的学科规训理论：误读与重释［J］．江苏高教，2012（4）：19～22.

④ 翟亚军．大学学科建设模式研究［M］．北京：科学出版社，2011.

设的属性及学科建设的组成要素等基本问题进行了思考与探析，认为学科建设是学校领导、职能部门、教师和科研人员3种不同主体多元共存的立体图像，不同主体的认知上既有差异，内在上又是统一的。①

南京航空航天大学许赞等人基于复杂系统理论，通过对学科创新动力要素的分类与综合分析，提出了“创新合力”的概念；以自主动力系统和外驱动力系统为子系统，构建了学科创新动力系统模型，并分析了动力系统及其子系统的相互作用关系和运行机制，从而为学科创新发展提出合理建议。②

教育部高等教育教学评估中心副主任、清华大学教授王战军针对翟亚军的《大学学科建设模式研究》进行了评述。他提出，该书通过历史回顾并运用比较反思的研究方法对大学学科建设进行了较系统和全面的诠释，同时也对我国大学学科建设有了更深层次的思考。他在文中提出大学学科建设是大学发展的核心任务，现代大学的学科建设是有客观规律的，最后提出扎实做好学科建设，提高高等教育质量③。

三、学科建设的组织模型研究

合肥工业大学博士研究生费军借助自组织理论对我国高校优势学科建设系统进行了分层阐述，研究阐明了高校优势学科建设系统的自组织机制，并对影响我国高校优势学科建设的内外部因素进行了分析；在借鉴国外一流大学学科建设模式经验前提下，提出了构建优势学科群策略，并结合协同学理论完善了建设优势学科群的构想，阐述了构建优势学科群的原则，认为构建优势学科群不仅有利于提升高校学术研究与学科建设的水平，打造与培育优势学科与学科群，而且有利于优化高校学科系统，发挥其整体功能，对建设好“优势学科创新平台项目”与提升我国高等教育质量均具有重要的现实意义和理论意义。④

浙江工业大学硕士研究生陈利敏密切围绕学科组织之间关系这一研

---

① 梁传杰．对学科建设几个基本问题的思考［J］．研究生教育研究，2012（4）：57～60.

② 许赞，李东，孔祥浩．学科创新动力系统的构建与运行机制研究［J］．中国高教研究，2012（3）：33～35.

③ 王战军．深刻剖析大学学科建设——读翟亚军《大学学科建设模式研究》有感［J］．学位与研究生教育，2012（1）：74～77.

④ 费军．自组织理论视野下我国高校优势学科建设研究［D］．合肥：合肥工业大学，2012.

究路线，借由种群生态理论作为学科间关系研究的基本指导理论，将学科间关系划分为学科竞争、学科寄生、学科共生及学科捕食四大类别，并通过学科生态位这一基本变量分别探讨了 4 种类别下学科会聚实现难易程度与学科间关系的模型。下一步对目前学科会聚进程中影响学科会聚的重要因素进行了扎根，再结合影响学科会聚的 4 种主要变量，最终形成有关影响学科会聚主要变量与学科会聚实现难易程度的理论模型。最后选取了国内有能力及意愿发展学科会聚的高校进行了调研，重点在于在实践中验证模型的正确性与可行性。①

浙江工业大学刘双以大学内部权力为主线，在运用文献研究法、计量分析法和历史分析法研究的基础上，重点围绕学科发展的逻辑，对大学内部的政党权力、行政权力、学术权力的关系状态及其对学科建设的影响进行了研究，尝试性地构建了大学内部的校—院—学科权力组织结构。②

第二节　学科建设质量评价研究

学科评价即以学科为特定研究对象的一种高等教育评价形式。目前，学科建设质量评价的研究进入较为科学和系统的研究进程。由于学科结构的复杂性，以往研究更多运用定性分析和简单的定量研究。2012 年，关于学科建设质量评价研究更多开展了定量的、系统的分析。很多研究通多个变量的设计，进行大样本的数据分析，同时一些文章也通过新学科目录和专业的指标评价方法对学科建设进行数据挖掘和学科质量评价。

重庆大学何培等人根据 ESI 数据库 2002 ~ 2012 年的数据，对 C9 高校和美、英、澳研究型大学群体 ESI 前 1% 学科的论文产出规模、影响力、学科结构等进行分析得出：C9 高校的科学研究产出规模已超英、澳大学群体，学科影响力与世界一流大学群体相比还有较大差距，但发展速度很快，且学科影响力发展速度高于规模发展速度。何培等人通过

① 陈利敏．种群生态视角下的学科会聚：模型构建与实证分析［D］．杭州：浙江工业大学，2012.

② 刘双．基于学科发展的大学内部权力结构研究［D］．杭州：浙江工业大学，2012.

数据分析提出建议：中国高校的科学研究在基础薄弱初期的粗放式增长之后，应更加注重研究质量的提升，以保持长期、持久的增长力；保持科学研究与国际前沿的紧密联系，进一步加强与世界一流大学的基础研究合作与交流，不断增强科研创新力；不断优化学科结构，参考世界一流大学的学科布局经验，在保持工程学、材料科学等学科领域优势的基础上，加强生命科学、医学等国际上比较重视的学科领域的科研经费投入和政策倾斜，促进新兴交叉学科发展。①

武汉大学邱均平等人提出的2012年中国研究生教育及学科专业评价在以往同系列评价的思想和方法基础上，以2011年新学科目录为准，改进了评价流程，完善了技术，对4个国家级研究生院和520个研究生培养单位进行全面评价，首次评价了155个专业学位专业，并创新性地使用了排名、星级和专业优秀率三位一体的形式展示了评价单位的评价结果。最后，他们还分析了中国研究生教育学科专业分布的现状。②

南京航空航天大学朱明等人综合分析学科评价发展基本脉络，结合学科的诊断、比较、发展3种情形，指出学科水平是学科评价的逻辑起点与循环归根。学科内在的知识与组织双重特性既赋予了学科水平内涵以新的解读，也突出其具有知识管理与组织管理的二元价值属性。在这一价值实现过程中，学科水平评价体现着对学科发展应然的关注，并顺应拨动着管理的调幅，最终实现学科的层次飞跃和水平的理性回归。③

吉林大学硕士研究生李岩伟通过对学科相关数据的搜集整理和挖掘，给出了一套行之有效的科学评估手段，从而为学科之间横向和纵向的评比提供了参考依据，并对学科的建设和发展提供了相关的指导意见。为了实现建立一套科学可行的学科评价体系的目的，尝试利用数据挖掘的相关知识进行研究，其中主要应用到了经典的决策树分类算法：ID3算法以及关联规则中的Apriori算法。④

华东师范大学博士研究生杨玉琴在厘清相关概念及其关系的基础上，将化学学科能力定位于“在学校化学课程学习活动中所习得并运

---

① 何培，郑忠，何德忠，等. C9高校与世界一流大学群体学科发展比较——基于ESI数据库的计量分析［J］. 学位与研究生教育，2012（12）：64～69.

② 邱均平，牛奉高，余凡. 传承与创新：2012年中国研究生教育及学科专业评价研究［J］. 重庆大学学报（社会科学版），2012，18（6）：79～90.

③ 朱明，杨晓江. 大学学科评价之思辨［J］. 中国高教研究，2012（5）：41～47.

④ 李岩伟. 基于数据挖掘的学科评价方法研究［D］. 长春：吉林大学，2012.

用的能力”，且属于特殊能力。在综合考察各国对化学学科能力共同要求的基础上，以“学习进程”理论为指导，结合化学课程的学科传统、国内外课程标准对能力的学段要求以及学生的思维特征等要素，构建化学学科核心能力要素的“学习进程”，明确不同能力水平的学习表现以及相应的知识基础。以此作为后续学科能力测验工具的开发与优化、评分标准的制订与修订、实测结果的分析与讨论的理论依据。①

第三节　学科建设制度发展研究

学科建设制度发展的研究处于探索阶段。目前，学科建设制度发展研究主要从学科建设的制度保障、运行机制、资源配置、管理模式等方面进行制度完善和发展。

一、学科建设制度保障研究

西安电子科技大学李力等人认为哈佛大学以法治、民主和自治的现代大学制度作为保障，以形成卓越学术共同体作为理念先导，在尊重学术权力的基础上充分发挥院系的办学自主权，紧密围绕教师队伍、课程体系和研究生教育等内涵推进学科发展。哈佛大学的经验表明：构建卓越学术共同体是学科建设的根本出发点，办学者需要在长期办学过程中围绕形成大学制度、办学理念和学科组织逐渐提升整体办学质量；作为系统工程，学科建设的关键在于形成符合教育规律的内在运行机制；学科发展需要保持忧患和竞争意识；办学者应与时俱进地理性审视大学文化传统与学科发展之间的作用关系。②

天津工业大学衣庆辉等人提出产学研合作可以形成长效循环的反哺机制，多方面、全方位地促进学科发展，促进学科优势和特色的形成。指出现实中产学研合作反哺学科发展存在诸多困境：过于集中于优势和特色学科的成果转化，合作形式单一；学科集中，无法形成集聚效应；合作效果不理想，制约了长效机制的建立；参与主体也并未自觉将学科

① 杨玉琴．化学学科能力及其测评研究［D］．上海：华东师范大学，2012.

② 李力，杜芃蕊，于东红．从学科构建到卓越学术共同体的形成：哈佛大学学科发展的内涵与经验［J］．中国高教研究，2012（4）：65～70.

反哺作为合作重点内容。提出要解决这些问题，必须进行观念、平台、政策、人才、中介等方面的综合改善①。

西北政法大学宋鸿雁认为二十多年来，相对于用于学科建设的巨大投入，学科建设成效并不令人满意。文章从价值漂移、手段异化、行为冲突和观念滞后几个层面对我国学科建设制度及其实践进行了反思，以期有助于回归学科建设制度与实践的本真追求。②

西北农林科技大学张静等人以西北农林科技大学开展的“农理学科拉通、学科大类推荐”推免生选拔机制改革为例，探索建立了推免生考核评价选拔体系。经过5年的运行，加大了优秀人才选拔力度，提高了推免生生源质量；有力地推动了本科教学质量的提高；加强了推荐免试工作的科学性和公平性。③

二、学科建设资源配置建设

华中师范大学段锐等人提出研究型大学内部学科资源的优化配置是大学提升竞争力和实现可持续发展的需要。公益性基金的引入会对大学内部学科资源配置的收益与成本产生影响。建立了一个引入公益性基金的大学与院系之间学科资源配置的优化模型，试图找出大学和院系双方在资源配置过程中的均衡点；给出了4种常见的学科资源分配模式，并探讨了其对学科资源优化配置的管理启示。④

吉林师范大学王丽娟提出学科发展与专业建设是支撑与推动大学运行的“两翼”。大学学科发展与专业建设理应相互统一、相互协调，但是现实中二者的关系却出现了失衡与错位。大学应通过管理理念更新、政策，以及制度与体制创新、优化人财物资源配置等途径不断实现大学学科发展与专业建设的有机协调与平衡发展，进而不断提升大学的整体核心竞争力。⑤

---

① 苌庆辉，李克敏．产学研合作反哺学科发展：理想模型、实践困境和改进策略［J］．学位与研究生教育，2012（11）：53～58.

② 宋鸿雁．我国学科建设制度与实践的多层面反思［J］．江苏高教，2012（1）：33～36.

③ 张静，戴开军，布都会，等．以学科大类为平台的推免生选拔机制探索与实践——以西北农林科技大学为例［J］．学位与研究生教育，2012（12）：61～63.

④ 段锐，付晶，田俊．研究型大学内部学科资源配置的优化模型［J］．科技进步与对策，2012，29（8）：136～140.

⑤ 王丽娟．论大学学科发展与专业建设相互协调之管理策略［J］．江苏高教，2012（2）：19～22.

南京理工大学张建宇等人介绍了南京理工大学化工学院实现学科资源共享，发挥学科实验平台的教学职能，构建研究生实验教学体系的初步探索与实践。①

三、学科建设管理模式建设

云南大学段红云从大学学科建设管理的角度，分析了学科建设与组织人事、平台建设、科学研究、人才培养、学术交流的内在关系，阐述了学科建设中普遍存在的几大误区，认为学科建设是一个涉及学校各方面工作的系统工程，需要学校各职能部门围绕学科建设的需要开展工作，形成学科建设的合力。②

浙江工业大学张金福提出我国大学学科建设中政府主要通过重点学科评选，“211 工程”以及“985 工程”等手段对大学学科建设进行介入。从对政府在大学学科建设与发展介入的历史和现实的考察来看，政府对大学学科建设的介入形成了事务性、非均衡性以及碎片化特点，与此同时，也带来了介入过度等诸多问题。政府只有通过有限介入，健全立法机制，建立有效的宏观调控机制，构建整体政府，引入社会机制等措施，方能解决这些问题。③

第四节　重点学科建设研究

我国高校以重点学科建设为核心的学科建设，在于培育和发展具有创新拔尖人才培养能力和高水平科研成果产出能力的学科。

一、重点学科建设研究

中南民族大学硕士研究生谭亮将高校重点学科建设与核心竞争力相结合，探讨了重点学科建设与核心竞争力的关系，并从知识的角度上，

① 张建宇，李羽让，孙东平，等．以学科实验平台为基础构建研究生公共实验教学体系的构想与实践［J］．学位与研究生教育，2012（3）：33～35.

② 段红云．论学科建设的合力［J］．学位与研究生教育，2012（3）：40～44.

③ 张金福，吴倩，骆晓．我国大学学科建设中的政府介入现状、特点及其治理对策［J］．现代大学教育，2012（4）：18～24.

为提升我国高校重点学科建设与核心竞争力的措施提供了宝贵的建议。他对“重点学科建设”、“核心竞争力”的相关概念进行界定并初步分析，对我国高校重点学科建设与核心竞争力的关系进行阐述；对高校重点学科建设的现状以及我国高校重点学科建设与核心竞争力的发展优势进行总结，并提出高校重点学科建设与核心竞争力在隐性知识的模糊认识、重点学科“领头羊”的缺乏等方面存在的问题；最后提出了提升重点学科建设与核心竞争力的措施：整合资源与推进创新，加强重点学科建设的整体竞争力、调整高校重点学科布局，树立正确学科方向、大力培养高校重点学科带头人，构建高等院校重点学科建设的知识合作伙伴关系等①。

南京师范大学硕士研究生朱青提出我国大学重点学科建设制度的贡献主要在于重点大学综合实力的提升以及重点学科学术竞争力的提升；与此同时，我国大学重点学科建设制度也存在一些弊端，主要有重点学科标准的相对性、重点学科数量的计划性以及重点学科建设的行政性等。在未来的重点学科建设制度的政策选择上，首先要逐步淡化重点学科建设中的行政主导，明确重点学科应由谁来评、怎么评、评多少的问题，将重点学科建设工作真正交给学者与大学。其次，要强化重点学科建设中的退出机制，实施重点学科标杆管理，完善重点学科评估制度，强化重点学科淘汰机制。最后，要缩小重点学科与非重点学科的差距，在观念上实现重点学科从学科等级到学术荣誉的转变，在经费投入上实现重点学科经费由定向投入到竞争性投入的转变，在学科建设思路上实现由重“点”建设到科际整合的转变。②

华南师范大学谢春艳等人认为广东高校重点学科为珠三角产业发展提供了丰富的科技创新资源，输入了大量高层次人才，构建了高层次的科技创新平台和综合研发平台，提供了大量的科技成果和核心技术。但也存在着对产业领域的支撑不均衡、应用研究领域优势尚未凸显、科技资源利用率不高等问题。要进一步调整学科布局结构，加强技术创新平台建设，积极鼓励高校开展产学研合作和应用研究，建立高校、企业、

---

① 谭亮．我国高校重点学科建设与核心竞争力研究［D］．武汉：中南民族大学，2012.

② 朱青．我国大学重点学科建设制度研究［D］．南京：南京师范大学，2012.

政府之间有效的沟通途径[①]。

二、优势学科及学科群建设研究

江苏省教育厅研究生教育处张晓宁分析了江苏高校优势学科建设工程一期项目立项学科的基本布局与建设特点，并对下一阶段优势学科的建设要求提出具体意见和建议。[②]

优势学科是高水平大学核心竞争力的关键。江南大学张影陆重点分析了优势学科的内涵、优势学科培育的必要性以及优势学科培育的基本途径，从人才培养、学科交叉、科学研究、学术交流以及学科方向等方面指出优势学科培育的具体措施。[③]

自 1949 年以来，中国理工科优势大学的人文社会学科发展起伏较大，先后经历了历史性的调整、缺失和重建阶段。不同性质理工科优势大学在发展人文社会学科上存在一定的差异。北京航空航天大学刘法虎等人通过对理工科优势大学人文社会学科发展的形式、阶段及学科地位等方面的分析，就人文社会学科的价值问题及未来发展进行探讨。[④]

浙江工业大学外国语学院钱佩忠对高校学科群建构的内部机理进行了分析研究，系统地阐述了学科群的内涵、组织结构、动力机制、组建条件和途径，为高校学科群建设的实践提供了较为完整的理论依据和实践路径。他提出高校学科群建构的主要途径有：以机构调整为契机组建学科群；以重大项目建设为纽带组建学科群；以优势学科建设为重点组建学科群。[⑤]

---

① 谢春艳，杨军，王丽萍．珠三角产业发展与广东高校重点学科科技资源分析［J］．深圳大学学报（人文社会科学版），2012，29（3）：157～160.

② 张晓宁．实施优势学科建设工程 建设国内一流、国际先进的高水平学科——以江苏省为例［J］．学位与研究生教育，2012（9）：54～57.

③ 张影陆．优势学科培育基本途径研究［J］．江苏高教，2012（2）：41～42.

④ 刘法虎，张彦通．中国理工科优势大学人文社会学科的价值追寻［J］．高等工程教育研究，2012（2）：92～95.

⑤ 钱佩忠．高校学科群建构机理与路径［J］．学位与研究生教育，2012（5）：71～74.

第五节　思想政治教育及其他专业学科建设

一、德育学科建设

思想政治教育学科在发展历程中取得了令人瞩目的成就，德育教育作为一个相对独立学科的地位得到了确立，德育教育研究有了特定的研究对象和研究领域，有了可供研究的特定的话语体系。我国德育研究者进行了艰辛的探索，取得了丰硕的研究成果。这些研究多是从德育学科建设的现实问题、德育建设内涵理念、德育内容和德育方法等方面进行研究。

陕西中医学院党委书记王秉琦提出要更好地体现时代性、科学性、实效性，德育的研究与实践必须从学科视角，关注“什么是德育”（德育本质）、“为什么德育”（德育目标）以及“怎样德育”（德育过程）等。他认为从学科视角审视德育内容，它包括两个层面的涵义：一是作为“教育的德育”，它与智育、体育、美育相对应；二是作为“学科的德育”。从学科视野开展德育研究是一个不断丰富和完善的过程。同时从学科视角来看，德育方法的创新包含了两个层面的涵义：一方面是传统德育方法的创新与发展；另外一方面是德育研究方法的创新与发展。[①]

重庆师范大学党委书记邓卓明提出思想政治教育学科建设重视跨学科研究，要以马克思主义理论作为指导思想，把跨学科研究作为推动思想政治教育学科发展的动力，并以多学科理论为借鉴来丰富思想政治教育学科的基础理论，注重与时俱进地利用新兴学科来发展思想政治教育的分支学科[②]。

东北师范大学齐晓安提出马克思主义理论学科建设与思想政治理论课程建设存在相互制约、相互支撑的双向互动关系，学科建设是课程建设的学理基础和学科支撑，课程建设则是理论学科建设的实践基础和现

---

① 王秉琦．从学科视角看德育的科学发展［J］．高校理论战线，2012（4）：38～40.

② 邓卓明．跨学科研究在思想政治教育学科建设中的应用［J］．高校理论战线，2012（2）：18～20.

实支撑。实现理论学科建设与课程建设的相互支撑、互动发展需要以加强领导和教师队伍建设、建构制度平台、完善激励机制来支撑和保障。[①]

北京师范大学王树荫认为加强思想政治教育史学科建设，将有力地推动思想政治教育学科发展。思想政治教育史应该包括中国思想政治教育通史和世界思想政治教育通史。目前，中国思想政治教育史学科体系和基本架构尚未建立。因此，思想政治教育史学科研究要创新发展，必须寻找具体路径加强思想政治教育学科建设。[②]

武汉大学佘双好提出思想政治教育学科建设中也存在着一些问题，比如思想政治教育研究的科学程度并不高，在思想政治教育研究领域出现理论与实际相脱离，与我们所从事的特定的思想政治教育和正在做的思想政治教育相脱离的倾向，思想政治教育作为马克思主义理论学科所属二级学科的特色还不鲜明等。思想政治教育学科建设应以科学发展为基本取向，坚持行动取向研究特色、以我们正在做的事情为中心，建立马克思主义思想政治教育学，这是思想政治教育学科发展的基本路径。[③]

中南民族大学徐柏才认为建立民族思想政治教育学的现实基础主要包括理论基础、社会基础、实践基础、研究基础4个层面。民族思想政治教育的内容包括民族观教育、国家观教育、历史观教育、文化观教育和宗教观教育。民族思想政治教育的方法依据其民族性特征可以分为原则方法、具体方法、操作方法、方法运用的艺术和技巧等。提高民族思想政治教育学的科学化水平，必须树立战略眼光，深化问题意识，立足人才培养，着眼社会服务。[④]

杭州电子科技大学周国平认为，一种知识体系或类型要获得学科的准入，必须满足合宗教性、合人文性、合政治性、合认识性、合社会性/市场性5种条件中的一种。在获得学科身份后，学科又因学科的认

---

① 齐晓安．马克思主义理论学科建设与思想政治理论课程建设的相互支撑及条件研究[J]．东北师大学报（哲学社会科学版），2012，258（4）：218~222.

② 王树荫．思想政治教育史学科建设构想［J］．高校理论战线，2012（1）：52~54.

③ 佘双好．思想政治教育学科发展现状与发展路径的回溯与展望［J］．思想理论教育导刊，2012（12）：40~45.

④ 徐柏才．建立民族思想政治教育学的再思考［J］．中央民族大学学报（哲学社会科学版），2012，39（3）：148~153.

知维度、组织维度和效用维度的差异而存在等级差异。思想政治教育学科准入最主要的机制是合政治性，由于思想政治教育学科的认知维度较低、组织维度较低、在效用维度中只有政治效用维度高，故在整个学科序列中等级较低，存在着不容忽视的合法性危机。因而有必要不断提高这门学科的认知维度、组织维度、效用维度的等级，增强其认知性、人文性、社会性/市场性，推动思想政治教育学科的内涵发展。①

二、各类学科建设研究

北京师范大学首都教育经济研究院院长王善迈提出了创建中国特色教育经济学学科体系的命题，论述了创建中国特色教育经济学学科体系的必要性和意义，分析了创建中国特色教育经济学学科体系的条件与可能，并从完善学术评价制度与学风建设上探讨了如何创建中国特色的教育经济学学科体系。②

首都师范大学王攀峰通过调查发现，师范院校公共教育学科的教学存在诸多问题：教材内容远离课堂生活、教学过程缺乏人文情怀、课堂学习缺乏学生参与、课程评价缺乏实践关怀等。③

南京师范大学王建华提出在我国学科目录当中，教育学既是学科门类，又是一级学科。这种制度安排导致教育学看起来很受重视（作为一个学科门类），实际上又非常不受重视（只有一个一级学科）。在人类的知识系统中，关于教育的知识是一个非常庞大的系统，无论知识的生产者还是知识本身彼此间都存在显著差异。针对我国高校教育类院系人才培养与学科建设的实际情况，应该借鉴经济学、历史学和艺术学等学科发展与建设的有益成果。④

浙江师范大学项建英认为在近代中国高等师范、国立综合性大学、教会大学和私立大学中，由于各大学教育学科的教育理念、课程设置、学术研究、培养目标等不同，教育学科的设置模式也不一样。四类不同性质大学的教育学科分别是：以师范为特色的高等师范教育学科、以学

① 周国平．学科准入与分等视野下学科的合法性危机探讨——以思想政治教育学科为例[J]．教育发展研究，2012（2）：61～68.

② 王善迈．创建中国特色的教育经济学科体系［J］．教育与经济，2012（1）：1～3.

③ 王攀峰．教育现象学视野下公共教育学教学的视角转向［J］．首都师范大学学报（社会科学版），2012（5）：61～66.

④ 王建华．教育学：学科门类还是一级学科［J］．复旦教育论坛，2012，10（2）：5～9.

术为灵魂的国立综合性大学教育学科、以宗教为旨归的教会大学教育学科、以社会服务为个性的私立大学教育学科。这4类学科既相互竞争又相互促进，共同推进了近代中国大学教育学科的现代化历程。①

清华大学康妮指出了工程领域在发展中遇到的问题与挑战，分析了工程领域的设置与学科、行业、职业之间的对应关系以及它们之间的密切联系，提出了工程领域设置原则和调整工程领域的建议。建议工程领域的设置应符合几个基本条件：具有明确的职业或行业背景；具有相对独立、较为完整、有工程特色的知识体系；社会对所设置领域人才有较稳定和一定规模的培养需求；符合国家新兴产业发展和重点产业振兴的需要；领域内涵界定清晰，与其他领域或专业学位的相关性或重合度不强；参考现有国际专业学位设置情况。②

渭南师范学院凌朝栋提出中文学科与地方文化研究有机统一，二者之间的关系主要表现在4个方面：中文学科可以促进地方文化资源整理、开发与保护；中文学科有益于地方经济社会发展；开发地方文化资源有助于提升学科内涵和竞争力；地方文化资源有利于繁荣中文学科。③

天津师范大学硕士研究生丛莹以学科馆员、学科建设等相关理论的前沿研究成果为理论基础，运用案例分析的方法，比较我国部分重点高校学科馆员服务现状的情况，分析它们存在的优势和不足，并提出相应的策略；对学科馆员服务学科建设，进而促进高校发展具有理论意义和实际意义进行了论述。④

湖南师范大学硕士研究生王乐选取我国体育教育训练学学科交叉优化作为研究对象，希望为学科交叉理论的丰富和相关科研体制的完善提供参考。该研究采用文献资料法、概念分析法和专家访谈法等，在深入理解和分析学科结构设置和专业划分设置的基础上进行比较研究，旨在对不同学科交叉情况进行审视的同时反思我国体育教育训练学学科发展的历史和现状，并最终落脚于体育教育训练学的学科发展特点与规律的

---

① 项建英．近代中国大学教育学科设置的4种模式［J］．华东师范大学学报（教育科学版），2012（6）：84～89.

② 康妮，钟晓征，刘惠琴．浅析工程领域的设置与调整［J］．学位与研究生教育，2012（11）：59～62.

③ 凌朝栋，曹强．试论地方文化研究与中文学科建设关系［J］．中国大学教学，2012（8）：41～44.

④ 丛莹．我国大学图书馆学科馆员与学科建设的研究［D］．天津：天津师范大学，2012.

探析。[①]

浙江师范大学硕士研究生何志伟首先对中国教育管理学科学术委员会的上级学会中国教育学会教育管理分会及其教育管理分会的前身学校管理研究会的发展历史作一个简要的回顾，以期厘清该学会演变的历史纹路；其次对中国教育管理学科学术委员会从1991～2011年举行的11届会议的主题做了简要介绍，并将主题划分为一级主题教育管理基本理论、教育行政问题和学校管理；最后总结归纳出三十余年我国教育管理学科的研究取向表现为偏经验重学理的研究逐渐弱化、扎根学校的微观研究日益凸显和面向实践的多元研究蓬勃发展，但也存在实践研究滞后、地区研究不均和合作研究匮乏的问题，启示今后的教育管理学人应注重本土研究，加强合作研究、探究多元研究和强化实践研究，以便推动繁荣教育管理学科的发展。[②]

华中农业大学硕士研究生王贵芬以重点农业大学优势学科为研究对象，以系统论和可持续发展理论为依据，通过文献法和访谈法，对重点农业大学优势学科发展的现状、存在的问题以及产生问题的原因进行了分析，总结了优势学科发展的经验与启示。提出了优势学科可持续发展的若干路径与对策，即：构筑特色研究领域和方向；提升学术队伍整体实力和水平；强化学科平台建设；提升国际化水平；增强服务“三农”服务社会能力；培植可持续发展学科文化；制定优势学科战略规划；拓展资金筹措渠道；创新优势学科管理体系。[③]

体育工程学科建设是一个从知识到组织不断循环提高的过程，影响其发展的3个主要因素是学科知识、学科组织及学科软硬环境。中国矿业大学硕士研究生徐碧鸿以这3个要素为一级指标，结合我国学科评估的一般准则与体育工程学科的特点，设计出了一个对高校的体育工程学科建设进行可行性评估的指标体系，并利用模糊综合评价与层次分析法进行案例分析。我国高校体育工程学科建设要以优化学科制度为前提，并要合理运用融政府、产业、高校于一体的三螺旋机制。[④]

---

① 王乐．基于学科交叉的我国体育教育训练学学科优化研究［D］．长沙：湖南师范大学，2012.

② 何志伟．30余年教育管理学科的研究取向［D］．金华：浙江师范大学，2012.

③ 王贵芬．重点农业大学优势学科可持续发展的路径研究［D］．武汉：华中农业大学，2012.

④ 徐碧鸿．我国高校体育工程学科建设研究［D］．北京：中国矿业大学，2012.

第六节 研究生学科文化建设

大学学科文化研究起源于国家对科研学术活动文化环境的关注。2012年相关研究日益增多，大多从大学学科文化的内涵、冲突、形态、功能等进行研究。大学学科文化概念提出及其主要依据尚需明确，为大学学科文化后续深入研究奠定基础。学科文化建设研究中，大连理工大学杨连生教授和博士研究生肖楠做了较为突出的研究。

在对国内外研究进行综合分析的基础上，大连理工大学杨连生等人提出了包括分界功能、凝聚功能、规约功能、知识生产功能与育人功能在内的大学学科文化“新五功能说”，而育人功能是学科文化的核心功能。[①]

大连理工大学肖楠等人认为大学学科文化是学科发展过程中形成的学科“软实力”，学科价值体系、知识体系、研究习惯、规范体系与学科文化场域作为学科的文化要素通过对学科成员的凝聚、传统知识的承接、生产方式的选择、生产过程的控制与生产环境的保障等手段对学科文化主体的知识生产实践施以影响，从而实现学科文化的知识生产功能。同时，学科文化的知识生产过程由于受文化惰性等因素的影响还会表现出必然的功能障碍。[②]

大连理工大学博士研究生肖楠首先对学科、大学学科与大学学科文化进行理论分析，在揭示学科知识形态和组织形态之“两态”互动的本质基础上，形成了对包括学科文化主体、知识体系、价值体系、规范体系、行为习惯与文化场域的大学学科文化的新认识，从而根据“要素—功能”之间的关系构建了大学学科文化育人功能研究的理论分析框架。其次，论证了大学学科文化在理想人格塑造、价值取向引导、思维方式培养和行为方式规导4个维度上所具有的育人功能，继而分析了育人功能实现的内在机理、机制与途径，并且分别从微观和中观层面分析了大学中不同学科文化育人功能的差异性及其表现。再次，在分析借

---

① 杨连生，肖楠，恽晓方. 大学学科文化功能研究：起源、回顾与思考［J］. 东北大学学报（社会科学版），2012，14（1）：74～78.

② 肖楠，杨连生. 大学学科文化的知识生产功能及其表现与障碍［J］. 学位与研究生教育，2012（1）：29～33.

鉴已有研究成果的基础上，重新认定了大学学科文化功能。最后，对大学学科文化育人功能实现的现实困境及其成因进行了分析，并有针对性地进行了功能优化的路径选择。①

中南大学党委副书记高山等人提出学科文化间的冲突融合可以促进学科文化和大学文化建设。学科文化冲突来源于学科分化基础上的学科文化差异。这种差异在学科知识、文化层次和范围上都有所呈现；学科文化的冲突发生在交往过程中相异学科文化的各个方面。集中体现在价值观、语言与思维方式和生活样态等方面；同处一大学的学科文化融合是指学科文化在合作中相互吸收有利因素，形成交叉学科或者优化原有学科。这种融合方式有交叉式、扩展式和深层次价值共核融合。大学学科文化在不同学科文化的冲突融合中实现物质性、行为层、制度层和精神层的创新，以培育新的文化力，促进大学文化建设。②

第七节　学科建设现状及问题分析

学科建设现状及问题分析是大学科学建设研究内容的重点。北京大学国际合作部黄葵从大学的学科建设需要出发，对北京大学的国际合作与交流进行了总结，在回顾通过国际化推动北京大学的学科建设的同时，提出学科国际化建设中出现的不足主要体现在交流程度不够深、教师公派留学比例下降、交流学科分布不平衡、国家公派留学收益不够高等。针对这些不足对未来工作提出新的要求和方向，以期对我国建设世界一流大学提供科学建议和有益启发。③

学科整合的形式与内容也将关系着合并高校的综合实力和竞争优势乃至合并效应。吉林工商学院徐力等人以合并组建的吉林工商学院为实证案例，对学科专业整合进行具体且深层次的探析。他认为对合并高校学科专业整合的实证研究与探析，不仅能揭示其共性内在规律，同时也能够反映其个性化的整合经验，有利于合并高校优化资源配置、活化资

① 肖楠．大学学科文化的育人功能研究［D］．大连：大连理工大学，2012.

② 高山．大学学科文化冲突融合与创新研究［J］．现代大学教育，2012（5）：72～76.

③ 黄葵．国际化与世界一流大学的建设——以学科建设为视角看北京大学国际化进程［J］．教育与经济，2012（3）：34～37.

源功能、强化资源利用。[①]

南开大学闫广芬认为天津市基于区域发展的需求，谋求重点学科均衡、持续、科学的发展，走出了一条卓有成效的学科发展之路：以评估为手段，以制度建设作保证，以投入为基础。学科建设迈上一个新的台阶，重点学科数量、质量、结构、层次得到较大的提高和优化，强有力地提升了天津市高等教育发展的质量水平，对天津市经济发展、科技进步做出了重要贡献。[②]

学科建设是开放大学的基本特征。甘肃广播电视大学副校长纪平等人从开放大学发展定位出发，阐述了学科建设在开放大学中的地位、作用以及必要性。通过对普通高等教育、高职教育和开放大学三者培养目标的比较，明晰了开放大学的培养目标以及自身特点，并以此为研究的逻辑起点，研究了我国开放大学的学科特征、学科体系、学科定位以及重点学科建设等，指出了本科教育和研究生教育重点发展的学科和专业。[③]

厦门大学王贺元提出大学基层学术组织在历史发展进程中形成了教学组织、教学—科研组织以及教学—科研—学习组织 3 种形态。进入新时期，面对国家的协同创新战略，现有的基层学术组织形态凸显出疲软的无竞争力状态。要实现协同创新战略所提出的大学功能综合、大学体制机制改革的目标，需要构建以学科—专业—产业链为基本状态的新型基层学术组织。这一新型组织在知识转移的质量与效率、资源整合以及学术生产力提高 3 个方面体现出协同创新的创新精神[④]。

福建师范大学硕士研究生方舒婷以学科差异为切入点，分析学科本身的特性并在探讨不同学科教师对课程本体和课程运作的理解进行比较的基础上，运用质性研究方法，通过访谈等方式进行调查，结合课堂实例分析教师在不同学科中理解课程所存在的差异，最终得出产生学科差异的影响因素，包括学科特征和教师对自身职业发展的追求。[⑤]

---

① 徐力，杨莹莹．合并高校学科专业整合实证研究——以吉林工商学院为例 [J]．社会科学战线，2012 (3)：271 ~ 272.

② 闫广芬．基于区域视角的重点学科建设研究：以天津市为例 [J]．学位与研究生教育，2012 (10)：36 ~ 40.

③ 纪平，杨亭亭，李松．开放大学学科建设研究 [J]．现代远距离教育，2012，140 (2)：28 ~ 33.

④ 王贺元，胡赤弟．学科—专业—产业链：协同创新视域下的基层学术组织创新 [J]．中国高等教育，2012 (12)：38 ~ 42.

⑤ 方舒婷．教师课程理解的学科差异 [D]．福州：福建师范大学，2012.

第八节 文献分布及其特点分析

一、文献分布

2012 年度研究生学科建设研究文献共有 61 篇（部）。其中，著作 1 部，期刊论文 45 篇，研究生学位论文 15 篇（博士学位论文 4 篇、硕士学位论文 11 篇）。研究内容主要集中学科建设内涵和定义、质量评价、学科建设机制发展、重点学科建设、专业及德育学科建设、学科文化建设等方面（见表 7－1，图 7－1）。

表 7－1 研究生学科建设研究文献分布

分 类	数目（篇、部）	比例（%）
学科建设内涵及其定义	11	18
学科建设质量评价研究	5	8
学科建设的制度发展研究	10	16
重点学科建设研究	7	12
德育及其他学科建设	18	29
学科文化建设	4	7
学科建设现状分析	6	10
共 计	61	100

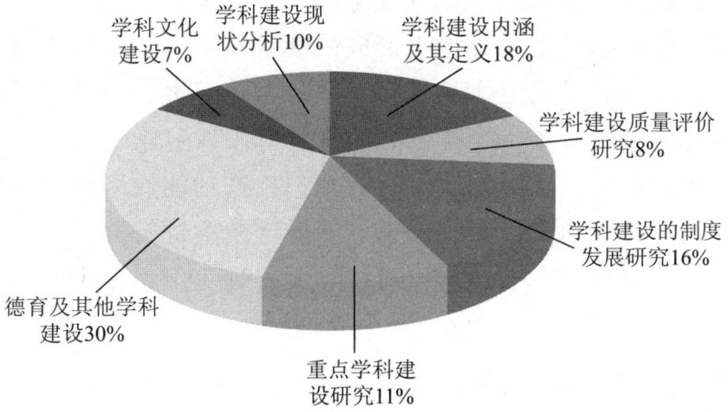

图 7－1 学科建设文献分布情况

二、学科建设研究特点分析

目前，研究生学科建设已有了一批具有较高学术价值的研究成果，很多学者对学科建设内涵和定义、质量评价、学科建设机制发展、重点学科建设、专业及德育学科建设、学科文化建设等方面从不同角度作了比较深入的分析和探讨，进而提出加强研究生学科建设的对策。2012年研究生学科建设研究特点如下。

1. 学科建设质量评价研究从定性研究逐步到定量研究

由于学科结构的复杂性，以往研究更多进行定性分析和简单的定量研究。2012年关于学科建设质量评价与以往相比，更多开展了专业化、国际视野的研究。很多研究通过多个变量的设计，尝试利用数据挖掘的相关知识进行大样本的数据分析。一些文章也通过新学科目录、经典的决策树分类算法及专业的指标评价方法对学科建设进行数据挖掘和学科质量评价。一些研究对国内前9所高校和美、英、澳研究型大学群体ESI前1%学科的多个评价指标进行学科建设国际比较，根据分析结论提出可行性建议。一些研究对学科相关数据的搜集整理和挖掘，给出了一套行之有效的科学评估手段，并对学科的建设和发展提供了相关的指导意见。

2. 学科文化建设研究成为研究的新领域

学科文化建设研究的是2012年学科建设研究领域中新增的研究内容。由于近几年社会对于文化建设的需求和国家对科研学术活动文化环境的关注，2012年新增若干篇关于学科文化建设的研究。

学科文化是学科发展过程中形成的学科软实力，学科价值体系、知识体系、研究习惯、规范体系作为学科的文化要素，通过对学科成员的凝聚、传统知识的承接、生产方式的选择等手段对学科文化主体的知识生产实践施以影响，从而实现学科的知识生产功能。因此，研究大多从大学学科文化的内涵、冲突、形态、功能等角度进行分析。学科文化建设研究中，大连理工大学杨连生教授和大连理工大学博士研究生肖楠做了较为突出的研究。

3. 学科建设制度发展研究更加深入

目前，学科建设制度发展研究更加细化和深入，从管理学、组织行为学、公共政策等多个角度系统研究，主要从学科建设的制度保障、运行机制、资源配置、管理模式等方面进行制度完善和发展。

学科建设的关键在于形成符合教育规律的内在运行机制。一些研究提出观念、平台、政策、人才、中介等方面的综合改善。一些研究将管理理念更新、政策，以及制度与体制创新、优化人财物资源配置等途径纳入学科建设制度中，提出学科资源优化配置和学科资源分配模式。一些研究提出产学研合作可以形成长效循环的“反哺”机制，多方面、全方位地促进学科发展。

专题八 研究生教育管理研究

研究生教育管理研究主要从宏观和微观等视角出发。2012 年度的研究生教育管理，在宏观层面主要关注研究生教育投入体制机制建设、研究生教育学科专业设置与调整、研究生教育资源配置、奖助工作制度改革等议题；在微观层面关注的议题则较为多样，研究成果主要有地方高校研究生培养模式与学科组织结构模式选择以及民族院校的研究生管理工作、研究生创新实践体系、学术交流与学术组织建设、研究生党建与辅导员队伍建设、信息管理系统、学位申请人申诉权保障等。

第一节 宏观管理体制

进入 21 世纪，我国的高等教育特别是研究生教育实现了快速的发展，在人才培养数量和质量方面都取得了突出的成就。高等学校作为研究生层次人才培养的重要载体发挥了主导作用，但也出现诸多的体制性问题，因此越来越多的研究者关注并思考我国研究生教育的宏观管理体制改革。就文献数量而言，2012 年度研究成果主要集中在研究生教育学科专业设置与调整、研究生奖助工作制度完善两方面。

一、研究生教育投入体制机制建设

北京大学中国教育财政科学研究所王蓉提到，我国学位与研究生教育经过 30 年的实践探索，实现了历史性的跨越发展，而研究生教育的预算拨款制度、成本分担制度和助学体系制度建设的进展则较为缓慢。她在分析研究生教育特点和完善投入体制机制影响因素的基础上，总结出应按照加大投入、总体设计、改革驱动、分类支持、科教结合、分步实施的原则，建立健全研究生教育投入体制机制，促进我国研究生教育稳定、健康和可持续发展以及研究生教育质量的总体提高。①

二、研究生教育学科专业设置与调整

高校自主设置与调整学科专业权力要得到真正落实，则需进一步深化我国学科专业管理体制改革。其中，协调好政府与大学之间的关系、实现大学自治是关键。同济大学经济与管理学院钟雨轩等引入可拓学的“转换桥”思路，重点构建了分隔式转折部，为使政府真正从全能政府变为有限政府，使其有效地变微观管理为宏观管理、直接管理为间接管理，最终使学科专业管理体制改革落到实处，实现大学学科专业自主设置与调整权力的落实与扩大提供较为新颖的路径与策略。②

大连理工大学刘晓梅以大连理工大学等研究型理工科为主的高等学校为对象，实证研究了研究生教育中的学术权力与行政权力的适配性，提出研究生教育中涉及权力与部门的适配模型，指出学术权力通过行政权力得以确认和形式化，行政权力通过学术权力实现其人才培养的效能；阐明了研究生教育过程中学术事务由学术权力管理，行政权力执行并监督，行政事务由行政权力管理，学术权力监督并提供建议；要强化学术民主制度建设，确保学术权力落到实处。③

浙江工业大学张金福人等指出，政府对大学学科建设的介入带来了政府管理“碎片化”，表现为政策上的交叉、平台上的重叠和项目上的重复，直接导致非重点学科边缘化、教师价值观与科研行为异化、学科的自主性缺失与主体性缺位和学科投入产出不匹配等现象。关于如何治理政府管理“碎片化”对大学学科建设的消极影响，张金福等人提出需要政府与社会的有效调整和有机配合，更需关注国外政府管理改革趋势和借鉴国内治理的成功经验，树立协同理念，构建整体政府管理模式，政府与大学的缓冲组织，改变政府直接管理的现状。④

---

① 王蓉．关于完善我国研究生教育投入体制机制的思考［D］．北京：北京大学中国教育财政科学研究所，2012.

② 钟雨轩，方耀楣，任浩．学科专业管理体制改革：一个可拓学的“转换桥”思路［J］．江苏高教，2012（6）：48～49.

③ 刘晓梅．研究生教育中学术权力与行政权力适配性研究［D］．大连：大连理工大学，2012.

④ 张金福，吴倩．政府管理“碎片化”对大学学科建设的影响及其治理［J］．中国高教研究，2012（7）：30～34.

三、研究生教育资源配置与微观结构优化

中国科学技术大学彭莉君认为，在研究生教育资源配置上，存在着教育资源的有限性与研究生教育发展所需要资源的无限性之间的客观矛盾，要解决这个矛盾，就必须解决教育资源优化配置问题。合理配置高校研究生教育资源是研究生教育发展的现实需要。彭莉君从宏观和微观两个层面对研究生教育资源配置的公平性、效率性以及影响因素进行分析与探究。结果显示，在宏观层面，全国 31 个省、自治区、直辖市的研究生教育资源在受教育者间的配置比较公平，东部地区的高校研究生教育资源配置效率要高于中、西部地区的效率；在微观层面，研究生教育资源在高水平大学间的分布比较公平，研究生教育源配置效率评价中全国 9 所高水平大学的表现为有效，其他 28 所表现为无效。影响因素分析结果显示，社会外部环境因素中的市场化程度对高校研究生教育资源配置效率有积极影响，但人均 GDP 对其没有影响；高校自身因素中的获得的第三方机构经费占比与研究生教育规模对高校研究生教育资源配置效率有正向影响，师资结构对其没有显著影响。[①]

清华大学孙健认为，研究生教育结构是研究生教育系统的组成要素及其相互间的组合关系状态，既包括宏观层面结构也包括微观层面结构，宏观结构属于表层结构，微观结构属于深层结构。他界定了研究生教育微观结构概念及要素，从课程结构、导师结构与组织结构 3 个方面分析了微观结构对研究生培养质量的影响，分别指出课程结构存在整体封闭、选修课程不足、理论类课程太多的问题；导师结构方面则有导师队伍的学缘结构、年龄结构不合理以及兼职教师太少的问题，研究生教育组织结构封闭性太强和形式单一，并针对性地提出了强化跨学科课程、增加选修课、突出实践课，优化导师学缘结构、年龄结构与专兼职结构，增设跨学科组织与组建虚拟组织等优化方案。[②]

---

① 彭莉君．我国高校研究生教育资源配置现状研究［D］．合肥：中国科学技术大学，2012.

② 孙健．论研究生教育微观结构及其优化［J］．研究生教育研究，2012（1）：9～13.

四、研究生奖助工作制度

随着研究生教育改革的进一步深入，充分认识奖助工作的基础地位和调控功能。奖助工作是研究生培养机制改革中的重要环节，在优化学科结构、平衡学科资源、增长科研课题，强化实践育人等诸多方面起到了良好的调控功能。北京大学奖助工作的实践为理解这一问题提供了很好的参考。①

随着研究生培养机制的改革，各高校研究生奖学金制度也发生了变化，在试点过程当中出现了质疑。兰州大学刘金玉通过问卷调查及无结构访谈呈现了研究生奖学金制度实施的现状，结果表明：现行研究生奖学金制度比以往更有激励性，促进研究生在学习和科研上投入更多，总体实施效果值得肯定，但存在导致部分研究生心理压力较大、学术成果科研创新性不高等结果。研究者提出保证奖学金经费来源充足，扩大奖励范围；科学合理考核研究生，加强学风教育，端正研究生的学习动机；合理分配奖学金和助学金，提高研究生奖学金制度实施效果。②

华东师范大学管佳梳理与总结了国家、地方、高校三级科研资助体系的现状，提出应加强项目资助，完善资助体系；健全研究生资助分配机制，合理分配资源；转换知识价值观，基础研究和应用研究两手抓，灵活设置科研资助周期和申请限制；加大硕士生科研资助力度。③

研究生“三助”工作（助教、助管、助研）很大程度上影响研究生培养质量，是研究生培养工作的重要组成部分，也是高校总体改革的一个重要方面。上海交通大学李丹萍提出提高对“三助”工作的重视并建立和完善研究生“三助”工作契约合同。④ 中南大学滕明珺等人通过对中南大学 8 年研究生“三助”活动的分析研究，指出缺乏统一的管理和评估机制、少数岗位指导者德育工作不到位甚至失范等是制约

---

① 刘明利，杨虎，张林，等．论奖助工作在研究生培养机制改革中的调控功能［J］．研究生教育研究，2012（5）：25～29.

② 刘金玉．现行研究生奖学金制度实施效果研究［D］．兰州：兰州大学，2012.

③ 管佳，李奇涛．我国研究生科研资助的现状、问题与对策分析［J］．学位与研究生教育，2012（7）：48～52.

④ 李丹萍．研究生“三助”工作制度的理论研究与实践探讨［D］．上海：上海交通大学，2012.

“三助”活动深入开展的因素。①

浙江财经学院赵海利通过调查发现，研究生校外兼职的原因主要经济和就业两方面，经济原因反映在研究生资助体系上，就业原因主要体现在培养目标上。提出应做好三项工作：一是以强化导师资助为突破口，进一步完善研究生资助体系；二是强化研究生教育与社会经济的联系；三是设立“双导师制”或“多导师制”以引导研究生教育健康发展。②

第二节　微观管理体制

微观管理体制研究方面，对地方高校的学科组织结构模式选择进行了研究，同时研究生的学位论文分别结合就读高校所在省和地区的有关政策，研究分析了研究生联合培养、农村教育硕士师资培养、区域研究生教育资源配置、民族院校研究生教育管理。研究生的创新与专业实践、学术交流平台与学术组织创新、信息管理系统、党建与辅导员队伍建设等方面进行了研究。其中，关于研究生实践议题，除了研究生创新创业计划体系实施的总结探究，研究者们开始关注工程硕士的专业实践。另外，研究者更加关注学位申请人的申诉权问题。

一、地方高校学科组织结构与研究生培养模式选择

宁波大学单佳平提出，目前大多数地方高校定位为教学型大学或教学研究型大学，不同的发展阶段具有不同的价值取向和组织目标，与之相匹配的学科组织结构需要大学根据自身发展的特点创设和选择。教学型地方高校宜选择建立校—系（所）或校—系—教研室（所）或校—院—系（研究室、所）等直线职能制的学科组织结构，教学研究型地方高校也可积极探索构建学校—学院—学科三级机构的组织结构类型。无论哪一种类型的地方高校，其学科组织都必须遵循高等教育规律，围

① 滕明珺，石西昌．研究生“三助”活动的实践与研究［J］．学位与研究生教育，2012（7）：31～35.

② 赵海利．研究生校外兼职现象透视与思考［J］．中国高等教育，2012（6）：50～51.

绕人才培养、学术创新来设计，有利于促进学科建设、师资队伍建设和人才培养，促进科研和教学水平的提高。①

为提高研究生教育培养质量，适应区域经济社会发展对高层次创新型应用人才的需求，各地区都在探索研究生培养的新模式和新途径。山东、广东、浙江的研究者分别对各省和地区的相关政策进行了分析研究。

青岛大学范雯通过对山东省研究生联合培养基地建设现状进行了实证研究，发现应从内外两方面着手，建立起内部运行的保障体系和外部维护的支撑体系，建议扩大高校、企业、政府、科研院所四方主体的合作范围和力度，加强政府引导作用、为联合培养提供政策制度保障，开辟多元化的资金筹措渠道，推动多方主体互助共建具有先进管理系统的基地平台。②

广州大学曹麟光通过对2006年广东省开始推行“农村教育硕士师资培养计划”各工作环节的调查与分析，深入挖掘该政策陷入困境的原因，对广东省如何更有效地实施该政策提出建议。③

浙江工业大学曹春霞在分析浙江省研究生教育资源类型和资源配置现状的基础上，引出具体评价指标，用DEA分析法分析了研究生教育资源配置效率。结果发现，在创新强省视野下研究生教育资源优化配置应遵循的原则，并从政府、市场、高校3个方面提出优化研究生教育资源配置对策。④

二、民族院校研究生教育管理

中南民族大学向薇玮在分析民族院校研究生教育管理概念及特点的基础上，提出民族院校研究生教育管改革思路：一是政府加强支持力度，政策相对倾斜；二是明确办学思路，培养特色人才；三是促进学校

---

① 单佳平．地方高校学科组织结构模式选择研究［J］．中国高等教育，2012（1）：56～58.

② 范雯．山东省研究生联合培养基地建设的研究［D］．青岛：青岛大学，2012.

③ 曹麟光．广东省农村教育硕士政策实施效果研究［D］．广州：广州大学，2012.

④ 曹春霞．创新强省视野下浙江高校研究生教育资源配置研究［D］．杭州：浙江工业大学，2012.

自身建设，提高培养质量；四是加强对研究生的管理。①

三、研究生创新实践与专业实践

“十二五”期间，教育部实施大学生创新创业计划，将2007年开始实施的大学生创新性实验计划项目扩充为大学生创新训练项目、创业训练项目和创业实践项目。北京邮电大学郭莉等总结了北京邮电大学大学生创新创业训练计划实施的思路与做法；② 吉林师范大学王晓丽等探究了吉林师范大学的研究生教育创新计划实施体系。③

中国石油大学（华东）研究生院俞继仙提出专业实践是全日制工程硕士的重要培养特色，开发专业实践考核系统并进行一系列制度配套，包括修订考核办法及实施细则、出台激励措施、改革企业实践指导教师的遴选和管理办法等，形成全日制工程硕士专业实践考核和激励体系，以提升工程硕士专业实践管理水平，保障工程硕士专业实践质量。④

西南石油大学王晓洁分析了校企联合培养全日制石油行业工程硕士的动力机制及其运行过程中外部环境、内部资源、个体、规章以及系统行为主体相互关系5个影响因素，提出通过建立激励、沟通协调和评价反馈机制增强系统运行动力，保障系统运行动力，推进系统可持续性运行以促进系统的良性发展。⑤

中国MBA教育项目处在追求教育质量与效率并重的快速发展时期，如何加强MBA教育的质量、品牌、声誉建设，探索性地开展网络远程MBA教育项目将是中国MBA教育发展的重点。大连海事大学高翔针对某高校MBA教育项目的发展历史以及现状分析，提出了该高校MBA教

---

① 向薇玮. 民族院校研究生教育管理的问题与对策研究［D］. 北京：中南民族大学，2012.

② 郭莉，王菡，王栩楠. 探索“大学生创新创业训练计划”的管理模式［J］. 现代技术教育，2012（6）：119～121.

③ 王晓丽，杨景海，张作岭，等. 构建立体型“研究生教育创新计划”实施体系［J］. 中国高等教育，2012（12）：51～54.

④ 俞继仙，苏玉亮，杨朝合. 基于网络系统的全日制工程硕士专业实践考核与激励体系的构建［J］. 学位与研究生教育，2012（12）：11～14.

⑤ 王晓洁. 校企联合培养全日制石油行业工程硕士系统的动力机制研究［D］. 成都：西南石油大学，2012.

育项目的市场细分、选择以及具体的定位，并提出了包括服务、质量、品牌、价格、宣传和合作策略等6个方面的项目营销策略设计。①

四、学术交流平台与学术组织创新

知识经济时代的发展、特别是国家重视解决“三农”问题以及建设社会主义新农村的现实要求，都促成了研究型农业大学发展的重要契机。影响研究生创新能力的因素很多，其中一个重要因素就是学术交流。如何建设特色鲜明的研究型农业大学硕士研究生学术交流平台，成为亟须解决的理论与实践问题。华中农业大学吴洁以研究型农业大学为研究对象，分别从思想理念、平台建设原则、平台改进与完善、政策保障、管理科学5个方面对构建研究型农业大学硕士研究生学术交流平台提出对策。②

顺应学科分化与综合化的趋势，以广泛深入应用的信息技术系统作为组织创新和变革的良好抓手，矩阵化、虚拟化和联盟式的新型学术组织是当前学术组织创新的重要选择。中国海洋大学陈凯泉等提出研究型大学应理性对待既有的科层制学术组织架构，充分吸纳组织理论发展的最新成果，以信息技术为强大支撑，创建结构灵活、资源合理分配、跨学科的大学学术组织，如跨学科的、矩阵式的基层学术组织，虚拟研究组织和大型信息化基础设施支持下的联盟式学术组织。③

五、研究生党建与辅导员队伍建设

随着研究生人数的增加及新时期社会舆论多元化的影响，高校研究生党建工作正面临着不少新的问题和挑战。湖南师范大学文静从研究生自身、高校党组织自身、社会环境3个层面阐述了高校党建工作过程中存在的问题，从思想理论、组织制度、工作作风、校园网络建设等4个

---

① 高翔．某高校“MBA专业学位”项目营销策略研究［D］．大连：大连海事大学，2012.

② 吴洁．研究型农业大学硕士研究生学术交流平台构建研究［D］．武汉：华中农业大学，2012.

③ 陈凯泉，张士洋，张凯，等．矩阵化、虚拟化和联盟式：信息时代研究型大学的学术组织创新［J］．高教探索，2012（5）：22～28.

方面提出了对策。①

中国科学技术大学王国燕等从组织心理学角度出发，通过分析研究生辅导员管理对象的主要特征，提出研究生辅导员应具备专业技能胜任、管理沟通胜任、道德责任胜任和亲和特质胜任4个核心要素。②

六、研究生信息管理系统

电子科技大学李志坚指出：随着研究生招生规模的迅速扩大，先进的研究生管理信息系统已成为高校管理的必然选择。他论述了开发平台的搭建和研究生管理信息系统的实现，具体研究了登录、学生基本信息管理、学生成绩管理、课程信息管理、教师基本信息管理、发表论文信息管理、开题报告信息管理、论文答辩信息管理、密码管理等功能模块。③

七、研究生学位申请人申诉权

沈阳师范大学马忠磊提出，伴随着我国教育法律体系的不断完善，之前一直处于弱势地位的学位申请人群体的法律意识与维权意识也随之不断增强，田永案和刘燕文案正是学位申请人维护自己合法权利的典型代表。因我国教育法律体系的不足，当学位申请人的获得学位证书这种实体性权利受到侵害时，没有相应的申诉权这种程序性救济权利来对其受到侵犯的实体性权利进行恢复或补救，更没有对其申诉权遭到侵犯时进一步的救济途径进行实体性及程序性的规定。马忠磊认为要从学位申请人申诉制度和权利救济途径两个方面进行完善，使学位申请人的合法权利在实践中得到切实保障，使在学位授予过程中处于弱势地位的学位申请人的合法权利不受侵害。④

① 文静．新时期高校研究生党建工作的现状及对策研究［D］．长沙：湖南师范大学，2012.

② 王国燕，董雨，鲁丽娟．研究生辅导员胜任力的核心要素分析［J］．研究生教育研究，2012（3）：65～67.

③ 李志坚．研究生学位管理系统的设计与实现［D］．成都：电子科技大学，2012.

④ 马忠磊．学位申请人申诉权保障研究［D］．沈阳：沈阳师范大学，2012.

第三节 文献分布及其特点分析

2012年，针对研究生教育管理研究的文献共有28篇，其中期刊论文12篇、研究生学位论文16篇（博士学位论文1篇、硕士学位论文15篇）。从对所有文献研究主题的分布情况来看，这28篇文献中针对宏观管理体制展开研究的文献共有12篇，针对中观管理体制展开研究的文献共有5篇；针对微观管理体制展开研究的文献共有11篇。

在研究内容和主题方面，与2011年相比，宏观层面虽然相对仍关注研究生教育资源配置与研究生奖助工作制度，但更为深入微观；中观层面则较多地结合地方区域政策；微观层面的研究议题呈多元化现象，除了学生创新实践、研究生党建等议题，研究者开始关注学生群体的权利诉求，如马忠磊的关于学位申请人申诉权保障制度研究。

从研究方法来看，研究生奖助工作制度、研究生创新实践的研究成果主要采用问卷调查、案例等研究方法，其中广东省农村教育硕士政策实施效果调查与现行研究生奖学金制度实施效果研究都结合了研究者的亲身经历。而关于研究生教育投入机制、教育资源配置等研究成果则更多采用了层次分析法。

专题九 研究生教育国际比较研究

2012年度有关研究生教育的国际比较研究，既有对研究生教育发展规模、结构的宏观关注，又有对研究生资助和质量管理体系的中观探讨，还有一些是从微观的培养模式入手，进行详细比较。2012年度的研究具有几个特点：① 研究对象较为集中，主要聚焦于美国、英国、德国、澳大利亚和日本等传统的高等教育地区的研究生教育；② 联合培养备受关注，相关案例研究有以区域合作为代表的欧洲博洛尼亚进程、以校企联合为代表的欧洲校企联合博士教育项目、以校校合作为代表“技术创新：产生经济成果”项目等；③ 一流大学仍是学习的目标，相关研究论文有4篇涉及哈佛大学。此外，专业学位、办学自主权、多元化等都是2012年度研究的重要关键词。

第一节 规模、发展与结构的比较

研究生教育规模的变化影响着研究生教育的改革与结构优化的决策。研究生教育的规模多大才适宜，发展和结构调整的去向如何，备受各界关注。

一、研究生教育规模发展的多元路径

我国研究生教育规模到底大不大？这是目前颇有争议的。清华大学袁本涛等人从存量、增速、经济增长需求和支撑条件等方面，对中国大陆、美国、英国和中国台湾地区1970—2010年的研究生教育相关统计数据进行国际比较和历史发展分析，认为：我国研究生学历人才的资源存量严重不足，与高层次人才需求不相适应；相对于我国人口规模和国民对高层次教育的需求，研究生教育规模依然不足；培养规模与国家经济发展水平还不匹配；但因支撑条件所限，培养规模难以快速扩大。根

据分析，研究者提出我国研究生教育规模发展的战略选择应该是博士生规模基本稳定，硕士生规模可以小幅度稳步提高。①

华南理工大学张建功等人采用主成分分析法并建立回归模型，对中美专业学位研究生规模的影响因素进行研究，并按经济水平、人力基础和师资力量进行对比分析，认为经济发展是专业学位研究生教育规模增长的基础；经济发展到一定水平后，师资力量便成为制约专业学位研究生发展的关键要素；政策和文化对专业学位研究生教育的发展起着积极的导向作用。基于此，研究者指出为适应我国经济社会发展的需要，既要适度扩大专业学位研究生规模，也要坚持适度发展的原则；要加强专业学位研究生教育师资队伍的建设和储备，还需要政府从政策导向方面给予支持。②

此外，国防科学技术大学高进军等人还介绍了专业博士教育国际研讨会（ICPD）的基本情况。该研讨会由英国密德萨斯大学和英国研究生教育理事会于 2009 年联合举办，主要目的是研究英国、欧洲大陆、北美和澳大利亚专业博士教育中的各种理论与实践问题。通过分析会议相关研究成果，研究者认为：专业博士教育有很大的发展前景，规模和专业将会进一步扩展；专业博士的出现与发展将会催生新的培养模式；与传统的哲学博士相比，专业博士教育的出发点和落脚点都是特定职业的需求；专业博士涉及的医疗、卫生、教育等公共领域，将会受到政府的关注和大力支持；随着专业博士教育的发展，导师的数量增多和结构优化是必然趋势。③

二、研究生教育结构的优化调整

我国专业学位研究生教育始于 20 世纪 90 年代。2009 年，国家开始增加专业学位研究生教育的比重，随之而来的是一系列理论和实践的问题逐步显现。相比较而言，国外的专业学位研究生教育（或类似于我国专业学位的研究生教育）已比较成熟，其发展历程和培养模式颇受

---

① 袁本涛，王顶明，刘帆．中国研究生教育规模究竟大不大——基于中、美、英、中国台湾的历史数据比较［J］．学位与研究生教育，2012（8）：53～58.

② 张建功，黄美静，孙飞燕．中美专业学位研究生规模影响因素的比较研究［J］．2012（10）：34～38.

③ 高进军，陈瑶，邵福球，等．从 ICPD 看专业博士教育的国际发展趋势［J］．学位与研究生教育，2012（4）：68～71.

学者关注。

重庆师范大学郭跃回顾了法国专业学位教育的发展历史和现状，发现其有几个特点：专门承担专业硕士培养的学校数量多，培养规模小，专业化程度较高；学制为高中后5年，毕业后直接授予相当于硕士学位的职业性文凭；教师专业化程度较高，且大量的兼职实践教师都来自校外；教学模式灵活多样，实践课程比重大。通过比较，研究者提出一些具体的建议，包括：提高对专业学位教育的认识，主动适应社会发展；更新专业学位办学观念，提高办学地位；强化专业学位教育的专业性，遴选建设一批示范学校；突出专业学位教育的应用性，创新培养模式；构建强有力的专业学位教育管理体制等。①

华中农业大学田学真等人对美国专业学位研究生教育进行了分析，认为其培养模式有鲜明的特征：入学形式灵活与严格并存，国际化程度高；专业院校层次化、特色鲜明，个性化培养；以多元化培养方式为重点，质量要求较高；内外部评估均衡发展，以社会性评估为主导。借鉴美国经验，研究者提出我国专业学位研究生教育要完善入学形式，改革招生制度；明确培养目标，合理规划结构与规模；发挥办学自主权，提高办学针对性；发展社会性评估机构，健全质量评估体系。②

华南师范大学卢勃等人介绍了美国第一职业学位发展历史和特征。第一职业学位是一种特殊的高层次职业学位，是为进入特定专业领域而设计的高于学士学位所要求专业技能水平的一种学位制度，目前包括医学、法律、神学等10类学科领域，具有职业性、实践性和后续性等特点。第一职业学位具有独特的培养方式：其招生录取及学位授予由职业教育相关团体、地方政府及州政府进行管理，课程设置针对性强，师资由学院全职教授和兼职辅导教师共同组成，且学位授予也有较长的时间条件。通过分析，研究者认为美国的第一职业学位对我国专业学位与职业资格的衔接、独立职业学位的设置和应用型专业博士学位的发展等方面也有一定的借鉴意义。③

华东师范大学马爱民对澳大利亚新英格兰大学的教育博士改革进行

① 郭跃．法国专业学位教育的特点及其启示［J］．研究生教育研究，2012（2）：91～95.

② 田学真，张俊．美国专业学位研究生培养模式及其启示［J］．研究生教育研究，2012（6）：91～95.

③ 卢勃，杜燕锋，高佳佳．美国第一职业学位的发展及其启示［J］．研究生教育研究，2012（12）：84～89.

了深入研究，发现新英格兰大学运用新知识生产模式理论和混合课程模型，从结构上将教育博士研修内容分为专业工作场所的文化和学习、专业实践、应用研究方法以及专业“论文包”方案 4 个模块。这种设计旨在提高学校教育与业界的合作水平、增强教育博士研究成果的可利用性，并从高度学术性的研究转向更加关注其专业背景的研究。据此，研究者认为要解决教育专业学位与传统学位教育趋同的问题，我国教育博士发展应当扩大办学自主权，强化培养特色；改革培养模式，加强与实践部门联系；改革学位论文模式，凸显“实践性”。①

第二节　教育管理体系比较

研究生管理体系的研究主要包括两个方面的内容，一是资助管理体系的研究，主要以美国为主要研究对象，涉及了资助体系的构成、资金的管理、贷款配置等问题；二是质量管理体系的研究，包括质量提高的核心内容、质量管理体系的具体构成、质量评价管理等，其中主要从评价机构、政策保障、教育评估等方面对研究生质量评价管理体系进行了重点研究。

一、研究生资助管理体系

南京农业大学李献斌等人分析了美国研究生资助体系。美国联邦政府及高校基于“谁受益、谁付费”的原则，建立了完善的高等教育成本分担机制，政府、基金会及个人的资助、奖学金、助学金等共同组成了其多元化的资助体系。资助经费来源稳定，资助主体为政府，资助形式和标准因学位层次、学校专业的不同而相对多样化。在资助中向少数民族和女性研究生等弱势群体倾斜也是近年来表现的特征。另外，由于贷款额度的压力，学生的债务负担也成为备受关注的问题。通过分析，研究者认为美国的资助体系对我国有重要启示，如：要在制度上体现公正，实践中促进公平；落实政府资助职责，积极拓展资助渠道；理顺贷款与奖、助学金的关系，构建完善的教育成本分担机制；制定多元化的

---

① 马爱民．澳大利亚教育博士改革动向——以新英格兰大学为例［J］．高等教育研究，2012（2）：104～109.

研究生教育政策，实施灵活的研究生资助机制，以满足优秀青年接受研究生教育的需要。[①]

华中科技大学谷志远利用美国高校学生资助调查的统计报告数据，从资助力度、资助方式、资助来源等方面进行分析，认为美国对博士生的资助一直呈上升趋势，且围绕当年美国人均可支配收入进行调控；助学贷款、赠款和助研助教金是美国对博士资助的主要方式，其中学术性博士主要以后两种为主；从资助来源看，包括联邦政府资助、教育机构资助、私人贷款和个人勤工助学等，各种方式的资助力度都在逐年上升，其中个人勤工助学所占比例近年来有所提高。研究者认为我国应该建立博士生资助需求的动态监控机制、建立奖励和资助相结合的更加优化的资助结构体系。同时，要进一步发挥国家助学贷款在博士生资助中的作用。[②]

华东师范大学徐国兴介绍了日本博士研究生科研资助制度，中央政府是资助的核心部分。日本将中央资助博士生科研制度统称为特别研究员制度，根据不同对象分为 PD 与 DC 两种基本类型。在实施过程中，实行严格而公平的选拔机制，以选出真正具有发展前途的博士研究生；不同类型的特别研究员其科研工资与科研经费之间的等级差距较大。另外，日本特别研究员制度依靠具有独立行政法人的日本学术振兴会管理运营。[③]

香港中文大学杨希探讨了美国专业型研究生贷款配置的问题。研究者首先从理论上论证了成本分担和助学贷款政策在专业型研究生中的实施依据，从成本分担和收益的视角提出了贷款配置的基本原则。通过对美国专业型研究生贷款配置方式的实证分析，发现在贷款规模方面，助学贷款在专业型研究生资助中所占比重较大；贷款构成方面，联邦政府在专业型研究生贷款体系中承担了主要角色；贷款的分配方面，在覆盖率和金额上兼顾了专业型研究生教育的成本与收益因素。研究者认为，我国可以适当借鉴美国经验，通过考察专业型研究生教育需求的影响因

---

① 李献斌，王蕊．美国全日制研究生资助体系研究及其启示［J］．学位与研究生教育，2012（11）：72～77.

② 谷志远．美国博士生资助：特点、趋势及启示——基于不同类型博士生的分析［J］．学位与研究生教育，2012（1）：65～69.

③ 徐兴国．日本博士研究生科研资助制度研究［J］．学位与研究生教育，2012（6）：67～70.

素来确定贷款配置的方案，并结合专业教育收益确定贷款配置。①

二、研究生质量管理体系

以改革为动力，加快发展中国特色、世界一流、结构优化、布局合理的高质量学位与研究生教育，是党和政府对我国研究生教育工作提出的新要求。在研究生教育由规模扩张向质量控制转变的重要时期，不断完善和优化研究生培养要素结构、提高要素水平，建立健全研究生培养质量保障体系对提高我国研究生教育质量具有重要意义。2012 年度有关这方面的研究主要从宏观、中观和微观 3 个层面展开。

在宏观层面，清华大学文雯等人认为研究生教育宏观质量的核心是结构，其中科类结构的优化对研究生教育质量的提高有重要意义。研究者通过对美、英、日等国际研究生教育科类结构变化的动因和机制的研究，得到几个结论：知识本身的分化与发展促发了新学科的兴起和传统学科的衰退，是相关学科研究生教育调整的基础和源泉，如交叉学科和工程技术等学科的出现和变化；国家科技创新战略政策规划在政策导向和经费支持上为研究生教育科类结构调整提供了重要的动力，如美国政府发布的研究生教育和国家战略发展的相关法律和报告；产业与科技政策以及产业发展重心的转移，也拓宽了研究生教育科类结构调整的空间；劳动力市场的变化是研究生教育科类结构多样化的直接动力；面对日益激烈的国际竞争和合作，发扬原有学科优势、开拓更具有吸引力的新项目，以吸引更多的留学研究生已成为各国研究生教育教育科类结构调整的新挑战和机遇。②

在中观层面，陕西省人民政府学位委员会杨俊利等人对澳大利亚的学位教育与质量管理体系进行了分析，以澳大利亚 8 校联盟发布的《研究生管理制度标准》和澳大利亚研究生教育研究联席会议提出的《澳大利亚博士生培养示范性框架》为例，指出宽进严出的入学体制与学位授予制度、培养过程的淘汰制度、规范的导师管理制度和完善的研究生教育质量评估体系形成了澳大利亚严格的教育质量管理体系，成就了

---

① 杨希．专业型研究生助学贷款配置——美国经验及其对中国的启示［J］．清华大学教育研究，2012（10）：61～68.

② 文雯，袁本涛．国际视野下研究生教育科类结构调整的动因分析［J］．学位与研究生教育，2012（8）：58～63.

澳大利亚优异的研究生教育，并认为，该国的成功对我国研究生管理有重要的借鉴意义。[①]

华中师范大学刘莉通过对比我国与英、美、法等国的研究生教育质量评价体系的异同，发现根据立法建立国家级的评价机构、高校重视自我评价以及利用社会中介机构的缓冲作用提高评价工作效率和质量等是国外研究生质量评价的主要特点。在对我国研究生质量评价体系的历史演进脉络进行梳理后，研究者认为在国内外研究生质量评价体系中，政府地位的逐渐转变、社会力量作用日益凸显、高校从维护学术自由出发积极提升自我评价，以及政府、高校和社会间通过协商、契约、分工负责、相互牵制逐步走向平衡是国内外研究生教育质量评价的共同趋势。研究者分析了我国研究生教育质量评价体系的不足，提出我国在吸收国际经验的同时，也要注重评价体系的本土化，应通过协商等方式促进政府、社会和高校之间的平衡。[②]

西北师范大学弓婷婷通过对中英两国研究生教育质量外部保障政策的介绍和分析，从学位资质、科研质量和教学质量 3 个维度考察了相关政策及发展，结合我国研究生教育质量外部保障制度的现实状况，研究者认为我国应该从确认分类分级的学位自制政策、突出批判意识和能力、加强学术研究能力等方面改革学位资质保障政策；从评估成员多元化、评估指标定性定量相结合，以促进经费与科研挂钩为目的等方面改革科研质量保障政策；在教学质量保障政策方面，应坚持外部促进和内部公开教学质量信息相结合的方式进行监督，提高教学质量。[③]

在微观层面，浙江同济科技职业学院赵凌对德国高校学位课程认证机制进行了介绍。德国学位课程认证由德国认证委员会批准设立的 6 家认证机构进行，从性质上看，认证机构是独立于政府和高校之外的第三方机构，主要为公益协会；从类型上看，既有覆盖所有专业的地区性认证机构，也包括指向特定专业的认证机构。高校的学位与硕士学位课程认证需要递交申请书、缴纳认证费用，认证机构通过组织评审专家组进行现场考察评估最终得出详细的认证报告，并且每门课程的认证有效期

① 杨俊利，郭艳利．澳大利亚的学位与研究生教育和质量管理体系及启示［J］．法学教育研究，2012（4）：227～236.

② 刘莉．国内外研究生教育质量评价体系的比较研究［J］．现代教育论丛，2012（1/2）：52～59.

③ 弓婷婷．中英研究生质量外部保障政策比较研究［D］．兰州：西北师范大学，2012.

只有5年，到期后必须重新认证。为了保证质量，每个认证项目都有严格的质量控制，不合格和淘汰的比例相当可观。通过分析，研究者认为，为保障我国研究生课程质量，应该建立课程认证机制，在模式上要秉持去行政化和“第三方性”，在认证机构的设置和标准制定中要兼顾统一性与多元性。①

清华大学黄海刚介绍了美国博士生教育评估模式的历史演进。美国从1924年首次实施博士生教育质量评估以来，经历了声望研究、客观指标研究和相关定量研究3个阶段。评估方法由最初的教师院长们的主观评论，发展到利用教师的论著、研究资助或学生成果等客观变量来评估，最终演化为通过确定与教师或博士生教育质量相关的变量，并将其转化为可以测量的维度，如院系规模、联邦资助数量、图书馆资源、教师薪资和教师研究成果等对博士生教育进行质量评估。评估方法的改进也意味着质量评估的目的从单纯的声望排名转向真正的质量转变。②

清华大学李明磊等人详细介绍了美国博士学科评估体系。其评估体系在组织特征方面，拥有以学术型博士学科评估委员领导的，包括评估数据小组、数据外包商、机构审查理事会和数据来源机构等在内的完善的组织治理结构，并且得到官方、私人基金组织、科研机构等多元化的筹资机构的赞助；在技术特征方面，采用自成体系的学科分类系统、综合集成的权重系统，并通过分类和排名区间并用的方法呈现评估结果。研究者认为，美国的博士学科评估从评估理念到评估组织、从评估方法到评估研究都值得我们学习和借鉴。③

北京教育科学研究院闫飞龙考察了日本教育硕士研究生院发展历程和评价模式。日本的研究生质量评价由专门的评价组织“教员养成评价机构”负责，有一套相应的评价标准。研究者从评价机构组成、评价程序方面研究了其评价制度，认为日本教育硕士研究生院评价标准具有突出实践性、创造性、评价行为可操作、强调个性和共性统一以及重视教育成果与效果等特点。我国在教育专业学位研究生教育的评价中应

---

① 赵凌．德国高校学位课程认证：实践与启示［J］．教育发展研究，2012（13/14）：119～122.

② 黄海刚．从声望排名到质量改进——美国博士生教育评估模式的演进［J］．比较教育研究，2012（1）：28～32.

③ 李明磊，王铭．美国博士学科评估特征分析及其启示［J］．教育科学，2012（6）：87～92.

建立与完善专门性评价制度，选择并制定以“实践性教育”为主的评价标准体系。①

此外，案例比较也受到研究者关注。清华大学孙炘等人以清华大学和加州大学伯克利分校为案例，对中美新增学位点授权审核机制进行了对比。美国的学位授予权由州政府通过各类认证机构进行认证。研究者从审核原则、审批程序、审核时间、校内审核内容和外部审核内容5个方面对比了加州大学伯克利分校和清华大学新增博士学位点的审定要求，针对两国的审批流程、上报要求内容、校内审核流程和关注侧重点等异同进行分析，并结合我国实际提出了一些建议，如：明确政府管理定位、建立健全宏观监控体系、落实高校办学自主权、加强学位授予单位内部制度化建设等。②

第三节 培养模式的跨国比较

关于培养模式的国际比较主要集中在联合培养的经验分析、培养模式的改革和发展上，对国际一流大学的培养模式进行个案研究也占了相当的比重，学者们通过对工学、教育学、管理学等不同学科人才培养模式的对比，探讨如何完善我国的研究生教育培养模式。

一、研究生教育的联合培养模式

培养具有多个领域专业知识、拥有综合应对能力的复合型人才，是时代对高等教育提出的新要求。采取什么样的联合培养模式、如何实现教育资源的最大利用，颇受研究者关注。

武汉大学刘亚敏从形成背景、创建动机、联合类型和合作内容等方面详细分析了欧洲校企联合博士教育项目。发现在推进欧洲高等教育区和欧洲研究区的建设进程中，在个人、政府、企业或者高校的推动下，大学和企业基于不同的动机和利益诉求，在博士生教育阶段签署合作协

① 闫飞龙．日本教育硕士研究生院的评价制度及其标准［J］．学位与研究生教育，2012(3)：73～77.

② 孙炘，张圆圆，李京京．中美公立大学新增学位点授权审核比较研究——基于清华大学和加州大学伯克利分校的案例分析［J］．中国高教研究，2012（12）：51～55.

议，建立不同类型的联合培养项目，构建富有成效的“开放式创新模式”，实现大学、企业和博士生三方的共赢，这对我国博士生教育改革有重要的借鉴作用。[①]

复旦大学刘凡丰等人对美国佐治亚理工学院和艾莫利大学合作举办的“技术创新：产生经济成果”项目进行了剖析。该项目是一个管理学、法学、工学等多学科联合培养研究生的跨学科项目，其目标是将商业价值、法律保护、公共政策等各种社会影响因素融入工程技术的研究过程中，实现真正意义的技术创新。研究者从该项目的团队组建、课程与作业等方面概括了其核心活动，认为优秀教授和创业家们的合力指导、紧密的团队交流和“真刀真枪”的学习过程是该项目成功的关键，这对我国建设创新型国家、培养技术创新人才有重要借鉴意义。[②]

天津大学傅利平等人以哈佛大学商学院和肯尼迪政府管理学院的MBA/MPA - ID联合培养计划为例，对其联合培养目标、招生、课程等进行了全面解读，认为该校的联合培养模式对我国提升专业学位研究生教育水平有很好的启示，如：重视单位内部与学校之间的交流和合作，实现校内与校际的联合型培养；积极调整一系列的体制与利益关系；力争教育主管部门和办学单位给予相当的政策和资金支持等。[③]

华中科技大学查远莉以医学研究生合作培养为载体，立足于中德医学研究生合作培养基地建设，分析了研究生教育国际合作与交流在国际、中国以及华中科技大学发展的现状和存在的问题。研究者以中德合作培养教育基地建设为例，通过对中德医学研究生培养模式、师生交流等进行梳理，并结合对华中科技大学与德国两所知名院校合作举办中德暑期学校的案例，归纳总结了中外研究生合作培养的有益经验和启示。研究者认为，合作办学有利于研究生国际化课程的组织与驾驭能力的提升，能促进双方教师互访讲学、鼓励研究生交流与赴外国学习，并且对学校和教师间的合作研究也有重要带动意义。[④]

---

① 刘亚敏，胡甲刚．校企联合培养：欧洲博士生教育的新探索［J］．学位与研究生教育，2012（10）：72～76.

② 刘凡丰，董金华．技术创新：产生经济成果——美国培养技术创新人才的跨学科项目[J]．学位与研究生教育，2012（2）：69～72.

③ 傅利平，张志刚，刘一方．哈佛大学专业学位研究生联合培养项目及其启示［J］．学位与研究生教育，2012（2）：65～68.

④ 查远莉．研究生教育的国际合作与交流研究——中德合作建设医学研究生培养基地的探索与实践［D］．武汉：华中科技大学，2012.

东北师范大学蒋春洋对英国课程硕士的培养做了介绍。英国的研究生教育分为课程硕士和研究型硕士两种。其中，课程硕士生通过修读课程即可完成硕士阶段学习并获得学位，科学研究和论文并不重要。研究者通过对英国课程硕士的产生背景的分析，阐述了其宽松的入学条件、灵活的培养方式、重应用的培养目标、多样化的考核方式等重要特征。基于此，研究者认为我国硕士生培养应该从招生制度、培养模式、培养目标及考核方式等方面借鉴英国课程硕士研究生教育的成功经验。①

二、研究生培养模式改革与发展

随着高等教育国际化的发展，如何促进区域合作备受关注，欧洲博洛尼亚进程则是高等教育区域合作的重要典型。华南师范大学陈先哲通过对欧洲博洛尼亚进程（Bologna Process）中会议报告内容的分析，梳理了欧洲研究生发展战略的重点。其一，启动国际化战略：将过去“本科 + 博士”的高等教育模式改为美国式的本硕连读模式，加强硕士阶段教育，同时加强学术人员的流动；其二，实行标准化战略，包括建立统一标准的学位体制和学分换算体系；其三，制定质量保证战略，通过建立统一的欧洲高等教育质量保证体系来保障欧洲高等教育尤其是研究生教育的竞争力。据此，研究者提出在制定我国研究生教育发展战略的过程中，可以从提高国际化程度、建立共同标准和重视培养质量 3 个方面展开。②

北京大学秦琳对德国的博士研究生培养模式改革进行了全面分析。德国传统的“师徒制”训练模式在发展中暴露出缺乏系统的组织和监督、导师指导难以保证、培养模式过于封闭不利于学科交叉等不足。因此，德国开始建立以培养博士研究生为主要任务的结构化博士研究生培养组织。其中，主要措施是建立各种形式的聚焦于特定研究领域或研究主题之下的研究生院、研究院和博士院等项目。同时，在这些项目之上还在大学的层面建立一个统一的合作平台，以整合资源，发挥信息服务、统筹合作、学生咨询等服务性功能。与师徒制博士生培养模式相比，结构化的博士生培养能更加规范、制度化和标准化地控制培养质

① 蒋春洋．英国课程硕士研究生教育探析［J］．研究生教育研究，2012（4）：91～95.

② 陈先哲．博洛尼亚进程中的欧洲研究生教育发展战略及启示［J］．研究生教育研究，2012（2）：80～85.

量，也在“拓宽思维”、“团队工作”、“跨学科科研能力”等多方面有较大优势。①

河南大学宋伟对澳大利亚学位制度与研究生教育情况进行了系统梳理。在学位制度方面：澳大利亚根据不同的培养目标将研究生教育严格区分为研究性学位与课程性学位，硕士学位分为课程硕士、研究硕士和专业课程硕士三类，博士学位则分为研究博士和专业博士两类。在专业设置方面，主要标准在于生源市场，大学自身可以设置研究生专业，政府主要作用在于备案和监管。在课程设置方面，课程类研究生要修完规定课程拿到相应学分，而研究类研究生没有任何课程学习，只需跟导师进行科研，但都严格按照宽进严出的模式进行管理。借鉴国外的经验，研究者认为大力发展专业学位、改革招生制度、扩大高校办学自主权、改革培养模式、灵活学制设置等是我国目前学位与研究生教育改革的重要内容。②

南京师范大学李扬比较了中国和英、美等国研究生培养过程的不同，从入学方式、课程安排、导师水平与导师设置、学制、教学方式和淘汰机制等方面概括对比了中外研究生教育的优劣，认为国外研究生有入学方式相对宽松、实行严格的淘汰制、跨专业课程和基础课程受到很高重视、导师设置较合理且审核苛刻、实行弹性学制、教学方式以研讨会为主等优势，但也存在学费高、难毕业的问题。基于此，研究者认为我国研究生教育需要取长补短，借鉴发展。③

厦门大学包水梅等人从政治体制、文化传统、研究生教育发展阶段等社会背景出发，分析了中美两国学术型博士研究生在课程体系结构、课程内容、教学方式方法、课程考核等方面的差异，认为我国要借鉴美国经验，在学术型研究生教育中建立跨学科选修课程制度，重视研究方法课程的设置，推行助教制度，加强学业考核制度的执行力度，丰富课程教学方式等，以保障博士研究生培养的质量。④

---

① 秦琳．从师徒制到研究生院——德国博士研究生培养的结构化改革［J］．学位与研究生教育，2012（1）：59～64.

② 宋伟．澳大利亚的学位制度、研究生教育及其启示［J］．学位与研究生教育，2012（2）：73～77.

③ 李扬．中外研究生教育的不同及优劣势比较［J］．教育探索，2012（12）：156～157.

④ 包水梅，谢冉．中美学术型博士研究生课程修读之比较研究［J］．江苏高教，2012（5）：84～87.

东北师范大学孙玉琳阐述了英国博士生培养模式的发展历史，追溯了英国博士教育发展的背景，从历史的角度对英国博士生教育为何形成当下的模式进行了分析。英国的博士生大体上分为学术复合型博士和应用型博士两大类，通过对两类培养模式的典型案例——赫特福德大学和东伦敦大学进行分析，梳理了两大类博士培养模式的特点和异同。认为英国未来的博士培养模式，人数方面需考虑市场供需，博士生学业的完成应衡量学术成果并经时间检验，政府应通过质量准则控制博士生教育。①

东北师范大学苏兆斌等人从培养模式、指导方式、学位论文、学位授予及监管体系等方面对中、美、英、法 4 国博士研究生教育进行比较，探索讨论适合我国国情的博士研究生培养及学位授予制度。通过对比，研究者认为我国博士生培养在学位质量保障方面应该适度放权，形成中央与省级政府分级管理、责权明晰的学位授权审核管理机制，引导社会行业组织或者第三方中介评估机构介入高等教育评估审核；同时，国家应该对特色发展给予政策支持，鼓励应用型专业学位发展，实现专业学位与学术学位的均衡发展；另外，在导师负责制的基础上，实行导师组联合培养。②

三、研究生培养模式个案研究

浙江大学章丽萍等人在分析国际工程教育发展态势和工程硕士学位内涵的基础上，详细阐述了工程硕士发展的最新国际动向，即工程专业实践正在大力回归与发展；工程专业领域不再局限于工程技术和工程科学，而正逐步涉足管理、商务、能源、环境、社会、医疗、生命等领域；工程专业使命将会进一步得到确认与强化。基于此，研究者认为我国工程硕士培养应该对全球问题快速响应，致力于对传统边界的大胆挑战，对创新创业的全力推动，对战略联盟的热切追求以及对工程教育的系统规划。③

---

① 孙玉琳．英国博士生培养模式研究［D］．长春：东北师范大学，2012.

② 苏兆斌，李天鹰．中、美、英、法博士研究生培养及学位授予制度比较研究及启示［J］．世界教育信息，2012（3）：51～56.

③ 章丽萍，孔寒冰，陈子辰．工程硕士学位教育的国际进展［J］．高等工程教育研究，2012（2）：21～28.

清华大学曾开富等人分析了美国凯克研究院的研究生教育改革。该研究院是一所专注于生命科学领域的研究生教育机构，科学与管理兼容的产业精英是其培养目标。以生物科学硕士项目为例，研究者对其学科设置、教学方法、考核方式，以及项目团队建设、项目选题、指导方式、项目成果与考核进行了概述，并从教学论的角度对其以团队为基础，以项目为中心的教学活动进行分析，认为凯克研究院的教育对美国高等工程教育的改革有重要影响，对我国处理科学研究与工程创业、科学研究与人才培养、人才培养目标与培养措施、毕业论文与毕业设计之间以及学校教育与合作教育等方面的关系有重要的启示，值得我们学习借鉴。①

华北电力大学张扬等人通过对哈佛大学师生和管理者的案例描述和分析，探讨了其拔尖人才的培养模式，指出哈佛大学严谨与灵活并重的遴选方式、广度与深度并举的学业方案、宽松与严格并存的评价体制对拔尖人才培养有重要作用。除此之外，研究者认为"人才圈与人才链主导的集群化与竞争性"对哈佛大学拔尖人才的培养作用不可忽视，正是由于大量杰出校友的交流与互动，促成了哈佛合作与竞争同在的集群效应的构建，造就了哈佛大学大批拔尖创新人才。②

山东大学张天舒等人介绍了日本的高端人才培养战略"博士课程教育引领计划"，并对其时代背景、政策要素与特征及实施要素作了全方位分析。"博士课程教育引领计划"从2011年开始实施，是日本高等教育配合国家创新战略的最新实践。该计划的要点是：以培养世界一流的高端人才为目标，重点培养具有全能型、复合型、唯一型三类人才，国家将给予财政支持；实行校长负责制，实现高校内部各学科和高校与社会之间的横向联动，实施硕博一贯和博士中期考核制度，有来自高校、产业界和政界的导师团队共同指导；另外，项目最长实施周期7年，实行中期考核，由第三方评估机构实施评估。研究者以大阪大学为例，介绍了"引领计划"的实施现状，认为日本的计划对我国高端创新人才培养有重要的借鉴意义，提出我国的博士生培养目标应该与国家

---

① 曾开富，王孙禺，张冰，等．美国凯克研究院创业型卓越工程人才培养模式研究［J］．高等工程教育，2012（6）：47～58.

② 张杨，张立彬，马志远．哈佛大学拔尖人才培养模式探讨［J］．学位与研究生教育，2012（4）：72～77.

发展战略结合，培养过程要透明化、规范化和制度化，并主张积极引进第三方评价机制。①

湖南大学熊正德等人对国外管理类创新型研究生培养经验进行研究，认为高效高质的管理制度是管理类创新型研究生培养的基本保障，如法制化的市场办学制度、严格的招生选拔制度、高效的经费配置制度以及多极化的教育评估制度；具有较强针对性的培养目标、极具特色的培养模式、弹性学制等培养机制是管理类创新型研究生培养的核心要素；个性化的教学方法、高互动的教学过程、多样复合的教学手段、科学的战略教育等课程教学是其关键所在。基于分析，研究者认为我国管理类创新型研究生培养在宏观上应促使培养管理制度化、全面保障研究生培养质量，微观上应调动师生创新积极性、共同提高研究生培养水平。②

吉林财经大学陶继芬通过对捷克布拉格查理大学哲学院“英美研究”系的考察研究，认为其课程设置及教学管理对我国英语专业人才培养特别是“复合型英语人才”有重要借鉴意义。在培养方式方面，应该将注重语言技能和人文素养的高端英语专门人才和注重创新素质的复合型人才分流培养；在课程设置方面，要认真思考英语专业人文课程和语言技能课程设置的比例，提高英语专业知识课程比重；在学习绩效考评方面，应实施多元化的教学评价，不仅要重视量化的结果，更要重视思维能力和创新能力的发展。③

苏州大学谢冉等人对厦门大学和哈佛大学的教育博士研究生的培养目标、招生考试、学制与培养方式、课程、学业考核以及科学研究与学位论文等进行了比较，认为其多元化的生源结构、灵活的招生制度以及跨学科辅修计划等对我国博士生培养都有重要的借鉴意义。另外，对于哈佛大学教育博士培养中的不足，也值得我们进行思考规避。④

厦门大学包水梅以厦门大学和斯坦福大学为例，从培养目标、学

① 张天舒，李明磊．日本高等教育重点建设战略新动向——博士课程制教育引领计划［J］．高等教育研究，2012（12）：104～109.

② 熊正德，刘禹，郭荣凤．管理类创新型研究生培养的国际经验与启示［J］．研究生教育研究，2012（5）：90～95.

③ 陶继芬．对捷克布拉格查理大学英语专业人才培养模式的若干思考［J］．东北师大学报，2012（4）：246～249.

④ 谢冉，母小勇．中美教育博士研究生培养制度比较研究——基于厦门大学与哈佛大学的案例分析［J］．学位与研究生教育，2012（9）：68～72.

制、课程教学、实践实习、科学研究、学位论文、学业考核等方面对比了中美高等教育学博士研究生培养制度，得到的基本结论是：我国与美国高等教育学的培养环节大致相同，但内容和实施过程差别很大：美国的教育学博士培养目标视野更宽更高；课程设置更加具体微观；教学方式上注重大量的阅读、讨论和实践；实践以助教助研为主要形式；考核由专门的考核委员会进行，更为严格；学业论文选题更加具体，侧重实证研究，同时答辩委员会成员必须有具有跨专业或跨学科的教师参与。研究者认为美国教育学博士在跨专业的辅修计划、研究方法训练、助教助研制度、博士学位候选人资格考试以及政策执行力度等方面值得我国借鉴。[①] 另外，包水梅还对哈佛大学 2009 年创设“教育领导博士”的背景和推进过程进行了介绍与分析，认为教育领导博士以培养实现教育体制成功变革的开拓型领导者为目标，在招生录取、导师指导、课程设置与实习规定等方面都与传统的普通教育博士有较大区别。同时，为保障目标的顺利达成，该学位计划获得了来自包括政府政策、师资、社会和资金等校内外多方的支持。[②]

第四节　文献分布及其特点分析

2012 年度，涉及研究生教育国际比较的文章约 158 篇。其中，期刊论文 139 篇，学位论文 19 篇，被纳入此次综述范围的文献共有 41 篇。从文献分布来看，在 41 篇文章中，期刊论文 38 篇，占总数的 92.7%；学位论文 3 篇，占总数的 7.3%。

按第一作者身份进行统计，在大学和科研院所工作的教学科研人员 21 人，占 51.2%。其中正高职称（教授、研究员等）作者 6 人，占 14.6%，与 2011 年度的 23.1% 相比有一定程度的下降；“985 工程”院校作者 20 人，占 48.8%，比 2011 度年增加了 10 个百分点；研究生作者 14 人，比 2011 年度增加了 1 倍多；行政管理人员仍较少，仅有 3 人。

---

① 包水梅．中美高等教育学博士研究生培养制度的比较研究——基于厦门大学与斯坦福大学的案例分析［J］．高校教育管理，2012（4）：59～66.

② 包水梅．哈佛大学“教育领导博士”学位的创设及其培养方案研究［J］．学位与研究生教育，2012（8）：64～70.

从论文发表载体看，2011 年度纳入综述的文献全部来自高等教育领域的期刊和大学学报，而 2012 年度管理学领域的期刊也占有一定比例；论文来源期刊数量与 2012 年度保持一致，仍为 16 种，其中发表于《学位与研究生教育》的论文 16 篇，与 2011 年度的 10 篇相比有大幅增加。

从期刊论文受资助情况来看，2012 年度受到各类基金资助的论文有 25 篇，占 61.0%；与 2011 年度的 20 篇（占 51.3%）相比有明显增加。

2011 年度与 2012 年度研究生教育国际比较研究文献的基本特征和变化情况如下（见表 9－1）。

表 9－1　2011 年度与 2012 年研究生教育国际比较研究文献基本情况

	文章总数（篇）	期刊论文比例（%）	第一作者比例（%）			受资助比例（%）	期刊分布（种）
			正高	“985” 院校	研究生		
2011 年	39	94.9	23.1	38.5	15.4	51.3	16
2012 年	41	92.7	14.6	48.8	36.6	61.0	16
年度变化	↑	↓	↓	↑	↑	↑	持平

归纳起来，2012 年度研究生教育国际比较研究具有两个显著特征：① 在研究内容上，较多的研究者能够从我国研究生教育发展亟待解决的问题出发，考察国外成功案例，特别是欧美教育发达国家和地区的成功经验。如对国外专业学位教育的研究，对国外研究生质量保障体系的研究，对校内校外联合培养机制的研究等。② 在研究方法上，绝大多数学者采用的是定性研究方法，如文献研究法、案例研究法、历史研究法等，运用数理统计、模型假设之类定量研究方法的论文仅占 6%。

总体来看，2012 年度关于研究生教育国际比较研究的文献总量与 2011 年度相比有所增加，但具有创新性和重大应用价值的文章并不多见。相当一部分论文不同程度地存在对国外经验的本土化研究不够深入，对具体的微观问题研究不够重视，或对国外拔尖创新人才、高端复合型人才培养模式剖析不够透彻等问题，研究水平有待进一步提高。

2012年中国研究生教育质量研究要目辑览

专题一　研究生教育基本问题研究

1. 陈钟颀．我国学位与研究生教育的特色［J］．学位与研究生教育，2012（4）：4～6.

2. 叶绍梁．复旦大学院系国际学术评估的初步探索和思考［J］．学位与研究生教育，2012（10）：20～23.

3. 郭海燕，程学竹，石中英．国家公派研究生项目实施成效的个案分析［J］．中国高等教育，2012（18）：58～59.

4. 何峰，胡晓阳，贾爱英．国家公派联合培养博士生留学成效初探——基于“国家建设高水平大学公派研究生项目”的考察和分析［J］．学位与研究生教育，2012（6）：51～55.

5. 吉标，徐继存．我国课程与教学论专业研究生培养30年：历史、现状与思考［J］．中国高教研究，2012（10）：39～45.

6. 王战军．学位与研究生教育评价理论与方法［M］．北京：高等教育出版社，2012.

7. 欧涛．知识社会视野中的学位制度［D］．南京：南京师范大学，2012.

8. 罗斯静．基于校本管理理念的学位管理体制改革研究［D］．导师：罗建国．长沙：湖南师范大学，2012.

9. 顾越桦．全日制硕士研究生分类培养模式的构建研究［J］．江苏高教，2012（1）：108～110.

10. 周三．教育学硕士研究生专业认同研究［D］．导师：洪芳．苏州：苏州大学，2012.

11. 程伟华，董维春，刘晓光．农业院校来华留学研究生教育发展问题与对策［J］．学位与研究生教育，2012（2）：42～46.

12. 范雯媛梓．广西高校专业学位研究生教育发展战略研究［D］．

导师：陈闻．桂林：广西师范大学，2012.

13. 钟柏昌．论姓“教”与姓“技”之争：基于隐喻的层次分析[J]．中国电化教育，2012（9）：22～26.

14. 王建美．跨学科团队科研中研究生科研能力培养探究［D］．导师：张慧洁，刘凡丰，熊庆年．上海：复旦大学，2012.

15. 孙健．论研究生教育微观结构及其优化［J］．研究生教育研究，2012（1）：9～13.

16. 李立国，黄海军．我国省域研究生教育的学科布局［J］．复旦教育论坛，2012（1）：55～58＋64.

17. 彭莉君．我国高校研究生教育资源配置现状研究［D］．导师：古继宝，张淑林．合肥：中国科学技术大学，2012.

18. 韩迟．江西省研究生教育与经济发展的关切度及对策研究[D]．导师：彭迪云．南昌：南昌大学，2012.

19. 庄丽君，刘少雪．培养规模和就业变化对博士生教育的影响研究［J］．研究生教育研究，2012（4）：7～10＋26.

20. 张平，孙萍，王亮．辽宁省专业学位研究生教育的困境与出路[J]．学位与研究生教育，2012（9）：45～49.

21. 蒋承，龚卫华，张恬．对我国博士供需现状的探讨［J］．中国高等教育，2012（23）：42～45.

22. 黄海军，李立国．我国研究生教育对经济增长的贡献率——基于1996—2009年省际面板数据的实证研究［J］．高等教育研究，2012（1）：57～64.

23. 王一博．专业学位研究生教育结构发展适切性分析［D］．导师：吴开俊．广州：广州大学，2012.

24. 郑湘晋，王莉．关于专业学位研究生教育改革的若干思考［J］．学位与研究生教育，2012（4）：15～19.

25. 刘国瑜，李昌新．对专业学位研究生教育本质的审视与思考[J]．学位与研究生教育，2012（7）：39～42.

26. 宋胜男．全日制专业学位硕士参与企业实践培养效果的关键影响因素实证研究［D］．导师：杨雷，戚兴华．广州：华南理工大学，2012.

27. 杜丹．专业学位研究生培养机制研究［D］．郑州：郑州大学，2012.

28. 陈沛，王处辉．全日制专业硕士报考吸引力偏低的原因探析[J]．教育科学，2012（3）：54～59.

29. 孔国庆．全日制专业学位硕士的“相对剥夺感”调适论析［J］．现代大学教育，2012（1）：105～109.

30. 唐检云．专业学位教育发展应更加贴近实际［J］．中国高等教育，2012（10）：51～52＋63.

31. 章丽萍，孔寒冰，陈子辰．工程硕士学位教育的国际进展［J］．高等工程教育研究，2012（2）：21～28.

32. 郑小林，冯潇，冯斌．工程硕士教育与区域职业资格认证相衔接的探索与实践［J］．学位与研究生教育，2012（2）：57～61.

33. 李杰，李镇．我国工程硕士教育与工程师职业资格认证对接的思考［J］．学位与研究生教育，2012（2）：62～64.

34. 王斌．全日制工程硕士研究生实践能力培养研究［D］．导师：张乐平．广州：华南理工大学，2012.

35. 李云鹏．论教育博士专业学位研究生教育的比较优势［J］．中国高教研究，2012（3）：44～48.

36. 金铃．教育硕士培养的问题与对策研究［D］．导师：常思亮．长沙：湖南师范大学，2012.

37. 陈强．论教育硕士专业学位教育的专业性［D］．导师：李学农．南京：南京师范大学，2012.

38. 贺菲．美国密歇根州立大学教育硕士培养方案研究［D］．导师：周琴．重庆：西南大学，2012.

39. 王晓琴．全日制专业硕士与学术硕士培养的比较研究［D］．导师：佟庆伟．北京：首都师范大学，2012.

40. 李云鹏．美国“重塑教育博士卡内基行动”及其启示［J］．学位与研究生教育，2012（6）：63～67.

41. 马金晶．成果导向教育博士课程发展研究［D］．导师：靳玉乐．重庆：西南大学，2012.

42. 王璟．高层次应用型法律人才培养模式探究［D］．导师：张婷姝．南京：南京理工大学，2012.

43. 刘倩．法律硕士复合型人才结构要素的实证分析［D］．导师：史凤林，王志刚．太原：山西大学，2012.

44. 刘轶鸥．MBA 教育中外对比分析及发展策略研究［D］．导师：

牛占文．天津：天津大学，2012.

45. 汪洋，宁黎，余全红，等．临床医学专业学位研究生教育存在的问题及对策研究——以中山大学为例［J］．研究生教育研究，2012(4)：57～62.

46. 宋建波，荆新，王化成．开展会计硕士（MPAcc）教育质量认证的研究［J］．会计研究，2012（10）：11～20＋95.

47. 张军，肖华松．我国博士学位公示制度探析［J］．学位与研究生教育，2012（6）：48～50.

48. 王海峰，高枫岚，罗长富，等．研究生学位论文远程评审系统的设计与使用［J］．学位与研究生教育，2012（2）：29～32.

49. 张颀寅．利用微博支持研究生移动学习的需求分析与设计研究［D］．导师：郑燕林．长春：东北师范大学，2012.

50. 喻玲．基于 Web 2.0 的研究生虚拟学习社区的设计与开发［D］．导师：朴姬顺．西安：陕西师范大学，2012.

51. 袁金英．研究生学术素养培育网络平台的设计与实现［D］．导师：马秀峰．曲阜：曲阜师范大学，2012.

52. 聂志杰．基于 Web 2.0 的研究生个人学习环境的构建与应用研究［D］．导师：涂涛．重庆：西南大学，2012.

53. 崔海东．基于 JBPM 工作流的研究生导学系统的研究与设计［D］．导师：贾卓生．北京：北京交通大学，2012.

专题二　研究生教育质量研究

1. 郭建如．我国高校博士生教育质量保障：制度与文化分析［J］．高等教育研究，2012（6）：41～51.

2. 胡莹，赵坚．硕士专业学位论文的基本要求及评价——以上海法律硕士等类别评价指标体系研制为例［J］．研究生教育研究，2012(12)：73～76.

3. 华宝玉，刘思文，周丹．基于控制论的研究生教育质量保障体系研究——以西南交通大学为例［J］．学位与研究生教育，2012（1）：28～32.

4. 冀惠．全日制专业学位研究生教育服务质量满意度指数研究［D］．

武汉：华东师范大学，2012.

5. 孔令夷．大样本条件下博士论文质量模型研究［J］．情报杂志，2012（6）：79～102.

6. 孔令夷．基于解释结构模型的博士学位论文质量关键影响因素分析［J］．中国高教研究，2012（4）：51～55.

7. 李丽，王前．基于实证的博士生教育质量影响因素分析［J］．学位与研究生教育，2012（9）：14～18.

8. 梁传杰．研究生教育内外部和谐质量保障机制的构建［J］．学位与研究生教育，2012（2）：5～8.

9. 廖文武，陈文燕，郭代军．研究生教育质量影响因素分析与对策研究［J］．研究生教育研究，2012（4）：11～15.

10. 廖湘阳．重构研究生教育质量保障的价值理念［J］．中国高等教育，2012（7）：22～24.

11. 林杰，朴雪涛．我国教育硕士专业学位标准研究［J］．研究生教育研究，2012（2）：74～84.

12. 蔺玉．博士生科研绩效及其影响因素的实证研究［D］．合肥：中国科学技术大学，2012.

13. 林梦泉，朱金明，吕磊．专业学位教育质量保障机制研究［J］．研究生教育研究，2012（6）：55～57.

14. 刘春惠，王战军．基于学位类型的研究生教育质量评价［J］．学位与研究生教育，2012（2）：9～13.

15. 刘洁，卢中秋，吕建新．地方医学院校硕士研究生教育质量保障体系的构建——以温州医学院为例［J］．学位与研究生教育，2012（5）：30～34.

16. 刘焱．基于内容分析的国内研究生教育质量影响因素研究［J］．河北大学学报（哲学社会科学版），2012（4）：40～44.

17. 刘焱．研究生教育质量影响因素实证研究——以河北5所高校为例［J］．学位与研究生教育，2012（6）：55～57.

18. 梅红，宋晓平．研究生教育外部质量保障体系建设思考［J］．研究生教育研究，2012（6）：13～18.

19. 潘剑波，李安萍．专业学位研究生教育应用性的缺失及其对策［J］．教育发展研究，2012（17）：14～18.

20. 潘午丽．高校博士生指导教师胜任特征模型构建［D］．长沙：

湖南大学，2012.

21. 彭安臣，沈红．博士生资助与博士生培养质量——基于12所大学问卷调查数据的实证分析［J］．学位与研究生教育，2012（7）：53～60.

22. 彭兰，潘午丽．高校博士生导师胜任特征模型构成要素研究［J］．学位与研究生教育，2012（8）：19～22.

23. 祁晓，赵庆年．区域研究生教育规模与结构的评价及测度——以广东省为例［J］．教育发展研究，2012（23）：45～52.

24. 戚兴华，高久群，宁黎，等．博士生资助与博士质量保障的体系互动［J］．学位与研究生教育，2012（2）：20～24.

25. 王顶明，刘帆．我国学位与研究生教育的成绩、问题与发展任务［J］．研究生教育研究，2012（12）：1～6.

26. 王东芳．博士生教育质量评价：新情境下的挑战与启示［J］．学位与研究生教育，2012（2）：14～19.

27. 王玲．我国全日制专业硕士教育质量保障机制构想［J］．学位与研究生教育，2012（12）：20～25.

28. 王玉环，程杰贤，任健华．基于专家关注度的博士学位论文评价指标体系分析［J］．学位与研究生教育，2012（9）：49～53.

29. 王战军，李明磊，李江波．研究生教育评估新思维［J］．清华大学教育研究，2012（1）：17～22.

30. 王战军．建立健全新时期研究生教育质量保障体系［J］．中国高等教育，2012（6）：30～33.

31. 石恒慧．研究生教育服务质量与学生满意度研究［D］．兰州：兰州大学，2012.

32. 夏欧东，何沐蓉，陈爱华，等．构建临床医学专业学位研究生评价考核体系的探索［J］．学位与研究生教育，2012（6）：44～47.

33. 向智男，孙延明．国际化视野下我国工程硕士学位标准的分析及对策［J］．高等工程教育研究，2012（2）：29～36.

34. 许长青．专业学位硕士研究生教育质量发展评估报告：以华南地区研究型大学为例［J］．现代大学教育，2012（3）：93～100.

35. 徐俊忠．研究生教育质量的“多元共治”与大学办学自主权的保障术［J］．学位与研究生教育，2012（2）：1～4.

36. 徐军海，姚纬明．胜任特征视野下的博士生源质量提升对策［J］．

江苏高教，2012（2）：118～120.

37. 徐琳，孙跃东．高校硕士研究生生源与培养质量的相关性研究——基于6所不同层次高校的实证研究［J］．研究生教育研究，2012（6）：55～59.

38. 殷翔文．大力提高研究生培养质量的思考与实践——以江苏省为例［J］．学位与研究生教育，2012（4）：1～4.

39. 尹晓东．研究生培养质量问题及对策探究［J］．国家教育行政学院学报，2012（7）：69～73.

40. 翟亚军，王战军，彭方雁．研究生教育质量的指数测度方法——对“985工程”一期教育部直属高校的实证分析［J］．教育研究，2012（2）：79～83.

41. 翟亚军，王战军．省级政府学位与研究生教育管理职能的历史演进及未来走向［J］．学位与研究生教育，2012（4）：64～67.

42. 甄良，康君，英爽．专业学位研究生培养质量评价及保障体系的构建［J］．研究生教育研究，2012（12）：52～55.

43. 张立迁．博士生教育中引入淘汰机制的应然考量［J］．研究生教育研究，2012（2）：15～18.

44. 张淑林，彭莉君，古继宝．工程博士专业学位研究生教育质量保障体系的建构［J］．研究生教育研究，2012（6）：61～66.

45. 张晓阳，甄鹏．中美理工科博士科研绩效量化比较研究［J］．学位与研究生教育，2012（1）：70～74.

46. 张艳国，刘小强．关于我国研究生教育质量建设的思考［J］．学位与研究生教育，2012（5）：5～8.

47. 赵世奎，沈文钦，张帅．博士生学术生产力的国际比较研究［J］．学位与研究生教育，2012（7）：73～77.

48. 周姬媛．硕士研究生教育质量问题与对策研究［D］．长沙：湖南师范大学，2012.

49. 周文辉，王战军，刘俊起，等．我国研究生教育满意度调查——基于在读研究生的视角［J］．学位与研究生教育，2012（12）：34～40.

50. 边疆．护理硕士专业学位培养方案与毕业考核评价指标体系构建的研究［D］．太原：山西医科大学，2012.

51. 陈彦茜．我国工程硕士教育质量保障体系的构建研究［D］．

中原工学院，2012.

52. 陈媛．护理硕士专业学位研究生临床能力考评指标体系的研究[D]．广州：南方医科大学，2012.

53. 程雪．专业学位研究生人力资本价值评估及其教育质量评价[D]．济南：山东财经大学，2012.

54. 卢方霞．首届社会工作专业硕士生对MSW教育的评价研究[D]．武汉：华中科技大学，2012.

55. 晋素灵．导师指导质量评价研究［D］．上海：华东师范大学，2012.

56. 裴亚亚．全日制专业学位硕士研究生教育质量保障机制研究[D]．南昌：南昌大学，2012.

57. 余群林．在职教育硕士专业学位教育发展的评估性研究［D］．武汉：华中师范大学，2012.

58. 张岩．基于粗糙集理论的研究生教育质量评价研究［D］．成都：西南交通大学，2012.

59. 钟昌红．研究生教育质量评价的理论与实践研究［D］．北京：北京理工大学，2012.

60. 赵栋歌．全日制教育硕士课堂教学质量监控研究［D］．金华：浙江师范大学，2012.

专题三　研究生培养研究

1. 周叶中，夏义堃．以质量为中心 以创新为动力 全面深化研究生培养机制改革［J］．学位与研究生教育，2012（10）：6～10.

2. 罗盛旭，胡广林，梁振益，等．工科研究生培养模式的实践与创新［J］．海南大学学报（自然科学版），2012（2）：187～190.

3. 吴志军，李晔，曹静，等．同济大学车辆工程领域全日制专业学位研究生校企联合培养模式的探索［J］．学位与研究生教育，2012（8）：36～39.

4. 刘亚敏，胡甲刚．校企联合培养：欧洲博士生教育的新探索[J]．学位与研究生教育，2012（10）：72～76.

5. 姜志胜，银洁，张新华，等．国内基于“创新基地”的产学研一体化研究生培养模式探讨［J］．当代教育论坛，2012（3）：39～42.

6. 彭雯．广西高校产学研合作研究生培养模式创新研究［D］．桂林：广西师范大学，2012.

7. 姚金水，李梅，张献，等．地方高校研究生多导师培养模式的实践［J］．研究生教育研究，2012（6）：36～38.

8. 熊玲，李忠．本—硕—博贯通的创新人才培养模式探究［J］．学位与研究生教育，2012（1）：11～15.

9. 姚洁，朱培君．创新型研究生培养模式研究［J］．东北电力大学学报，2012（5）：75～77.

10. 冯斌，张伟，何跃，等．我国研究生培养模式创新研究现状与反思［J］．重庆教育学院学报，2012（2）：104～108.

11. 李姚矿，娄敏．全日制专业学位研究生培养模式探讨［J］．合肥工业大学学报（社会科学版），2012（1）：128～133.

12. 耿有权，彭维娜，彭志越，等．全日制专业学位研究生培养模式运行状况的调查研究——基于全国14所重点高校问卷数据［J］．现代教育管理，2012（1）：103～108.

13. 梁传杰，张凌云．基于协同的专业学位研究生培养模式创新[J]．高教发展与评估，2012（6）：93～96.

14. 秦发兰，陈新忠，汪华，等．关于全日制专业学位研究生特色化培养的思考［J］．中国高教研究，2012（4）：56～60.

15. 宋伟伟．全日制专业学位硕士研究生培养模式的研究［D］．长沙：湖南农业大学，2012.

16. 赵岩，朱爱军．科学学位与专业学位研究生培养模式比较研究[J]．高等农业教育，2012（6）：73～76.

17. 张圆圆．全日制专业学位与学术学位研究生培养模式比较研究[D]．郑州：河南大学，2012，55.

18. 王建美．跨学科团队科研中研究生科研能力培养探究［D］．上海：复旦大学，2012.

19. 傅蕾．硕士研究生科研能力的诊断与提升［D］．上海：华东师范大学，2012，118.

20. 滕燕．培养工科研究生能力的几点做法［J］．高教论坛，2012（3）：111～112.

21. 李佳．地方高校文科硕士研究生实践能力培养研究［D］．宜昌：三峡大学，2012.

22. 罗英姿，吕红艳．博士生创新能力的影响因素分析——基于江苏省5所大学资深博导的访谈结果［J］．学位与研究生教育，2012（5）：16～21.

23. 廖军政．浅谈研究生就业能力培养［J］．中国证券期货，2012（7）：296～297.

24. 李高峰，杨祖培．教学类研究生具备的教师专业素质调查研究［J］．学位与研究生教育，2012（10）：60～63.

25. 杨希祥，张为华，张士峰．强化综合素质理念 提高理工科研究生培养质量［J］．当代教育理论与实践，2012（7）：61～63.

26. 张妍．基于石油企业人才需求的研究生素质模型研究［D］．成都：西南石油大学，2012.

27. 高芳祎．我国研究生课程与教学改革效果的调查研究［J］．学位与研究生教育，2012（10）：27～31.

28. 谢一萍，崔爽，段丽萍，等．不同层次医学院校研究生对研究生课程体系的评价分析［J］．学位与研究生教育，2012（12）：55～60.

29. 李勇．加强工科研究生课程体系建设 促进研究生培养机制改革［J］．华中师范大学学报（人文社会科学版），2012（S1）：188～191.

30. 黄华俨，何少颖．高校文科研究生课程质量评价模式探索——基于全面质量管理理念［J］．福建教育学院学报，2012（3）：55～58.

31. 肖定邦，辛华，吴学忠，等．交叉学科研究生课程教学的探索与实践［J］．高等教育研究学报，2012（3）：115～117.

32. 王变云，任志洪．研究生课程质量评估述评与展望［J］．福建教育学院学报，2012（1）：49～52.

33. 张巍，齐民，赵明砚．研究生课程质量监督与评价信息系统的设计与实践［J］．学位与研究生教育，2012（3）：30～33.

34. 孙健．研究生教育课程结构及其优化的理性思考［J］．中国高教研究，2012（3）：36～39.

35. 罗依平，戴宗．案例教学改革与公共管理学科研究生科研创新能力培养［J］．研究生教育研究，2012（3）：47～50.

36. 李春鹏，王栓杰，王昌盛．项目教学法在研究生教学中的探究［J］．

中国电力教育，2012（22）：43～55.

37. 王燕华，陈莉．体验式教学与研究生个人知识管理能力培养[J]．研究生教育研究，2012（2）：39～43.

38. 怀丽，夏军，卢铮松．构建数字化教学平台 创新研究生教学模式［J］．学位与研究生教育，2012（5）：63～66.

39. 王本陆，姚相全．提升研究生课堂教学质量："2+1" 教学模式的建构与实践［J］．学位与研究生教育，2012（12）：51～54.

40. 唐益群，赵化，王建秀，等．硕士研究生课程教学模式改革的探索［J］．教学研究，2012（1）：36～38.

41. 王非，郭继荣，唐晓霞．专业学位研究生英语自主性教学模式探索——基于结构方程建模的实证研究［J］．研究生教育研究，2012（5）：55～59.

42. 赵晨昕，赵和平．历史学科全国优秀博士学位论文分析［J］．学位与研究生教育，2012（5）：21～24.

43. 王永伟，徐飞，李淑敏．哲学学科全国优秀博士学位论文分析[J]．学位与研究生教育，2012（8）：49～53.

44. 杨奕虹，李宁，武夷山．从1999～2011年全国优秀博士学位论文看学科获优能力［J］．学位与研究生教育，2012（8）：44～49.

45. 吴根洲．全国优秀博士学位论文分布存在马太效应吗［J］．研究生教育研究，2012（3）：73～78.

46. 王雅静，肖敏，闫伟．基于过程集成的博士学位论文质量管理模式研究［J］．学位与研究生教育，2012（10）：23～26.

47. 王海峰，高枫岚，罗长富，等．研究生学位论文远程评审系统的设计与使用［J］．学位与研究生教育，2012（2）：29～32.

48. 周益兰．TMLC在研究生学位论文检测中的应用研究［J］．研究生教育研究，2012（2）：71～74

49. 刘存祥．研究生学位论文质量管理体系的构建研究［J］．经营管理者，2012（9）：259.

50. 王颖，徐雷．研究生学位论文质量的管、评、控治理模式研究——以对外经济贸易大学实践做法为例［J］．国际商务（对外经济贸易大学学报），2012（4）：113～120.

51. 张军，韩佳彤，郭振．以自主学习能力培养为主导 拓展导师的角色扮演——研究生学位论文质量提高的根本解决之道［J］．社科纵横，2012（4）：162~163.

专题四　研究生导师队伍建设研究

1. 高策理，郭钊，崔艳萍. 强化导师职责 统筹资助体系 稳步开展研究生培养机制改革试点工作［J］. 学位与研究生教育，2012（11）：1~4.

2. 朱晓芸，杨潮. 研究生工作管理系统及导师遴选功能的设计与实现［D］. 天津：天津师范大学，2012.

3. 蔡双喜. 10所一流大学女性导师比例下降［N］. 中国妇女报，2012-02-16（2）.

4. 高策理，郭钊，崔艳萍. 强化导师职责 统筹资助体系 稳步开展研究生培养机制改革试点工作［J］. 学位与研究生教育，2012（11）：1~4.

5. 唐德先，刘国军，彭涛. 强化导师责任 扎实推进研究生思想政治教育——以东北师范大学为例［J］. 学位与研究生教育，2012（5）：54~56.

6. 张登本. 如何当一个合格的研究生导师［J］. 陕西中医学院学报，2012（5）：109~110.

7. 于峰，张勇. 研究生师生关系的非均衡性现状及其影响和调整[J]. 学位与研究生教育，2012（12）：69~72.

8. 宋晓平，梅红. 博士生培养过程中师生互动关系研究——基于博士研究生的视角［J］. 中国高教研究，2012（8）：50~54.

9. 范建刚. 硕士生导师“指导低效困境”的形成机制探析［J］. 学位与研究生教育，2012（11）：67~71.

10. 晋素灵. 导师指导质量评价研究——基于全日制专业学位研究生满意度的视角［D］. 上海：华东师范大学，2012.

11. 胡晓阳，贾爱英. 博士生培养过程中和谐指导模式的构建——基于对北京大学在校博士生的调查［J］. 学位与研究生教育，2012（3）：1~6.

12. 黄振中. “双导师制”在法律硕士教学与培养中的完善与推广[J]. 中国大学教育，2012（2）：27~30.

13. 龙红明，李家新，王平，等．团队式导师制研究生培养模式探索［J］．中国冶金教育，2012（4）：41～43.

14. 王颖鑫．清华国学研究院发展探析——基于导师团队建设视角［D］．曲阜：曲阜师范大学，2012.

15. 姚金水，李梅，张献，等．地方高校研究生多导师培养模式的实践［J］．研究生教育研究，2012（12）：36～38.

16. 马明霞，白迪，王启烁．桃李不言 下自成蹊——徐光宪先生的治学经验与育人心得［J］．学位与研究生教育，2012（12）：29～33.

17. 王建梁，魏体丽，覃丽君．我国研究生导师培训制度研究［J］．学位与研究生教育，2012（8）：23～25.

18. 耿有权，彭维娜，汪琴．全国优秀博士学位论文指导教师的素质维度研究——基于指导3篇以上全国优秀博士学位论文的32位导师的调查［J］．中国高教研究，2012（1）：51～55.

19. 国兆亮，王楠．关于研究生导师评价的几点思考［J］．中国高教研究，2012（1）：56～58.

20. 周晓芳，肖鹏，卢勃，等．从研究生角度建立研究生导师评价指标体系——以华南师范大学为例［J］．宁波大学学报（教育科学版），2012（6）：100～104.

专题五　研究生招生与就业

1. 余桂红．研究生招考制度改革之流变、论争与反思［J］．高等教育研究，2012（11）：35～42.

2. 乔思辉．新时期我国硕士研究生招生制度演变分析——兼论高校招生自主权的变化［J］．研究生教育研究，2012（6）：25～30.

3. 李友峰，刘元芳．军队院校研究生招生政策的问题与对策分析［J］．学位与研究生教育，2012（10）：45～48.

4. 徐菁，吴宏翔．研究生招生制度改革背景下的组织管理变革［J］．研究生教育研究，2012（12）：7～12.

5. 余桂红，张应强．研究生招考方式改革百年：流变与特征［J］．学位与研究生教育，2012（11）：43～47.

6. 牛梦虎．我国学术型博士生招考选拔方式研究——关于入学申请制改革的可行性［D］．上海：华东师范大学，2012.

7. 汤美华．硕士研究生选拔方式研究［D］．南京：南京大学，2012.

8. 徐军海，姚纬明．胜任特征视野下的博士生源质量提升对策[J]．江苏高教，2012（2）：118～120.

9. 李梦卿，刘珂，徐燕萍．职业技术教育学研究生招生与培养研究［J］．高等教育研究，2012（4）：77～81.

10. 陈睿．硕士研究生招生初试考试内容改革研究［J］．中国高教研究，2012（9）：49～51.

11. 周仁来，陈睿，张环，等．对硕士研究生招生初试科目改革效果的分析研究——以教育学门类初试科目改革为例［J］．学位与研究生教育，2012（3）：52～55.

12. 关于研究生复试考核维度的思考——国外研究生胜任特征研究的启示［J］．中国高教研究，2012（9）：40～48.

13. 刘玉萍．文科类硕士研究生复试模式优化研究——基于人才素质测评的应用分析［D］，重庆：重庆大学，2012.

14. 杨欣翥，高溥，王红，等，研究生招生调剂工作中的问题与对策［J］．学位与研究生教育，2012（3）：48～51.

15. 王文龙．研究生录取环节中效率与公平的博弈［J］．研究生教育研究，2012（5）：20～24.

16. 赵守盈，何妃霞，陈维，等．Rasch 模型在研究生入学考试质量分析中的应用［J］．教育研究，2012（6）：61～65.

17. 罗清海，邹海贵，周玉林．几所地方高校工科硕士研究生就业调查分析［J］．研究生教育研究，2012（6）：20～24.

18. 杨翰馨．云南省高等教育学硕士研究生就业问题研究［D］．昆明：云南大学，2012.

19. 胡雪洁．高等教育学硕士研究生发展现状调查［D］．成都：四川师范大学，2012.

20. 陈爱平．地方高校硕士研究生就业问题研究［D］．广州：广州大学，2012.

21. 马峥．法律硕士研究生就业结构的调查与研究——以南方 D 大学为例［D］．桂林：广西师范大学，2012.

22. 邱广让．论体育专业硕士就业竞争力的培养［D］．重庆：重庆大学，2012.

23. 青梅．高学历毕业生就业之困［M］．北京：北京工业大学，2012，6.

24. 屈晓婷．研究生就业能力研究：社会认知与教育政策［M］．北京：北京交通大学，2012.

25. 张天舒，杜言敏．硕士毕业生求职行为与就业结果关系分析[J]．学位与研究生教育，2012（5）：34～38.

26. 段菲．研究生情绪智力、家庭环境对职业决策自我效能感的影响［D］．西安：西北大学，2012.

27. 杨夏．重庆市硕士研究生的成人依恋、择业效能感及其相关性研究［D］．重庆：西南大学，2012.

28. 王世超．专业认同、职业期望与职业决策困难关系研究——以武汉地区社会工作专业硕士为例［D］．武汉：华中科技大学，2012.

29. 刘玲．硕士研究生择业效能感与就业压力、成就动机、心理健康的关系研究［D］．武汉：湖北大学，2012.

30. 徐超．硕士研究生就业观念研究——以H省高校硕士研究生为例［D］．郑州：郑州大学，2012.

31. 丁金凤．当代研究生就业观及其引导［D］．南京：南京师范大学，2012.

32. 董琦．硕士毕业生职业价值观研究——以北京地区为例［D］．北京：首都经济贸易大学，2012.

33. 朱威．农业院校研究生职业价值观研究——以华中农业大学为例［D］．武汉：华中农业大学，2012.

34. 孙玫．护理硕士职业决策自我效能及择业观研究［D］．长沙：中南大学，2012.

35. 袁汝婷，陈文广．“硕士环卫工”显铁饭碗“魅力”依旧［N/OL］．新华每日电讯，2012－10－26［2013－10－20］．http：//news. xinhuanet. com/mrdx/2012－10/26/c_ 131932168. htm.

36. 童婵娟．当前重庆市女研究生就业问题研究［D］．重庆：重庆大学，2012.

37. 雷顺利．当前我国女研究生就业“难”问题的成因及对策研究[D]．重庆：西南政法大学，2012.

38. 史珺洁．女研究生就业问题分析与对策研究［D］．长春：长春理工大学，2012

39. 曾晓芬．我国高校女硕士生就业问题分析及对策研究［D］．金华：浙江师范大学，2012.

40. 赵盼．文科类专业女硕士研究生职业选择的个案研究［D］．上海：上海师范大学，2012.

41. 童婵娟．当前重庆市女研究生就业问题研究［D］．重庆：重庆大学，2012.

42. 李韦．社会资本对女硕士研究生就业影响的研究［D］．南京：南京信息工程大学，2012.

43. 陈晓旭．高校英语教育硕士教育实习的现状调查研究［D］．济南：山东师范大学，2012.

44. 李奔．高师院校教育技术学全日制教育硕士教育实习现状调查与分析——以东北师范大学为例［D］．长春：东北师范大学，2012.

45. 宋雅．硕士研究生兼职现象调查研究——以苏州大学为例［D］．苏州：苏州大学，2012.

46. 姜岩．研究生实习与择业倾向、就业方向关系研究［D］．北京：北京交通大学，2012.

47. 谢红梅，龚惠香，彭列平，等，研究生创业倾向与创业需求分析——基于浙江大学的调查［J］．学位与研究生教育，2012（4）：48～52.

48. 刘虎．研究生创业教育研究［D］．长沙：湖南农业大学，2012.

49. 彭月涛．硕士研究生职业生涯规划研究——基于 Y 大学的调查研究［D］．昆明：云南大学，2012.

50. 高宇泽．基于 SWOT 理论的护理硕士研究生职业生涯规划现状研究［D］．太原：山西医科大学，2012.

51. 王云飞，研究生职业生涯规划状况调查及对策研究［D］．南宁：广西师范学院，2012.

52. 高宇泽．基于 SWOT 理论的护理硕士研究生职业生涯规划现状研究［D］．太原：山西医科大学，2012.

53. 黄林楠，马堃．硕士研究生职业生涯规划 ARM 模式的构建［J］．江苏高教，2012（3）：102～103.

54. 周世佳．新形势下加强科研机构硕士研究生就业指导工作的对策思考［J］．学位与研究生教育，2012（10）：41～44.

专题六　研究生德育研究

1. 罗志敏．研究生学术道德问题研究：当代挑战与模式转换［J］．学位与研究生教育，2012（5）：48～52.

2. 王霁霞，张颖，王磊．我国研究生学术诚信现状及对策研究［J］．研究生教育研究，2012（6）：19～23.

3. 武晓峰，王磊，张颖．我国研究生学风和学术道德现状的调查与分析［J］．学位与研究生教育，2012（3）：18～23.

4. 郭玉珍，李久贤．研究生学术道德与学术规范现状探究［J］．东南大学学报（哲学社会科学版），2012，14（2）：122～125.

5. 蔡云．研究生学术失范研究——以M大学为例［D］．南昌：江西师范大学，2012.

6. 于丹．我国研究生学术不端行为的防范与治理研究［D］．海南：海南大学，2012.

7. 王俊哲．研究生学术不端认定问题研究［D］．广州：广州大学，2012.

8. 武晓峰，王磊，张颖．我国研究生学风和学术道德现状的调查与分析［J］．学位与研究生教育，2012（3）：18～23.

9. 罗志敏．回顾与前瞻：研究生学术道德建设十年（2002—2012）［J］．研究生教育研究，2012（5）：10～15.

10. 焦娜．研究生学术道德养成机制研究［D］．合肥：安徽师范大学，2012.

11. 何峰，贾爱英，郭蕾．研究生学术道德规范教育体系的探索与实践——以北京大学为例［J］．学位与研究生教育，2012（5）：44～47.

12. 李礼．加拿大高校学术道德与学术规范教育探析——以多伦多大学和滑铁卢大学为例［J］．比较教育研究，2012（9）：14～17.

13. 何淑萍．研究生思想政治教育途径探析［D］．天津：天津师范大学，2012.

14. 曹立中．研究生德育创新研究［D］．武汉：华中师范大学，2012.

15. 黄鸿娇，研究生淘汰机制的德育功能［D］．南京：南京信息工程大学，2012.

16. 张玲．以学术型社团为平台培养研究生学术道德研究［D］．石河子：石河子大学，2012.

17. 许佃兵．高校研究生德育工作实效弱化困境及其对策［J］．江苏高教，2012（3）：100～101.

18. 黄锐．高校专业学位硕士研究生德育工作存在的问题及对策探析［J］．思想理论教育导刊，2012（10）：113～115.

19. 谢典．农业院校研究生思想道德教育问题研究［D］．哈尔滨：东北农业大学，2012.

20. 王丹丹．态度理论视阈下研究生思想政治教育实效性研究［D］．郑州：河南工业大学，2012.

21. 白清平，陈巧玲．我国研究生思想政治教育：问题及对策［J］．研究生教育研究，2012（5）：16～19.

22. 许佃兵．高校研究生德育工作实效弱化困境及其对策［J］．江苏高教，2012（3）：100～101.

23. 黄锐．高校专业学位硕士研究生德育工作存在的问题及对策探析［J］．思想理论教育导刊，2012（10）：113～115.

24. 曹立中．研究生德育创新研究［D］．武汉：华中师范大学，2012.

25. 潘剑波，李安萍．网络环境下研究生德育工作应对之策［J］．江苏高教，2012（5）：130～131.

26. 李婵．研究生思想政治教育的特殊性与教育对策研究［D］．武汉：华中师范大学，2012.

27. 白清平，陈巧玲．我国研究生思想政治教育：问题及对策［J］．研究生教育研究，2012（5）：16～19.

28. 张亚男．硕士生心理健康现状及与完美主义、一般自我效能感的相关性研究［D］．长沙：湖南师范大学，2012.

29. 王利群，赵晓杰．关于女性研究生心理健康问题的思考［J］．东北师大学报（哲学社会科学版），2012（1）：197～200.

30. 姚志艳．硕士研究生自我差异问卷的编制及其自我差异与心理健康的关系［D］．武汉：华中科技大学，2012.

31. 武晓会. 硕士研究生心理压力的特点及应对方式研究［D］. 长沙：湖南师范大学，2012.

32. 蔡小霞. 硕士研究生主观幸福感的调查及干预研究［D］. 大连：辽宁师范大学，2012.

33. 肖乐意. 硕士研究生的幸福观、幸福感及其相关研究——来自湖南4所大学的调查［D］. 长沙：湖南师范大学，2012.

34. 张晓洁. 旅游管理专业硕士研究生主观幸福感的实证研究［D］. 大连：东北财经大学，2012.

35. 范琳洁. 女硕士研究生主观幸福感的影响因素研究［D］. 武汉：华中科技大学，2012.

36. 李青. 全日制女硕士研究生的角色定位分析研究［D］. 太原：山西大学，2012.

37. 周靖一. 高等院校硕士研究生专业认同研究［D］. 苏州：苏州大学，2012.

38. 李秀琴. 我国全日制专业学位研究生角色认同研究——基于重庆市高校的调查［D］. 重庆：西南大学，2012.

39. 周玲燕. 跨学科硕士研究生专业适应性研究［D］. 金华：浙江师范大学，2012.

40. 王国政. 硕士研究生的专业归属感研究——以教育经济管理专业为例［D］. 南京：南京师范大学，2012.

41. 秦文. 女硕士生成就动机研究［D］. 南京：南京师范大学，2012.

42. 丁健. 非英语专业研究生英语学习动机与成绩的相关性研究［D］. 西安：长安大学，2012.

43. 石红. 工科硕士研究生英语学习动机的研究［D］. 武汉：华中师范大学，2012.

44. 魏卫. 非英语专业研究生英语自主学习现状调查研究——以南京航空航天大学为例［D］. 南京：南京航空航天大学，2012.

45. 李海强. 在读青年知识分子交往的结构、行为与功能［D］. 南京：南京大学，2012.

46. 王荆岵. 研究生人际交往的现状探析及对策建议［D］. 青岛：青岛大学，2012.

47. 张艳燕. 山西太原市高校在读硕士研究生休闲消费行为研究［D］.

桂林：桂林理工大学，2012.

48. 马霞．研究生媒介消费研究——以中央民族大学研究生为例［D］．北京：中央民族大学，2012.

49. 李佳伦．女研究生身体消费现状及其影响因素的研究——以 L 大学为例［D］．兰州：兰州大学，2012.

50. 陈冬冬．女研究生的自尊对其身体外观态度的影响研究——基于对华中科技大学 233 名女研究生的身体消费状况调查［D］．武汉：华中科技大学，2012.

51. 陈永刚．山东省普通高校研究生休闲体育现状及其教育对策的研究［D］．曲阜：曲阜师范大学，2012.

52. 田欣欣．济南市普通高校硕士研究生体育锻炼现状研究［D］．济南：山东师范大学，2012.

53. 艾文．武汉地区高校女硕士研究生体育行为的调查研究［D］．武汉：华中师范大学，2012.

54. 韩文娇．研究生旅游行为和市场开发研究［D］．大连：辽宁师范大学，2012.

55. 章俊梅．在校女研究生的婚恋观现状分析及研究——基于上海市部分高校在校女研究生的调查与分析［D］．上海：上海交通大学，2012.

56. 程美芳．社会转型期女研究生的婚恋观研究——以南京地区高校为例［D］．南京：南京航空航天大学，2012.

57. 丁岚．女博士婚恋“难”的心理分析研究［D］．南京：南京师范大学，2012.

58. 李锋亮，陈鑫磊，何光喜．女博士的婚姻、生育与就业［J］．北京大学教育评论，2012，10（3）：114－123.

59. 王瑾瑾．硕士研究生闲暇时间管理现状调查研究——以 Q 师范大学为例［D］．曲阜：曲阜师范大学，2012.

60. 刘妮香．研究生 A 型人格、成就动机与时间管理倾向关系研究［D］．南京：南京师范大学，2012.

61. 剧晨．研究生时间管理倾向、自我价值感与生活满意度的研究［D］．呼和浩特：内蒙古师范大学，2012.

62. 郭燕燕．研究生拖延行为的现状调查及心理分析研究［D］．太原：山西大学，2012.

专题七　学科建设研究

1. 谢维和. 谈学科的道理 [J]. 中国大学教学, 2012 (7): 4~6.

2. 李力, 杜芃蕊, 于东红. 重塑大学学术共同体: 基于大学学科发展的研究 [J]. 国家教育行政学院学报, 2012 (8): 49~53.

3. 刘亚敏. 被"规训"的学科规训理论: 误读与重释 [J]. 江苏高教, 2012 (4): 19~22

4. 翟亚军. 大学学科建设模式研究 [M]. 北京: 科学出版社, 2011.

5. 王战军. 深刻剖析大学学科建设——读翟亚军《大学学科建设模式研究》有感 [J]. 学位与研究生教育, 2012 (1): 74~77.

6. 梁传杰. 对学科建设几个基本问题的思考 [J]. 研究生教育研究, 2012 (4): 57~60.

7. 许赞, 李东, 孔祥浩. 学科创新动力系统的构建与运行机制研究 [J]. 中国高教研究, 2012 (3): 33~35.

8. 费军. 自组织理论视野下我国高校优势学科建设研究 [D]. 合肥: 合肥工业大学, 2012.

9. 陈利敏. 种群生态视角下的学科会聚: 模型构建与实证分析[D]. 杭州: 浙江工业大学, 2012.

10. 刘双. 基于学科发展的大学内部权力结构研究 [D]. 杭州: 浙江工业大学, 2012.

11. 何培, 郑忠, 何德忠, 等. C9 高校与世界一流大学群体学科发展比较——基于 ESI 数据库的计量分析 [J]. 学位与研究生教育, 2012 (12): 64~69.

12. 邱均平, 牛奉高, 余凡. 传承与创新: 2012 年中国研究生教育及学科专业评价研究 [J]. 重庆大学学报 (社会科学版), 2012, 18 (6): 79~90.

13. 朱明, 杨晓江. 大学学科评价之思辨 [J]. 中国高教研究, 2012 (5): 41~47.

14. 李岩伟. 基于数据挖掘的学科评价方法研究 [D]. 长春: 吉林大学, 2012.

15. 杨玉琴. 化学学科能力及其测评研究 [D]. 上海: 华东师范大学, 2012.

16. 李力, 杜芃蕊, 于东红. 从学科构建到卓越学术共同体的形成: 哈佛大学学科发展的内涵与经验 [J]. 中国高教研究, 2012 (4): 65~70.

17. 苌庆辉, 李克敏. 产学研合作反哺学科发展: 理想模型、实践困境和改进策略 [J]. 学位与研究生教育, 2012 (11): 53~58.

18. 宋鸿雁. 我国学科建设制度与实践的多层面反思 [J]. 江苏高教, 2012 (1): 33~36.

19. 张静, 戴开军, 布都会, 等. 以学科大类为平台的推免生选拔机制探索与实践——以西北农林科技大学为例 [J]. 学位与研究生教育, 2012 (12): 61~63.

20. 段锐, 付晶, 田俊. 研究型大学内部学科资源配置的优化模型[J]. 科技进步与对策, 2012, 29 (8): 136~140.

21. 王丽娟. 论大学学科发展与专业建设相互协调之管理策略 [J]. 江苏高教, 2012 (2): 19~22.

22. 张建宇, 李羽让, 孙东平, 等. 以学科实验平台为基础构建研究生公共实验教学体系的构想与实践 [J]. 学位与研究生教育, 2012 (3): 33~35.

23. 段红云. 论学科建设的合力 [J]. 学位与研究生教育, 2012 (3): 40~44.

24. 张金福, 吴倩, 骆晓. 我国大学学科建设中的政府介入现状、特点及其治理对策 [J]. 现代大学教育, 2012 (4): 18~24.

25. 谭亮. 我国高校重点学科建设与核心竞争力研究 [D]. 武汉: 中南民族大学, 2012.

26. 朱青. 我国大学重点学科建设制度研究 [D]. 南京: 南京师范大学, 2012.

27. 谢春艳, 杨军, 王丽萍. 珠三角产业发展与广东高校重点学科科技资源分析 [J]. 深圳大学学报 (人文社会科学版), 2012, 29 (3): 157~160.

28. 张晓宁. 实施优势学科建设工程建设国内一流、国际先进的高水平学科——以江苏省为例 [J]. 学位与研究生教育, 2012 (9): 54~57.

29. 张影陆．优势学科培育基本途径研究［J］．江苏高教，2012（2）：41～42.

30. 刘法虎，张彦通．中国理工科优势大学人文社会学科的价值追寻［J］．高等工程教育研究，2012（2）：92～95.

31. 钱佩忠．高校学科群建构机理与路径［J］．学位与研究生教育，2012（5）：71～74.

32. 王秉琦．从学科视角看德育的科学发展［J］．高校理论战线，2012（4）：38～40.

33. 邓卓明．跨学科研究在思想政治教育学科建设中的应用［J］．高校理论战线，2012（2）：18～20.

34. 齐晓安．马克思主义理论学科建设与思想政治理论课程建设的相互支撑及条件研究［J］．东北师大学报（哲学社会科学版），2012，258（4）：218～222.

35. 王树荫．思想政治教育史学科建设构想［J］．高校理论战线，2012（1）：52～54.

36. 佘双好．思想政治教育学科发展现状与发展路径的回溯与展望[J]．思想理论教育导刊，2012（12）：40～45.

37. 徐柏才．建立民族思想政治教育学的再思考［J］．中央民族大学学报（哲学社会科学版），2012，39（3）：148～153.

38. 周国平．学科准入与分等视野下学科的合法性危机探讨——以思想政治教育学科为例［J］．教育发展研究，2012（2）：61～68.

39. 王善迈．创建中国特色的教育经济学科体系［J］．教育与经济，2012（1）：1～3.

40. 王攀峰．教育现象学视野下公共教育学教学的视角转向［J］．首都师范大学学报（社会科学版），2012（5）：61～66.

41. 王建华．教育学：学科门类还是一级学科［J］．复旦教育论坛，2012，10（2）：5～9.

42. 项建英．近代中国大学教育学科设置的4种模式［J］．华东师范大学学报（教育科学版），2012（6）：84～89.

43. 康妮，钟晓征，刘惠琴．浅析工程领域的设置与调整［J］．学位与研究生教育，2012（11）：59～62.

44. 凌朝栋，曹强．试论地方文化研究与中文学科建设关系［J］．中国大学教学，2012（8）：41～44.

45. 丛莹．我国大学图书馆学科馆员与学科建设的研究［D］．天津：天津师范大学，2012.

46. 王乐．基于学科交叉的我国体育教育训练学学科优化研究［D］．长沙：湖南师范大学，2012.

47. 何志伟．30余年教育管理学科的研究取向［D］．杭州：浙江师范大学，2012.

48. 王贵芬．重点农业大学优势学科可持续发展的路径研究［D］．武汉：华中农业大学，2012.

49. 徐碧鸿．我国高校体育工程学科建设研究［D］．北京：中国矿业大学，2012.

50. 杨连生，肖楠，恽晓方．大学学科文化功能研究：起源、回顾与思考［J］．东北大学学报（社会科学版），2012，14（1）：74～78.

51. 肖楠，杨连生．大学学科文化的知识生产功能及其表现与障碍[J]．学位与研究生教育，2012（1）：29～33.

52. 肖楠．大学学科文化的育人功能研究［D］．大连：大连理工大学，2012.

53. 高山．大学学科文化冲突融合与创新研究［J］．现代大学教育，2012（5）：72～76.

54. 黄葵．国际化与世界一流大学的建设——以学科建设为视角看北京大学国际化进程［J］．教育与经济，2012（3）：34～37.

55. 徐力，杨莹莹．合并高校学科专业整合实证研究——以吉林工商学院为例［J］．社会科学战线，2012（3）：271～272.

56. 闫广芬．基于区域视角的重点学科建设研究：以天津市为例[J]．学位与研究生教育，2012（10）：36～40.

57. 纪平，杨亭亭，李松．开放大学学科建设研究［J］．现代远距离教育，2012，140（2）：28～33.

58. 王贺元，胡赤弟．学科—专业—产业链：协同创新视域下的基层学术组织创新［J］．中国高等教育，2012（12）：38～42.

59. 方舒婷．教师课程理解的学科差异［D］．福州：福建师范大学，2012.

专题八　研究生教育管理研究

1. 王蓉．关于完善我国研究生教育投入体制机制的思考［D］．北京：北京大学中国教育财政科学研究所，2012.

2. 钟雨轩，方耀楣，任浩．学科专业管理体制改革：一个可拓学的“转换桥”思路［J］．江苏高教，2012（6）：48～49.

3. 张金福，吴倩．政府管理“碎片化”对大学学科建设的影响及其治理［J］．中国高教研究，2012（7）：30～34.

4. 刘晓梅．研究生教育中学术权力与行政权力适配性研究［D］．大连：大连理工大学，2012.

5. 彭莉君．我国高校研究生教育资源配置现状研究［D］．合肥：中国科学技术大学，2012.

6. 孙健．论研究生教育微观结构及其优化［J］．研究生教育研究，2012（1）：9～13.

7. 刘明利，杨虎，张林，等．论奖助工作在研究生培养机制改革中的调控功能［J］．研究生教育研究，2012（5）：25～29.

8. 刘金玉．现行研究生奖学金制度实施效果研究［D］．兰州：兰州大学，2012.

9. 管佳，李奇涛．我国研究生科研资助的现状、问题与对策分析［J］．学位与研究生教育，2012（7）：48～52.

10. 李丹萍．研究生“三助”工作制度的理论研究与实践探讨［D］．上海：上海交通大学，2012.

11. 滕明珺，石西昌．研究生“三助”活动的实践与研究［J］．学位与研究生教育，2012（7）：31～35.

12. 赵海利．研究生校外兼职现象透视与思考［J］．中国高等教育，2012（6）：50～51.

13. 范雯．山东省研究生联合培养基地建设的研究［D］．青岛：青岛大学，2012.

14. 曹麟光．广东省农村教育硕士政策实施效果研究［D］．广州：广州大学，2012.

15. 曹春霞．创新强省视野下浙江高校研究生教育资源配置研究［D］．

杭州：浙江工业大学，2012.

16. 单佳平. 地方高校学科组织结构模式选择研究［J］. 中国高等教育，2012（1）：56～58.

17. 向薇玮. 民族院校研究生教育管理的问题与对策研究［D］. 北京：中南民族大学，2012.

18. 俞继仙，苏玉亮，杨朝合. 基于网络系统的全日制工程硕士专业实践考核与激励体系的构建［J］. 学位与研究生教育，2012（12）：11～14.

19. 王晓洁. 校企联合培养全日制石油行业工程硕士系统的动力机制研究［D］. 成都：西南石油大学，2012.

20. 郭莉，王菡，王栩楠. 探索“大学生创新创业训练计划”的管理模式［J］. 现代技术教育，2012（6）：119～121.

21. 王晓丽，杨景海，张作岭，等. 构建立体型“研究生教育创新计划”实施体系［J］. 中国高等教育，2012（12）：51～54.

22. 高翔. 某高校“MBA专业学位”项目营销策略研究［D］. 大连：大连海事大学，2012.

23. 吴洁. 研究型农业大学硕士研究生学术交流平台构建研究［D］. 武汉：华中农业大学，2012.

24. 陈凯泉，张士洋，张凯，等. 矩阵化、虚拟化和联盟式：信息时代研究型大学的学术组织创新［J］. 高教探索，2012（5）：22～28.

25. 文静. 新时期高校研究生党建工作的现状及对策研究［D］. 长沙：湖南师范大学，2012.

26. 王国燕，董雨，鲁丽娟. 研究生辅导员胜任力的核心要素分析［J］. 研究生教育研究，2012（3）：65～67.

27. 李志坚. 研究生学位管理系统的设计与实现［D］. 成都：电子科技大学，2012.

28. 马忠磊. 学位申请人申诉权保障研究［D］. 沈阳：沈阳师范大学，2012.

专题九　研究生教育国际比较研究

1. 袁本涛，王顶明，刘帆. 中国研究生教育规模究竟大不大——

基于中、美、英、中国台湾的历史数据比较［J］．学位与研究生教育，2012（8）：53～58.

2. 张建功，黄美静，孙飞燕．中美专业学位研究生规模影响因素的比较研究［J］，2012（10）：34～38.

3. 田学真，张俊．美国专业学位研究生培养模式及其启示［J］．研究生教育研究，2012（6）：91～95.

4. 高进军，陈瑶，邵福球，等．从ICPD看专业博士教育的国际发展趋势［J］．学位与研究生教育，2012（4）：68～71.

5. 郭跃．法国专业学位教育的特点及其启示［J］．研究生教育研究，2012（2）：91～95.

6. 卢勃，杜燕锋，高佳佳．美国第一职业学位的发展及其启示[J]．研究生教育研究，2012（12）：84～89.

7. 马爱民．澳大利亚教育博士改革动向——以新英格兰大学为例[J]．高等教育研究，2012（2）：104～109.

8. 李献斌，王蕊．美国全日制研究生资助体系研究及其启示［J］．学位与研究生教育，2012（11）：72～77.

9. 谷志远．美国博士生资助：特点、趋势及启示——基于不同类型博士生的分析［J］．学位与研究生教育，2012（1）：65～69.

10. 徐兴国．日本博士研究生科研资助制度研究［J］．学位与研究生教育，2012（6）：67～70.

11. 杨希．专业型研究生助学贷款配置——美国经验及其对中国的启示［J］．清华大学教育研究，2012（10）：61～68.

12. 文雯，袁本涛．国际视野下研究生教育科类结构调整的动因分析［J］．学位与研究生教育，2012（8）：58～63.

13. 刘莉．国内外研究生教育质量评价体系的比较研究［J］．现代教育论丛，2012（1/2）：52～59.

14. 弓婷婷．中英研究生质量外部保障政策比较研究［D］．兰州：西北师范大学，2012.

15. 赵凌．德国高校学位课程认证：实践与启示［J］．教育发展研究，2012（13/14）：119～122.

16. 李明磊，王铭．美国博士学科评估特征分析及其启示［J］．教育科学，2012（6）：87～92.

17. 杨俊利，郭艳利．澳大利亚的学位与研究生教育和质量管理体系及启示［J］. 法学教育研究，2012（4）：227～236.

18. 闫飞龙. 日本教育硕士研究生院的评价制度及其标准［J］. 学位与研究生教育，2012（3）：73～77.

19. 黄海刚. 从声望排名到质量改进——美国博士生教育评估模式的演进［J］. 比较教育研究，2012（1）：28～32.

20. 孙炘，张圆圆，李京京. 中美公立大学新增学位点授权审核比较研究——基于清华大学和加州大学伯克利分校的案例分析［J］. 中国高教研究，2012（12）：51～55.

21. 刘亚敏，胡甲刚. 校企联合培养：欧洲博士生教育的新探索[J]. 学位与研究生教育，2012（10）：72～76.

22. 刘凡丰，董金华. 技术创新：技术创新：产生经济成果——美国培养技术创新人才的跨学科项目［J］. 学位与研究生教育，2012（2）：69～72.

23. 傅利平，张志刚，刘一方. 哈佛大学专业学位研究生联合培养项目及其启示［J］. 学位与研究生教育，2012（2）：65～68.

24. 查远莉. 研究生教育的国际合作与交流研究——中德合作建设医学研究生培养基地的探索与实践［D］. 武汉：华中科技大学，2012.

25. 蒋春洋. 英国课程硕士研究生教育探析［J］. 研究生教育研究，2012（4）：91～95.

26. 陈先哲. 博洛尼亚进程中的欧洲研究生教育发展战略及启示[J]. 研究生教育研究，2012（2）：80～85.

27. 秦琳. 从师徒制到研究生院——德国博士研究生培养的结构化改革［J］. 学位与研究生教育，2012（1）：59～64.

28. 宋伟. 澳大利亚的学位制度、研究生教育及其启示［J］. 学位与研究生教育，2012（2）：73～77.

29. 包水梅，谢冉. 中美学术型博士研究生课程修读之比较研究[J]. 江苏高教，2012（5）：84－87.

30. 李扬. 中外研究生教育的不同及优劣势比较［J］. 教育探索，2012（12）：156～157.

31. 孙玉琳. 英国博士生培养模式研究［D］. 长春：东北师范大学，2012.

32. 苏兆斌，李天鹰. 中美英法博士研究生培养及学位授予制度比较研究及启示［J］. 世界教育信息，2012（3）：51～56.

33. 章丽萍，孔寒冰，陈子辰．工程硕士学位教育的国际进展［J］．高等工程教育研究，2012（2）：21～28.

34. 曾开富，王孙禺，张冰，等．美国凯克研究院创业型卓越工程人才培养模式研究［J］．高等工程教育，2012（6）：47～58.

35. 张杨，张立彬，马志远．哈佛大学拔尖人才培养模式探讨[J]．学位与研究生教育，2012（4）：72～77.

36. 张天舒，李明磊．日本高等教育重点建设战略新动向——博士课程制教育引领计划［J］．高等教育研究，2012（12）：104～109.

37. 熊正德，刘禹，郭荣凤．管理类创新型研究生培养的国际经验与启示［J］．研究生教育研究，2012（5）：90～95.

38. 陶继芬．对捷克布拉格查理大学英语专业人才培养模式的若干思考［J］．东北师大学报，2012（4）：246～249.

39. 谢冉，母小勇．中美教育博士研究生培养制度比较研究——基于厦门大学与哈佛大学的案例分析［J］．学位与研究生教育，2012（9）：68～72.

40. 包水梅．中美高等教育学博士研究生培养制度的比较研究——基于厦门大学与斯坦福大学的案例分析［J］．高校教育管理，2012（4）：59～66.

41. 包水梅．哈佛大学“教育领导博士”学位的创设及其培养方案研究［J］．学位与研究生教育，2012（8）：64～70.

后　记

2013 年 4 月，国内第一部关于研究生教育研究进展的年度报告——《中国研究生教育研究进展报告（2012）》出版，获得了研究生教育研究学者、工作者积极的评价和研究生教育界的良好的反响。在此基础之上，编写组认真总结经验、完善编写方案、改进编写方法，开始了《中国研究生教育研究进展报告（2013）》的撰写。编写组继续秉承年度报告的定位——“汇聚研究生教育研究成果、展示研究生教育研究现状、启示研究生教育研究方向、促进研究生教育科学发展”，广泛搜集 2012 年度发表、出版的学术成果，比较全面地反映了我国研究生教育年度研究的全貌。

《中国研究生教育研究进展报告（2013）》依然延续 9 个专题的主体框架。与上年度相比，发表及出版的文献数量明显增加，博士学位论文、硕士学位论文、学术著作数量增长近一倍，期刊论文、报纸文章基本持平。根据 2012 年度文献的数量和主题，将 2012 年度报告专题六《研究生学术道德研究》改为《研究生德育研究》，增加了研究生思想政治教育、研究生心理研究、研究生日常行为及生活研究三方面内容。在文献概述部分，使用数据可视化技术，生成期刊论文、学位论文关键词字体云，并通过分类汇总反映得出本年度研究热点及变化。

《中国研究生教育研究进展报告（2013）》各专题结构适当、研究方法合理、行文风格统一、文献资料翔实。各专题由引言、主要内容、文献分布及特点分析三部分组成，各部分之间联系紧密。对所采用文献的论点和论据进行客观的描述和提炼，对文献中使用的研究方法进行了一定的梳理和概括。全文行文力求文字精炼、用词专业、客观全面。所采用的文献资料是研究方向上代表性学者的代表性成果。希望读者在阅读过程中，收获新的知识、新的理念和新的思想；更希望读者从中获得启发，找出研究存在的空白及新的方向，在现有研究基础上，不断提高研究水平，推进研究生教育研究不断前进。

本报告由中国学位与研究生教育学会会长赵沁平教授筹划和指导，在编写过程中，得到清华大学研究生院副院长高虹教授、中国人民大学教育学院党总支书记秦惠民教授等众多专家和学者的支持，他们对本报告的编写和初稿提出了很多具体的意见和建议。

本报告由北京理工大学学位与研究生教育研究中心、《学位与研究生教育》杂志社、中国科技大学《研究生教育研究》杂志社共同编写。分工如下：

文献概述：王战军、乔伟峰、王铭；

专题一　研究生教育基本问题研究：翟亚军、唐广军；

专题二　研究生教育质量研究：翟亚军、乔刚；

专题三　研究生培养研究：戚巍、黄志广、李文静、王筱萌；

专题四　研究生导师队伍建设研究：戚巍、黄志广、李文静、王筱萌；

专题五　研究生招生与就业：韩晓峰、周文辉；

专题六　研究生德育研究：陆晓雨、周文辉；

专题七　学科建设研究：吴杨、周文辉；

专题八　研究生教育管理问题研究：李芬、周文辉；

专题九　研究生教育国际比较研究：戚巍、黄志广、李文静、王筱萌。

北京理工大学学位与研究生教育研究中心主任王战军教授负责最后的统稿工作。清华大学博士研究生乔伟峰、王铭负责全部文献的搜集。鉴于编写组的水平有限，本报告肯定存在疏漏和不当之处，恳请读者不吝批评指正并提出完善建议。最后对给予本报告出版大力支持的中国科学技术出版社及王晓义编辑表示衷心感谢！

中国学位与研究生教育学会研究进展报告编写组
2013 年 11 月